普通高等院校土建类专业"十四五"创新规划教材

隧道力学简明教程

主　编　俞　缙
副主编　陈礼彪　赵雁海
　　　　付晓强　蔡燕燕

中国建材工业出版社

图书在版编目(CIP)数据

隧道力学简明教程/俞缙主编. --北京：中国建材工业出版社，2023.2

普通高等院校土建类专业"十四五"创新规划教材
ISBN 978-7-5160-3591-7

Ⅰ.①隧… Ⅱ.①俞… Ⅲ.①隧道工程－工程力学－高等学校－教材 Ⅳ.①U451

中国版本图书馆 CIP 数据核字（2022）第 185816 号

内容提要

本书共 7 章，包括绪论、原岩应力及围岩分级、隧道围岩应力状态、浅埋隧道围岩应力场与支护结构设计、深埋圆形隧道围岩应力场与变形场、隧道围岩应力变形分析的数值方法、若干特殊隧道力学问题的解析求解方法和算例等内容。本书内容力求简明、适用和新颖，强化读者隧道力学理论水平及解决实际工程问题的能力。

本书可作为高等院校土木工程、水利水电工程、地质工程、交通工程及其他相关专业的主干课教材，也可供从事隧道工程勘察、设计、施工、科研和管理工作的专业人员学习参考。

隧道力学简明教程
Suidao Lixue Jianming Jiaocheng
主　编　俞　缙
副主编　陈礼彪　赵雁海
　　　　付晓强　蔡燕燕

出版发行：中国建材工业出版社
地　　址：北京市海淀区三里河路 11 号
邮　　编：100831
经　　销：全国各地新华书店
印　　刷：北京印刷集团有限责任公司
开　　本：787mm×1092mm　1/16
印　　张：9.5
字　　数：225 千字
版　　次：2023 年 2 月第 1 版
印　　次：2023 年 2 月第 1 次
定　　价：38.00 元

本社网址：www.jccbs.com，微信公众号：zgjcgycbs
请选用正版图书，采购、销售盗版图书属违法行为
版权专有，盗版必究。本社法律顾问：北京天驰君泰律师事务所，张杰律师
举报信箱：zhangjie@tiantailaw.com　　举报电话：(010) 57811389
本书如有印装质量问题，由我社市场营销部负责调换，联系电话：(010) 57811387

编委会

主　编　　俞　缙　　华侨大学

副主编　　陈礼彪　　福建省高速公路集团有限公司

　　　　　　赵雁海　　东北电力大学

　　　　　　付晓强　　三明学院

　　　　　　蔡燕燕　　华侨大学

参　编　　张建智　　福州大学

　　　　　　姚　玮　　厦门理工学院

　　　　　　刘士雨　　华侨大学

　　　　　　涂兵雄　　华侨大学

　　　　　　张　超　　湖南科技大学

　　　　　　朱要亮　　福建江夏学院

　　　　　　张海龙　　重庆文理学院

序　言

随着工程技术的不断进步与发展，人们对采用隧道与地下工程解决人类生存空间与地面环境矛盾的认识越来越深刻。近年来，我国在隧道建设领域蓬勃发展，如今已成为世界上隧道工程规模最大、环境最严苛、地质条件最复杂、修建技术发展最快的国家。隧道工程的赋存环境与地面工程迥异，具有施工技术复杂且不可预见风险因素多的特点，现阶段隧道建设和运维中出现的岩爆、围岩大变形等各种灾变现象尚未完全得到科学的解释。以工程经验为主的传统设计施工方法的弊端逐渐显现，制约着隧道建设周期并影响服役期安全稳定，其深层次原因是对隧道围岩受力的复杂多变特性及灾害孕育机理缺乏系统深入的研究和认识，难以做到精细化设计和施工。

隧道力学是土木、交通、水利、地质等专业的必修课，其涉及对象的复杂性和学科交叉性越来越突出，是典型的跨学科、跨行业的通用课程。在"新基建"、"深地开发"和新工科建设等国家发展规划战略背景下，亟需引入隧道力学新理论、新方法，结合工程实践新技术、新成果，出版一本概念清晰、内容新颖、聚焦前沿，以综合研究方法为主导，突出地下工程特点，能反映当前隧道力学学科发展水平的专业课教材，以适应隧道力学教学及隧道工程实践的迫切需求。

我很高兴地看到，俞缙教授主编的《隧道力学简明教程》如期付梓，本书特色鲜明，内容精炼，吸收了近年来隧道力学相关专业前沿知识，并结合作者们近几年的科研成果和教学经验，加以系统论述而成，在重视理论基础的同时更强调实践应用性。我相信本书的出版可供隧道力学学科的研究生、教师和相关领域的研究、设计人员阅读和参考，促进隧道及地下工程有关科学研究和设计工作的开展。

王明洋
中国工程院院士

前 言

隧道是在岩土体中修筑的长期稳定洞室结构。隧道施工前工程岩土体处于初始地应力平衡状态，开挖施工后围岩应力必将重新分布，伴随构造应力和能量释放、断面和支护结构收敛变形等各类复杂的物理力学现象。隧道力学是针对特定的地质环境，分析开挖和支护过程中围岩及衬砌的受力特征，揭示施工过程中的力学行为规律的应用型科学，是以岩体力学、工程地质学和结构力学为基础，吸收了土力学、弹塑性力学、流变力学及建筑材料等领域科学，形成的一门面向应用的综合性学科。该学科主要利用经验理论、解析理论、物理试验和数值模拟等方法，分析工程地质体的物理力学特性、隧道开挖后围岩应力变形的动态变化，并对施工和支护过程进行力学评价。

隧道力学涉及的内容比较广泛，包括从地质体的研究一直到形成稳定洞室为止的全部内容，而要解决这些问题则需要有关地质力学、岩土力学、弹性及塑性力学，以及地下工程施工原理和方法等各方面的知识，其中多数力学问题的求解主要基于经典数学物理方法，具有非常明确的力学模型和数学模型，涉及大量的公式推导和计算过程。为了更好地适应当前我国土木工程专业人才宽口径的发展需要，满足社会对高校各类应用型人才培养的需求，综合考虑到一般院校学生的数理基础、隧道力学课程的学时分配和培养目标等诸多因素，本书采取淡化理论的系统性和全面性，强调专业基础知识的实际性和前沿性，将传统的隧道力学教材内容精减、整合后编写而成。力求简明扼要、概念清晰且深入浅出，突出力学问题及其分析模型的物理意义和应用背景，避免过多的计算求解过程和繁杂的数学推导，可以使学生在学时不多的情况下，仍能对隧道力学的基本理论和前沿热点有比较完整的了解。

本书结合隧道工程和地下空间开发建设背景，及时吸收隧道力学相关专业前沿知识，较为系统地反映了隧道围岩受力分析及支护结构控制方面的理论和进展，并补充了编者关于特殊地质条件隧道围岩应力位移弹性解、岩体隧洞变形的时空效应和渗水隧洞围岩变形特性的研究内容。本书共7章，包括绪论、原岩应力及围岩分级、隧道围岩应力状态、浅埋隧道围岩应力场与支护结构设计、深埋圆形隧道围岩应力场与变形场、隧道围岩应力变形分析的数值方法、若干特殊隧道力学问题的解析求解方法和算例等内容。

本书由华侨大学俞缙担任主编，福建省高速公路集团有限公司陈礼彪、东北电力大学赵雁海、三明学院付晓强、华侨大学蔡燕燕任副主编。

本书可作为高等院校土木工程、水利水电工程、地质工程、交通工程及其他相关专业的主干课教材，也可供从事隧道工程勘察、设计、施工、科研和管理工作的专业人员学习参考。

本书在华侨大学研究生精品课程建设项目（20YJG003）资助下编写完成。编写过程中涉及的围岩结构力学模型、应力变形计算公式、试验方法和数值方法等，参考了大量国内外文献资料并引用最新的国家标准规范，广泛学习借鉴，同时得到有关单位的大力支持，在此一并表示衷心的感谢。限于编者学识水平有限，书中不足和疏漏之处在所难免，恳请有关专家、学者和广大读者给予批评指正。

编　者
2022.8

目 录

1 绪论 ——————————————————————————————————— 1
    1.1 隧道的概念与工程特点 / 1
    1.2 隧道施工方法简介 / 4
    1.3 隧道力学的发展简介 / 6
    习题 / 14
    参考文献 / 15

2 原岩应力及围岩分级 —————————————————————————— 16
    2.1 概述 / 16
    2.2 重力应力场 / 16
    2.3 构造应力场 / 19
    2.4 隧道围岩分级 / 20
    2.5 隧道工程岩体分级方法的发展趋势 / 32
    习题 / 33
    参考文献 / 34

3 隧道围岩应力状态 ——————————————————————————— 35
    3.1 一点的应力状态和应变状态 / 35
    3.2 隧道围岩弹性应力状态 / 39
    3.3 隧道围岩弹塑性应力状态 / 45
    3.4 隧道围岩应力及变形的黏弹塑性分析 / 58
    3.5 典型隧道围岩的受力分析 / 60
    习题 / 64
    参考文献 / 64

4 浅埋隧道围岩应力场与支护结构设计 ——————————————————— 66
    4.1 浅埋隧道围岩应力的近似解 / 66
    4.2 浅埋隧道衬砌受力解析 / 70
    习题 / 75
    参考文献 / 75

5 深埋圆形隧道围岩应力场与变形场 ————————————————————— 76
    5.1 解析解的基本原理 / 76

5.2 静水主应力　/ 81
  5.3 隧道围岩塑性区　/ 83
  5.4 深埋时永久支护结构上的地层压力　/ 86
  习题　/ 88
  参考文献　/ 88

6 隧道围岩应力变形分析的数值方法 —————————————————— 90
  6.1 概述　/ 90
  6.2 有限单元法　/ 93
  6.3 隧道围岩应力变形有限差分模拟方法　/ 97
  习题　/ 100
  参考文献　/ 100

7 若干特殊隧道力学问题的解析求解方法和算例 ————————————— 101
  7.1 特殊地质条件隧道围岩应力位移弹性解　/ 101
  7.2 岩体隧洞变形的时空效应　/ 114
  7.3 渗水隧洞围岩变形特性　/ 129
  习题　/ 138
  参考文献　/ 138

1 绪 论

随着我国经济社会的不断进步与发展,隧道工程得到重大的发展机遇。现今我国已成为世界上隧道数量最多、发展速度最快、地质及结构形式最复杂的国家。隧道二程的发展日益蓬勃向上,正如中国工程院院士,防护工程和地下工程专家钱七虎院士所言:"19 世纪是桥的世纪,20 世纪是高层建筑的世纪,21 世纪是地下空间大开发的世纪。"隧道作为地下空间开发的主要形式,必将在未来城市建设过程中发挥重要作用。

1.1 隧道的概念与工程特点

1.1.1 隧道的概念

隧道作为地下空间的一种利用形式,是埋置于地层中的工程建筑物。1970 年经济合作与发展组织(OECO)在其召开的隧道会议上,通过综合各种因素定义隧道:"以某种用途、在地面下用任何方法按规定形状和尺寸修筑的断面积大于 $2m^2$ 的洞室。"

1.1.2 隧道的分类

从不同的角度出发,可以依据不同的区分方法对隧道进行分类。隧道依据埋置深度进行分类,可分为浅埋隧道和深埋隧道;依据所处地质条件进行分类,可分为土质隧道和岩质隧道;依据所在位置进行分类,可分为山岭隧道、水底隧道和城市隧道。依据隧道的用途分类是目前相对较为明确的划分方法,隧道主要包括以下几种。

1.1.2.1 交通隧道

作为提供运输的地下通道,交通隧道在隧道中分布最为广泛。

1. 铁路隧道

我国作为多山国家,山地和丘陵及高原等山区面积达到全国面积的 2/3。铁路在经过山岭等地区时往往会遇到障碍。而铁路限坡平缓,常难上升到越岭所需要的高度。此外,铁路受限于最小曲线半径,无法绕过山岳险峻,故需要修建隧道以克服诸多障碍。在遇到河道弯曲、地质不良、两岸横坡陡峻等险象时,为使线路可以穿越河谷,也需要修建隧道。隧道不仅可以通过减小坡度,还可以缩短线路,同时还可绕过诸多不良地质条件,从而提高牵引定数,多拉快跑,极大地完善运营条件。所以,在山区铁路线上修建隧道的范例是很多的,如川黔线凉风垭隧道、成昆线沙木拉达隧道、大秦线军都山隧道、西康线秦岭隧道、朔黄线长梁山隧道以及兰新复线乌鞘岭隧道等都是著名的越岭隧道,而成昆线关村坝隧道、衡广复线大瑶山隧道等都是河谷地段截弯取直的良好范例。

宝成线宝鸡至秦岭一段 45km 线路上就设有 48 座隧道，蜿蜒盘旋于秦岭崇山峻岭之中。

高速铁路作为铁路现代化的重要组成部分，具有速度快，相关基础设施要求高，线路最小曲线半径大等特点。为更好地推动高速铁路的发展，隧道工程正在扮演更加重要的角色。现今国际规定列车最高运行速度不小于 200km/h 的铁路即为高速铁路，而我国把新建最高运行速度不小于 250km/h 和改建既有线最高运行速度不小于 200km/h 的铁路称为高速铁路。不同于普通的铁路隧道，高速铁路隧道与列车空气动力学息息相关。当高速行驶的列车前方空气受到压缩时，列车后方空气会形成一定的负压，产生一系列复杂的空气动力学效应。高速铁路隧道设计涉及洞口形式、隧道及列车断面、隧道结构耐久性、洞内设施及轨道类型等一系列问题。

2. 公路隧道

由于公路的坡度和最小曲线半径的限制并不像铁路那样严格，在修建公路时为了节省工程造价，即使是要绕行，也不愿意修建费用极其昂贵的隧道。所以公路隧道并没有得到大范围的应用。而随着社会的进一步发展，越来越多的高速公路开始出现在大众视野。在穿越山区的时候，为了满足高速公路线路顺直、路面宽敞等要求，通常采用隧道方案。而在靠近城市的地方，为了避免平面交叉，有利于高速行车，也常采用隧道方案。目前，公路隧道逐渐得到广泛建设。

3. 水底隧道

当交通路线需要通过河道地形时，往往采用架桥或者轮渡的方式。但是，如果交通路线在城市附近，由于桥梁两端的引道通常需要修建结构较为复杂的长引桥，而通过河道需要一定的净空，水底隧道便得到广泛的应用。水底隧道不仅可以避免如恶劣天气导致的轮渡中断等情况，保证河道的顺利通航，而且在战争年代作为国防上的绝佳选择，也可以避免暴露交通设施目标以及防护层厚度等。上海横跨黄浦江、广州地铁穿越珠江、武汉地铁穿越长江等也都修建了水底隧道。

4. 地下铁道

作为一种既能快速地运送大量乘客，又能解决城市交通拥挤问题的城市交通设施，地下铁道的发展蒸蒸日上。它既可以使绝大部分的地面客流转入地下，又可以高速行车，有效地缩短车次的间隔时间，从而更好地服务于乘客，在战时还可以起到防空的作用。

5. 航运隧道

当运河临近分水岭时，往往需要绕行较长的距离，从而克服高程障碍。如果要设立船闸，不仅会延误过往的船只，而且工程造价、运行和维护的资金支出也都会不可避免地提高。而如果利用航运隧道，将分水岭两边的河道相互连通，则既可以保证船只畅通无阻，方便快捷，又可以缩减船闸的耗费支出，缩短航程，极大地改善航运条件。

6. 人行地道

城市繁华路段往往车辆混入，人流攒动，甚至因此经常会发生交通意外。尤其是在十字路口处，高速疾驰的机动车面对指示灯和人行横道线不得不频频减速，甚至要驻车让行。为了缓解城市交通压力，提高交通运行能力，除了架设天桥以外，还可以修建人行地道或者地下立交车道，从而减少交通意外事故。

1.1.2.2 水工隧道

水工隧道（也称为隧洞）作为水利枢纽的重要组成部分，根据其用途分为以下几种。

1. 引水隧洞

引水隧洞把水引入水电站的发电机组，产生动力资源。引水隧洞有的全部充水因而内壁承压，有的只是部分过水因而内部承受大气压力和部分水压，分别称为有压隧洞和无压隧洞。

2. 尾水隧洞

尾水隧洞是发电机组的排水通道。

3. 导流隧洞或泄洪隧洞

导流隧洞或泄洪隧洞可用来疏导水流或作为水库容量超标后的泄洪通道，是水利工程中的重要组成部分。

4. 排沙隧洞

排沙隧洞既可用来放空水库里的水，检查库身或修理建筑物，也可以用来冲刷水库中淤积的泥沙，送出水库。

1.1.2.3 市政隧道

作为城市中的一种地下孔道，市政隧道主要用来安置各种市政设施。随着社会经济的不断发展，人们生活水平质量逐步提升，对公用事业需求也相应越来越高。许多城市不得不利用地下空间，把市政设施安置在地下，既不占用地面面积，又不致扰乱高空位置和影响市容。

市政隧道按其用途，可分为如下几类。

1. 给水隧道

城市自来水管网遍布辖区，而通过设置给水隧道来布置这些管道，既可以避免人为破坏，也可以节约地面空间。

2. 污水隧道

地下的污水隧道可将城市污水引入污水处理厂净化后返用，也可以排放到城市以外。污水隧道的形状多为圆形，可以通过本身导流排送，也可以通过在孔道中安放排污管排送。同时在污水隧道的进口处设置拦渣隔栅，把杂物拦在污水隧道之外，避免造成隧道堵塞。

3. 线路隧道

城市输送电力以及通信的电缆往往安置在地下孔道中，一方面可以避免人为损坏，另一方面也可以避免电缆悬挂，维护市容。这些地下管网孔道多半是沿着街道两侧敷设的。

在实践中，也可将以上三种隧道合建成一个大隧道，称之为"共同沟"。

4. 人防隧道

战时为起到防空的作用，常在城市建造人防工程。当城市受到空袭时，市民可以进入庇护所。人防工程除保证排水通风，设置有照明和通信设备外，还需设置各种防爆装置，阻止冲击波的侵入。此外，为在紧急时段内可以更快地出入，必须要做到多口连通、互相贯穿。

5. 矿山隧道

矿山隧道是在矿山开采过程中，设置的可以从山体以外通向矿床的隧道（也称为巷道）。

6. 运输巷道

运输巷道是向山体开辟隧道通至矿床，并逐步开凿通至各开采面的巷道。前者称为主巷道，是地下矿区的主要出入口和运输干道。后者分布如树枝状，分向各开采面。运输巷道多采用临时支撑，仅满足工作人员开采工作的需要。

7. 给水巷道

给水巷道一方面通过泵抽，将废水及积水排出洞外；另一方面为采掘机械输送所需清洁水。

8. 通风巷道

当矿山地下巷道穿过许多地层，多种地下气体随之涌入地下巷道，同时采掘机械不断排出废气，再加上作业人员呼出气体，巷道内空气更加污浊。若地下气体中的瓦斯含量达到一定浓度时，轻则致人窒息，重则引起爆炸。必须及时把有害气体排出，因此需要设置通风巷道，用通风机把污浊空气抽出去，并把新鲜空气补进来，保证工作人员的安全并提供舒适的工作环境。

1.2 隧道施工方法简介

1.2.1 隧道施工的主要内容

隧道施工主要包括修建隧道及地下洞室的施工方法、施工技术和施工管理。

隧道施工过程通常包括在地层内挖出土石，形成符合设计断面的隧道，同时进行支护和衬砌的施工，控制隧道围岩变形，保证隧道施工期和服役期稳定的运营。

隧道施工方法通过参考工程地质和水文地质条件，结合隧道断面尺寸、支护和衬砌类型、使用功能和施工技术水平等因素研究确定。同时，所确定施工方法也应体现出先进性、合理性、适用性。隧道施工方法根据穿越地层的情况以及施工方法的发展，可按以下方法进行分类（图 1-1）。

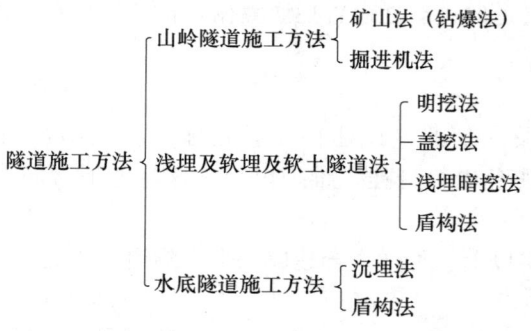

图 1-1 隧道施工方法分类

隧道施工技术主要负责解决上述各隧道施工方法所需的技术方案和措施（如开挖、掘进、支护和衬砌施工方案和措施）；隧道穿越特殊地质时（如溶洞、塌方、流沙、高地温、岩爆、瓦斯地层等）的施工手段；隧道施工过程中的通风照明、防有害气体、风水电作业的方式方法，以及对围岩变化的量测监控方法。

隧道施工管理主要负责施工组织设计（如施工方案的选择、施工技术措施、场地布置、进度控制、材料供应、劳力及机具安排等）和解决施工过程中的技术管理、计划管理、质量管理、经济管理、安全管理等问题。

隧道施工和工程实践密切相关，理论与生产实践应紧密相连。而由于地质勘探的局限性和地质条件的复杂性及多变性，在施工过程中时常会遇到地质条件突变等意外情况（如塌方、涌水等），原定的施工方案、技术措施和进度安排等也必须随之进行更改。因此，必须提高综合运用能力，紧密地结合工程实践经验，正确处理隧道施工过程中遇到的各种突发问题。

1.2.2 山岭隧道的常规施工方法

矿山法，最早应用于采矿坑道，是山岭隧道的常规施工方法。大多情况下都需要采用钻眼爆破进行开挖，故又称为钻爆法。从隧道工程的发展趋势来看，钻爆法仍是山岭隧道应用最广泛的开挖方法。

在矿山法中，隧道开挖后的支护主要包括钢木构件支撑和锚杆喷射混凝土支护。一般将采用钻爆开挖加钢木构件支撑的施工方法称为"传统的矿山法"；而将采用钻爆开挖加锚喷支护的施工方法称为"矿山法"或"钻爆法"。

1. 传统的矿山法

传统的矿山法是在长期的实际施工过程中逐步被认知的。它是凿眼爆破、以木或钢构件作为临时支撑，待到隧道开挖稳定后，逐步将临时支撑撤换，而以整体式衬砌作为永久性支护的施工方法。

由于木构件支撑具有耐久性差，对坑道形状的适应性差等特点，撤换工作的工序烦琐又不安全，对围岩扰动相对较大，因此，如今应用较少。

由于钢构件支撑具有强度高、刚度大和对坑道形状的适应性强等优点，尽管采用较多，但仍存在撤换工作危险问题，而如果不及时撤换，工程造价则会升高。

钢木构件支撑，作为维持坑道稳定的措施，类似地上的"荷载-结构"力学体系，容易被工作人员熟知掌握。因此，这种方法常被用于不便采用锚喷支护的现代隧道等。

2. 矿山法

随着隧道工程理论及施工方法的不断进步发展，人们更加深刻地认识到隧道是围岩和支护组成的体系，因此更应该保护围岩，充分发挥围岩自身的承载能力，维护围岩的稳定性；而隧道设计和施工与隧道围岩条件更是密切相关，只有充分掌握隧道围岩条件，才能得到恰当的隧道设计与施工。

施工手段由人力、小型机械化、半机械化到机械化施工逐步发展。人力施工是指锤、钎、镐、纯人工作业方式；小型机械化是指风动凿岩机钻眼、人力或小型装渣机装渣、人力或电瓶车牵引、人力或机械搅拌混凝土、人力灌注衬砌的施工模式；半机械化施工是指利用气腿式风动凿岩机或凿岩台车钻眼、轨行铲斗式装渣机装渣、矿车有轨运输或汽车无轨运输；机械化施工是指以挖装运机械化作业、喷锚支护机械化作业、混凝土衬砌机械化作业、注浆机械化作业等为特征的施工模式。

1.3 隧道力学的发展简介

结合我国近年来在隧道力学领域取得的部分研究成果，就以下有关方面的进展做简要介绍，其主要内容如下：
（1）隧洞围岩岩体与岩性参数的非线性反演分析；
（2）黏弹塑性岩土介质与隧道衬砌结构的应力相互作用；
（3）考虑作业面时空效应的隧洞黏弹塑性计算；
（4）地下结构开挖与支护的施工力学问题；
（5）关于隧道支护设计优化的专家智能系统；
（6）隧道施工监控、反馈与预测；
（7）隧道动力学问题。

传统的隧道力学问题，大多只是讨论隧道衬砌的静力学分析，且局限在建成后的结构横截面计算，其特点是衬砌与围岩间的相互受力作用（interaction）。新奥法的出现，由整体浇筑式衬砌发展到采用锚喷和复合支护结构，是一次很大的进步。因而，也大大丰富了隧道力学的理论内涵。

20多年来，隧道力学的研究范畴又远远超出上述内容。计算机方法和数值分析手段的进步及其在隧道力学与工程中的应用已日益完善，在诸如反演分析、岩土流变、设计优化、作业面空间效应、考虑分部开挖等施工程序的影响、监控与预报，以及隧道动力学问题等方面的研究中得到应用，一门新的学科分支——"隧道与地下结构施工力学"的形成及其许多成功的设计实践，都已取得极其巨大的技术、经济和社会效益。隧道力学的发展正方兴未艾，前景喜人。

1.3.1 隧洞围岩岩体与岩性参数的非线性反演分析

我们曾结合天生桥一级电站试验洞的位移收敛量测值，就其岩体（初始地引力）和岩性诸参数，包括抗剪强度指标 c（黏聚力）、φ（内摩擦角）值用优化方法进行了弹塑性反演分析，满足了非线性逆问题中解的唯一性。后来，将所建议方法用于该电站的上项反演计算，用反演的诸参数再正演得到洞周收敛位移与实测值吻合良好。

众所周知，由于岩体弹模 E 与其初始地应力 P_y 不是相互独立的量，在竖向构造地应力不大的许多场合，E 值可根据自重地应力场 $P_y=\gamma H$ 的已知值换算得出，而泊松比 μ 可用实验室测定值。所以，对平面问题，实际上只需反演5个参数，即 c、φ、P_x、P_y 和 P_{xy}。上述反演计算实际上可视为是一个最优化计算问题，其目标函数可写为

$$\varphi(x) = \sum_{i=1}^{n} [f_i(x) - \mu_i]^2 \tag{1-1}$$

式中，$x=[P_x, P_y, P_{xy}, \varphi, c]$，也即要求反演出一组最优参数值。由该组参数再正算得到洞周收敛位移计算值 $f_i(x)$ 与实测值 μ 之间的误差为最小。此处，$i=1, 2, 3, \cdots, n$，为第 i 个量测方向。

由于本问题的目标函数是十分复杂的，而不是一个简单的凸函数，所以它应归结为一个寻找全局最优解的问题，不能用一般的优化方法来解决。对此，目前数学上还没有

较成熟的方法，只能用试探的、近似的方法，以寻求它的最优解。

此处的优化计算步序，可采取对三个初始地应力分量 P_x、P_y 和 P_{xy} 先同时优化，再对岩性参数 φ 和 c 逐个优化相结合的方式来进行。因此，其优化计算的次序是：P_x、P_y、$P_{xy} \rightarrow \varphi \rightarrow c$。

地应力诸参数的反演计算需要先假定一组初值，即第一次近似值。初始地应力的初值可先取 $P_x = P_y = 0$ 或取近似实测的地应力值，对其优化计算可采用线性方程组的迭代方法。计算实践表明：通过迭代计算，在某一组岩性参数为近似值的条件下，总能算得一组相应的初始地应力的最优值，使洞周收敛位移的计算值与实测值之间的误差为最小。

所列写的方程形式如下

$$DP_x^{k+1}\frac{\partial f_i(P)}{\partial P_x} + DP_y^{k+1}\frac{\partial f_i(P)}{\partial P_y} + DP_{xy}^{k+1}\frac{\partial f_i(P)}{\partial P_{xy}} = f_i(P^k) - \mu_i$$
$$(i=1,2,3,\cdots,n) \tag{1-2}$$

式（1-2）不是数学推导的结果，而是收敛位移平衡方程的一个表达式。

式中　　　　　　　i——平衡方程式的个数，也即收敛位移实测值的个数；

μ_i——第 i 个收敛位移实测值；

P^k——经过 k 次迭代计算所得的初始地应力近似值；

$f_i(P^k)$——在当时应力状态下的收敛位移计算值；

$\frac{\partial f_i(P)}{\partial P_x}$、$\frac{\partial f_i(P)}{\partial P_y}$、$\frac{\partial f_i(P)}{\partial P_{xy}}$——在当时应力状态下，当各个初始地应力分别改变一单位值时所引起第 i 个收敛位移计算值的变化；

DP_x^{k+1}、DP_y^{k+1}、DP_{xy}^{k+1}——待求解的经第 $k+1$ 次迭代后初始地应力的修正值。

由以上平衡方程，可以建立在某一组岩性参数（φ^0，c^0）条件下的目标函数，即

$$\varphi\Big|_{c=c^0}^{\varphi=\varphi^0}(P_x,P_y,P_{xy},\varphi,c) = \sum_{i=1}^n \left[f_1(P_x,P_y,P_{xy},\varphi,c) - \mu_1\right]^2 \Big|_{c=c^0}^{\varphi=\varphi^0} \tag{1-3}$$

通过对该目标函数的迭代求解，即可得在该组岩性参数（φ^0，c^0）条件下初始地应力的最优值。第 k 次迭代后的初始地应力的近似值为

$$P_{x,y,xy}^k = \sum_{i=1}^k DP_{x,y,xy}^i \tag{1-4}$$

如把 φ 值视为变量，使之在可能取值的范围内变化，则上面算得的即为 $\varphi = \varphi^0$ 处的目标函数。此后，用与上述相类同的方法，可算得 φ 值变化区间（搜索区间）各试探点处的目标函数值，目标函数 φ 值曲线的变化趋势，然后用一维搜索，就可找到目标函数的各个极小值，其中与最小的极小值相对应的一组 φ、P_x、P_y 和 P_{xy} 即为所要求找的参数最优值。求找 φ 的最优值的目标函数可写为

$$\varphi\Big|_{c=c_0} = \varphi^0(P_x,P_y,P_{xy},\varphi,c) = \sum_{i=1}^n \left[f_i(P_x,P_y,P_{xy},\varphi,c) - \mu_1\right]^2 \Big|_{c=c_0} \tag{1-5}$$

通过上步计算，可得在某一 $c=c^0$ 值条件下，φ、P_x、P_y 和 P_{xy} 的最优值。同样，如再把 c 值视为变量，使在可能取值的范围内变化，则又通过与上述类同的计算，最终可找到一组 P_x、P_y、P_{xy}、φ、c 5 个参数的最优值，也即本文最初建立的目标函数的最优解。

采用上述建议方法所编制的程序可通过弹塑性正、反分析推求洞室围岩的岩体和岩性诸参数，此处用到的屈服准则和弹塑性矩阵均可按经验选取。

1.3.2 黏弹塑性岩土介质与隧道衬砌结构的应力相互作用

岩土介质是具有流变特征的黏弹塑性体，研究它与隧道衬砌支护间的相互作用问题，包括经典的解析方法和一些近年来得到很大发展的各种数值分析。黏弹性围岩与地下结构的相互作用，情况比较简单。对轴对称问题而言，一般都可按黏弹性体与线弹性体两者间的对应原理（correspondence principle），就能仿同线弹性体一样，方便解得围岩与衬砌结构内任一点的应力位移。当洞体开挖后沿洞周附近的围岩介质如出现一定范围的塑性区，而远离洞壁的围岩深部则仍为黏弹性区的许多场合，问题比较复杂，需要按黏弹塑性分析来求解。这对轴对称情况，也已有了封闭的解析解，其关键是要设法求得围岩近衬砌周圈处的塑性松动区的大小及其应力和位移。由于围岩松动区外缘受到黏弹性区的约束，其变形不能单独求得，而依赖于黏弹性区的变形。从施筑衬砌后围岩松动区体积应变与静水压力变化间的蠕变关系，可以求得塑性松动区的位移随时间的发展变化。

对洞室围岩应力与变形做黏弹塑性分析的新进展主要表现为考虑塑性区形成过程中洞周围岩应力塑性重分布的时间效应。其理论概念可归结如下：

由围岩弹塑性分析可知，无论塑性区半径的大小以及是否设置支护衬砌，在弹塑性区界面上的应力始终保持为不变的常数值。这点对黏弹性区与塑性区界面也同样适用，只是界面半径 R_0 将随时间变化。同上所述，如限于轴对称条件，围岩将不产生体积变形，则由任一黏弹性本构方程可以先解得围岩的黏弹性位移和应力。此时，对围岩内任一随 $R_0(t)$ 而变的点 r，其应力不随时间而变，但位移则随时间而增长变化。假定塑性区体积也不变化，并引用黏弹塑性区界面的变形协调条件，即可解得塑性区的位移和应力。

与弹塑性围岩不同，黏弹塑性围岩在上述塑性区形成后还存在有变形阶段，并由此对衬砌结构产生蠕变压力。将围岩蠕变过程中塑性区内缘（即洞壁面处）的蠕变压力 $p_1(t)$ 其代入塑性区应力方程，即可得围岩蠕变阶段塑性区的应力方程。这样已知 $p_1(t)$ 后就不难求算衬砌结构的应力和位移。

上述的解析方法能以描述黏弹塑性介质与结构相互作用问题的规律，阐明其力学机制，并便于进行参数分析。但是，它对解决工程问题的能力是有一定局限性的。在工程具体应用时，对许多复杂的实际问题都需要借助于数值分析。在数值方法中，可以重点指出以下三个方面的新进展：

(1) "围岩-支护系统"黏弹塑性有限元分析的黏性初应变法；

(2) 渗水膨胀黏弹塑性围岩与隧洞支护的耦合流变分析，这是一种较为困难复杂的固-液两相黏弹塑性耦合问题；

(3) 隧道围岩非线性流变及其洞室支护的力学效应。

现对第 (3) 项略做介绍：

对线性黏性问题的材料本构关系，都是含有应力与应变的线性流变方程，因此，由它们所描述的围岩介质称为线性流变体，此时的黏滞性系数 η 是个不变的常数值。但是，如遇高地应力区的流变软岩，或软黏土的流变属性，其黏滞系数（或蠕变柔量）不再是常数不变的值，它与加载应力水平及与加载持续作用时间均呈非线性的函数关系。与经典弹塑性理论的解答不同，非线性流变岩土体中的应力应变状态及其间的关系并不是单一的，它们将随时间增长而发展变化，其力学行为还取决于以前的加载历史。此处 r_i 值与当时的应力水平、加载持续作用时间，以及不同应力应变状态下的本构特性等都密切相关。

在以上三种情况中，当前仍多以有限元法为数值分析手段。边界元法和半解析元法能够在计算中降维，以及在节约机容和机时方面都具有很大的魅力，它们在黏弹塑性问题的分析中已做出贡献，但是用于黏弹塑性介质与结构相互作用方面的计算实践尚不多见。

1.3.3 考虑作业面时空效应的隧洞黏弹塑性计算

如前所述，由于边界元法能够有效地起降维作用并节约机器内存，将其应用于本节所述的时空效应问题将具有明显的优点。

应用非线性问题边界单元数值方法的主要困难在于线性基本解的寻求和区域内的剖分。在变分原理（或虚功原理）所建立的边界元法方程中，其虚功变量是通过小增量来定义的，于是，将非线性系统用一系列线性系统的集合来表达，即将非线性场变量用小增量来代替，则线性问题的基本解将同样适用非线性问题。关于区域内的剖分问题，一种方法可能是将非线性域积分转化为边界积分。应该指出，它与有限元法的剖分有着本质上的区别。在边界元法的区域剖分计算中并不需要把积分区域分割成许多单元来进行，而是可随机地先确定一系列的点，然后确定围绕这些点的影响区域最后在该影响区域上积分。因而，边界元法对非线性区域的剖分，其灵活性也是显而易见的。

关于弹-黏塑性边界单元法，国外已做了一些理论工作。在弹塑性边界元法应用于地下工程分析方面，国内外也有了不少开拓性研究。而对弹-黏塑性边界元法的开发应用研究，则着重从奇异积分和边界力不连续性两问题在应用边界元法时的处理做了探讨，开发了二维弹-黏塑性边界元法计算程序，在算例验证的基础上，进行了锚喷支护考虑有围岩流变时效影响的隧洞掘进作业面的空间支撑效应问题的研究，并已在某国防软岩坑道工事的设计中得到应用。

1.3.4 地下结构开挖与支护的施工力学问题

过去很长的一段时间，隧道力学的任务仅局限于用以分析研究在衬砌支护修建完成之后的结构受力问题，这在今天看来，显然是不足够的。对于施工周期长而工序、工况又复杂多变的地下结构而言，特别是对（1）大断面洞室（如水电站地下厂房）分部、分块开挖与支护；（2）按不同开挖方式（如全断面、上下台阶、分部开挖）开挖与支护各工序相互交叉或平行流水作业；（3）洞群交叉（如水电站地下主、副厂尾水隧洞等），相邻洞室不同的开挖作业步序对围岩性态变化的不同影响等场合，考虑开挖与支护施工先后顺序的各种作业方式，将密切关系到如何更加有效地保证洞室围岩稳定及其支护安全，这是个十分重要的问题。近年来，由于计算机手段和数值方法的进步以及在地下工程结构方面的广泛应用，有可能将力学分析深入应用到上述地下工程施工领域，使之参与施工部门对工程施工组织的计划与管理,并结合其工程经验和习惯一并做综合考虑。也就是将上述施工中的力学问题作为这项系统分析的一个重要部分来统筹研究,以求得最合理的优化抉择,这在当前已成为完全现实并行之有效的方法。

以上所谓的"地下结构施工力学",现已开拓并发展为一门新的学科分支,它的主要研究范畴是将岩土力学、工程计算力学、地下结构与施工以及系统分析与优化理论等学科交互融合,使之演变为一种可以计入隧道与地下结构物按不同工况分别计算各不同施工受力阶段与逐次分步开挖效应的力学理论和分析方法,这就大大丰富了地下结构黏弹塑性力学的理论内涵及其工程实用价值。以下就近年来已做过的这方面的若干工程计算实例,列举以下三种较有代表性的情况来说明。

(1) 大断面地下厂房洞室考虑其分部开挖效应。第1步先是拱圈部分,然后对高边墙再分为6步分块开挖,并均及时锚喷支护,对此分别进行了各不同工况的围岩黏弹塑性流变时效分析。所得出的在不同施工工况情况时洞周围岩塑性区的分布也不同,如图1-2所示。

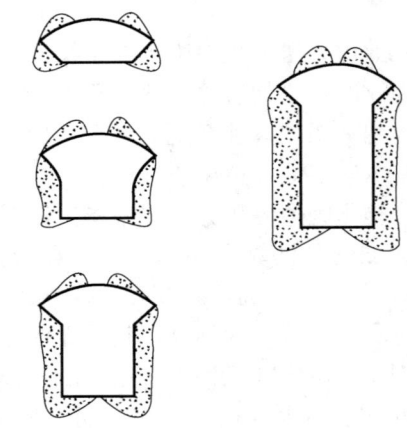

图1-2 黏弹塑性围岩在洞室分部开挖各代表工况时的塑性区分布

(2) 洞室全断面一次开挖(或短台阶的上下台阶开挖)与先完成上部拱圈部分的开挖及支护后再开挖及支护下半断面的两种不同施工作业方案,洞周围岩塑性区的不同受力性态比较,如图1-3所示。

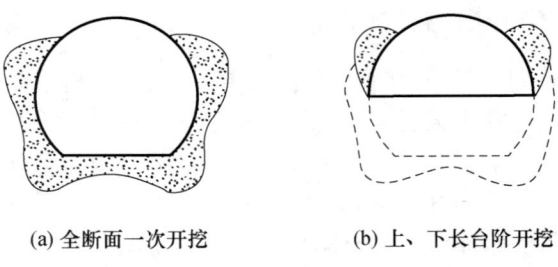

(a) 全断面一次开挖　　(b) 上、下长台阶开挖

图1-3 洞室不同开挖与支护方案的围岩性态比较

(3) 比较相邻洞室不同的开挖和支护步序,其围岩应力分布状态将有较大的不同:
① 先开挖大断面洞室,再开挖小断面洞室,如图1-4(a)所示;

② 先开挖小断面洞室，再开挖大断面洞室，如图 1-4（b）所示；
③ 大、小断面两洞室同时开挖，如图 1-4（c）所示。

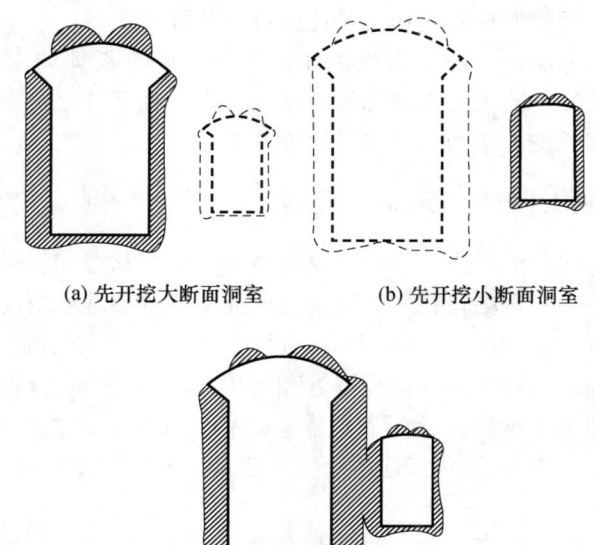

(a) 先开挖大断面洞室　　(b) 先开挖小断面洞室

(c) 大、小断面两洞室同时开挖

图 1-4　大、小断面相邻洞室不同开挖先后步序围岩性态比较

1.3.5　关于隧道支护设计优化的专家智能系统

传统的隧道力学只是依靠计算的定解手段来设计隧道支护，并据此确定支护方案中的诸多参数。这种方法，只是希望求取一种可被接受的"可用解"，而远非是全局的"最优解"。众所周知，由于控制论、信息论和系统论等现代科学方法论的发展，并通过新兴的人工智能系统，将其具体反映和应用到隧道支护设计，是一次带有突破性的变革。它是建立在系统思维和不确定性思维等现代思维科学方式的基础之上的，包括系统整体、逻辑思维与推理、不确定性、信息反馈、结构与功能优化等，因而，能够更加正确和有效地建立起隧道设计优化的新概念。在隧道支护设计优化和智能化方面，尚须引入人工智能、知识工程、计算机图形学和模糊数学等先进学科的理论与方法，所以，它对学科的综合性要求也是很强的。

隧道设计优化工作应包括洞型优化及喷锚支护诸参数的优化，后者如锚杆直径、长度和间距以及喷层厚度（支护刚度）；在复合支护情况下，还要确定内衬的最佳施作时间等问题。全面分析并研究隧道工程设计领域中的问题特征和知识特点，进而构造一种适应性较强的隧道支护设计优化专家系统的框架工具。针对工程领域知识多层次、多阶段的特点，可以建立按知识的"层次模型—规则关系树模型"来组织、管理和运用这一领域的知识，并在充分收集该领域知识方面建立知识库。

为保证隧道支护设计系统的整体性以及各个环节的协调，并在各种分析模型的系统目标下实现系统的全局优化，深化分析研究支护优化设计系统的数据、信息和知识，及其流向，绘制它们的流向图等，具有十分重要的意义。

在程序实施方面，国内外的实践已表明，将工程地质调查、现场测试→信息系统分析、存贮与管理→岩体分级分区→分区分阶段优化支护设计与决策→分区分阶段施工并进行检验的隧道支护优化设计的途径，是比较可行的和有效的。

在支护设计方法方面，一种以工程类比法为主，由"收敛约束法（特征曲线法）"为指导的理论分析及现场监控与反馈三者相结合，而又相互补充与渗透综合方法作为构造这一领域智能专家系统的指南，看来是比较恰当的。

1.3.6 隧道施工监控、反馈与预测

在隧道地下工程建设中，由于围岩自身属性及其受力状态的复杂性，初步设计时拟选的支护参数往往带有一定的盲目性，特别是不能适应复杂地质情况的变化。隧道施工监控、反馈与预测（monitoring，feed-back and prediction）工作的实质是通过开挖过程中对导洞、试验洞或正洞的量测来监控围岩和支护的动态变化，根据获得的量测信息做反馈，以进一步修改和完善原设计的支护参数，并进而预测和指导后续的施工。现在，国内外对这一方法已经取得了不少有益的实践经验，称之为信息化的动态设计、施工方法。

这一方法的具体应用表现：从一些量测报表上可见，如果沿洞周的变形收敛曲线服从原先的变化规律，没有突然的加速和跳跃，则表明施工计划进行正常，早前所采取的支护措施是合适的；然而，如果量测曲线的变形幅度加大，变形增长的速率加剧，甚至呈发散趋势，则表明现场地质情况有所恶化，早先的支护措施已不能与之相适应，原有的支护参数甚至施工方案必须做及时的调整和修改。这时，就应考虑修改原设计，需做调整的新的支护方案和新的支护参数通过计算机程序输出，也可以一并得到。

这样编拟的隧洞施工监控设计，包含有两个阶段，即初始设计和修正设计（监控设计）。在采用新奥法指导设计并监控施工的场合，此处初步设计建议采用"工程类比法"或用经验与估算相结合的分析方法进行；监控设计则是根据在隧洞开挖过程中及时量测所得到的信息，由已编就的现成软件进行理论解析或数值分析，再结合工程地质和岩体结构特征做出综合判断，最后确定修改后的支护参数及其施工处治方法和对策。上述工作均由专用的计算机程序自动实施。

上述监控设计的第二阶段，即修正原设计的主要内容有：①现场监测；②量测数据的分析和处理；③信息反馈与设计修改。监控设计需要考虑反馈信息时的计算机硬件环境，并结合工程现场的实际施工条件，编制出一套适用的施工监控程序软件包。程序软件一般由以下三个子程序所组成：①量测数据分析与处理程序；②岩体和岩性参数反演分析程序（可以是如本章1.2节所述的非线性、弹塑性反演）；③监控设计程序。该程序指对一些新修改的支护参数进行验证，并做出下步的位移预测，以监控后续施工，看其能否满足洞周位移的限界值，允许"收敛比"或最大位移增长速率等项限制条件要求。此外，由该程序还可求得合适的支护施作时间并确定最佳的支护刚度。

与过去已习惯采用的一些监控设计程序相比，近年来在计算机程序的功能和设计思想上又有了以下新的进展：

（1）对作业面时空效应的引入计算，使围岩在洞周临空面各节点释放力值随时间和随距作业面距离的增大而呈逐步释放过程；

（2）喷混凝土和施作锚杆后，对围岩在施锚区内的抗剪强度和弹模可计算出其改善的定量值；

（3）由于引入围岩的黏性流变时效作用，可以计入采用不同的支护施作时间和改变支护刚度对围岩位移与支护内力的影响体现和实现了"收敛-约束曲线方法"（p-u-t 曲线）的原则；

（4）为了计入软弱岩体的流变时效性，可以视工程实际采用任一种的黏塑性围岩流变模型。

1.3.7 隧道动力学问题

隧道动力学是隧道力学的重要分支，主要研究在地震、战时武器爆炸（常规装药和核装药）、邻近工程爆破以及列车在铁路隧道或地下铁道内行进等各种动力因素作用下，隧洞围岩和支护衬砌内产生的应力、应变、位移、速度、加速度以及裂缝和破坏等力学和振动效应问题。

由于岩土介质和动载性态的复杂性，研究隧道动力学的手段，最重要的是进行动力试验和原位实测，包括实验室和现场的许多工作。力学分析计算方法，过去只重视应用弹性动力学以及一维弹性与弹塑性平面波理论进行解析解或差分解和有限元解；目前，加权余量法边界元和无限元法以及各种混合数值方法在岩石动力学问题中也都开始得到重视和应用。

从以往经验看，因为岩土介质中的地震运动通常比地面的地震运动小，岩石洞室的抗地震性能一般都被认为是足够的；然而，为核电站和大型贮油库地下厂房和中央控制室，以及为核废料贮存而建造的深埋岩石洞室，对抗地震的校核要求都比普通洞室严格得多，关于这些地下工程的抗震性能研究是当前的一项重要课题。

根据地震观测资料，从隧道支护结构与围岩的相对刚度以及洞室的几何形状，并由衬砌和岩石（指无洞室围岩）的动应变（分别记为 ε_a 和 ε_k），可得应变转换系数

$$\alpha = \varepsilon_a / \varepsilon_k \tag{1-6}$$

数值计算结果表明，应变转换系数 α 与隧道宽度 D 对入射地震波波长 L 之比有关。为核电站和油库等地下建筑物而开挖的岩石隧道洞室，其横断面尺寸一般小于 $100m^2$，岩体内传播的剪切波速 v 通常大于 $100m/s$，而入射位移波的显著作用时间都大于 $10s$，这样，往往 $D/L<0.1$。因此，此处的应变转换系数 α 几乎为不变的常数值，即对这类隧道的抗震动力分析与采用静力方法所得的结果接近相等。除此以外，即在其他的许多场合，地震作用下岩土介质内隧道与地下结构物的动力响应需要通过动力学计算分析来得出。

在隧道洞室的抗地震分析方面，近年来出现有限元-边界元混合法。有限元法具有求解多组节理或层状岩体非线性问题的许多优点，但在处理无限域的动力计算中耗用机容和机时过多；而边界元法用于无限域或半限域都很有利，且可降维和简化前后处理。因此，将这两者相结合使用以及改用半解析元方法等都是目前发展数值法于岩石动力学分析的方向。

为了研究深埋隧道的抗地震性态，对已建隧道进行地震影响观测分析是十分必要的。一般认为可将地震的三维运动分解成三个相互正交的振动主轴方向，并已证实，岩

体地震的主导运动方向并不一定与震源方向相关。在岩层内传播的地震波，其初始运动的纵波和主要运动表现的横波是近乎垂直地由下向上传播的，其放大函数峰值的频度是常数，且不受地震性质的影响。在隧道周围的岩石水平上，甚至在洞室附近，都不能看到地震波的显著放大作用，而在隧道周围的横断面上，剪切变形则是最显著的。许多文献都记录了这方面的论述。

各类电站的大断面地下厂房洞室围岩，在地震作用时，有可能围岩失去稳定而震塌、掉块或支护结构裂损破坏；而厂房内已运行机组有可能产生地震动与机组运行振动复杂的耦联振动效应；中央控制室内的表盘和闸刀开关等还有可能出现仪表读数误报和跳闸停电等重大事故。同样，在厂房洞室邻近如有工程爆破作业，也会遇到这种情况。有必要通过爆破实测、监控与险情预报，在计算分析中有根据地制定出可以接受的最大振速或加速度的允许限值，从而设法控制爆心距离和限定爆破一次最大装药量，使其严格控制在规定的允许限值以内。已有一系列从爆破实测数据经回归得到的经验公式可供参考；但应指出，由于岩层构造和地质情况的地域变异性极为复杂，在规模很大的上述工程实务中，必要的实测、监控和预报工作是不可缺少的。在战时核武器爆炸冲击波瞬态动力作用下，地下防护工程抗爆结构和动力性能及其抗爆效应的研究，一直是国防军工和人民防空工程界十分关切并致力探讨的课题。爆炸波使岩土介质受到压应力脉冲的瞬时作用，这种因大当量化爆或核爆冲击压缩波作用可能导致地下洞室围岩自由表面的岩石拉裂失稳、剥离、坍塌和飞石，造成围岩大范围的坍落和失稳。地下洞室损坏的程度常取决于这种应力脉冲的振幅、形状以及洞周围岩在高速加载与变形情况下的物理力学动力性质。

对于可能发生的各级破坏烈度的区域，应采取相应的防护措施，通过计算分析建造合适的地下结构抗爆衬砌——"动载被复"。

在地下抗爆结构与洞壁之间设置一层与围岩及衬护结构的"特征阻抗"（指介质质量密度与纵波波速的乘积）严重失配的衬垫材料（back-packing materials），计算和实测试验都表明，它对减弱应力波遇结构面时反射脉冲的影响是十分有效的。这对要求具备高抗力的战备坑道工事是一种极为有效的防护措施。此外，柔性锚喷支护在动载被复方面成功的应用实践也有很好的前景。

关于设计抗受触地爆和钻地爆等直接地冲击作用的深层高抗力国防地下工事（如指挥所和通信枢纽部等），其衬护结构除抗爆要求以外，对工事内人员和一些高精度仪表而言，还需要兼及爆炸振动响应（速度、加速度和位移等）下的安全，一般都需要为此配置各种有效的减振和隔振设施。

习　　题

1. 何为隧道？
2. 简述隧道分类依据及类型。
3. 何为隧道围岩？
4. 简述隧道主要施工方法。
5. 隧道在我国交通建设中的地位和作用是什么？

6. 隧道工程的发展前景和需要解决的难题有哪些方面？
7. 水对隧道结构有哪些危害？

参考文献

［1］ 朱永全，宋玉香．隧道工程［M］．3版．北京：中国铁道出版社，2016．
［2］ 孙钧．隧道力学问题的若干进展［J］．西部探矿工程，1993（4）：1-22．
［3］ Kolymbas D. Tunnelling and Tunnel Mechanics［D］. Berlin：Springer Berlin Heidelberg，2010．
［4］ 张向东．隧道力学［M］．徐州：中国矿业大学出版社，2010．
［5］ 樗木武．隧道力学［M］．关宝树，麦倜曾，译．北京：中国铁道出版社，1983．
［6］ 关宝树．隧道力学概论［M］．成都：西南交通大学出版社，1993．
［7］ 项彦勇．隧道力学概论［M］．北京：科学出版社，2014．
［8］ 吴焕通，崔永军．隧道施工及组织管理指南［M］．北京：人民交通出版社，2005．

2 原岩应力及围岩分级

2.1 概述

地下工程的一个重要的力学特性在于：地下工程是修筑在应力岩体之中的，也就是在有一定的原岩应力和应力场的岩体中进行修建的。所以，应力岩体的状态，极大地影响着在其中发生的一切力学现象，这一点与地面工程是有很大不同的。所谓应力岩体就是指具有一定原岩应力和一定应力场的岩体，它在隧道开挖前是客观存在的，在这种岩体中修建地下工程就必须了解它的状态及其影响。

对评定应力岩体有重要意义的是岩体的初应力场。这里所指的初应力场泛指隧道开挖前岩体内的初始静应力场。它的形成与岩体构造、性质、埋藏条件以及构造运动的历史等有密切关系，问题比较复杂。岩体的初应力状态不同于施工引起的附加应力状态，它对隧道开挖后的围岩应力分布、变形和破坏都有着极大的影响。如果不了解岩体的初应力状态就无法对坑道开挖后的一系列力学过程和现象做出评价。

而岩体的初应力状态，主要受两种因素的影响：第一种因素是指重力、温度、岩体的物理力学性质及构造、地形等经常性的因素；第二种因素是指地壳运动、地下水活动、人类的长期活动等暂时性的或局部性的因素。

目前主要研究的因素是由岩体的体力或重力形成的应力场，而其他因素被认为是改变了由重力造成的初应力状态。通常情况下，重力应力场的估计可以采用连续介质力学的方法。其可靠性取决于对岩石的物理力学性质及岩体的构造力学性质的研究，误差往往较大。而其他因素造成的初应力场，可以采用实验（现场试验）方法。

2.2 重力应力场

首先，我们研究上覆岩体自重所产生的应力场。

水平成层、地面平坦的研究情况。如图 2-1 所示，假设岩体是线性变形的，在 xz 平面内是均质的，沿 y 轴方向是非均质的。设 E、μ 分别为沿垂直方向的岩体弹性模量和泊松比，岩体的变形性质沿深度而变，因此可假定：$E=E(y)$，$\mu=\mu(y)$，$E_1=E_1(y)$，$\mu_1=\mu_1(y)$，此外单位体积重量也被认为是沿深度而变，即 $\gamma=\gamma(y)$。

故表面 h 深处一点的应力状态可表示为

$$\left.\begin{array}{r}\sigma_y=\int_0^k\gamma(y)\mathrm{d}y\\ \sigma_x=\sigma_x(y)\\ \sigma_z=\sigma_z(y)\\ \tau_{xy}=\tau_{xz}=\tau_{yz}=0\end{array}\right\} \quad (2\text{-}1)$$

式（2-1）满足了地面的边界条件，即 $h=0$，$\sigma_y=0$。

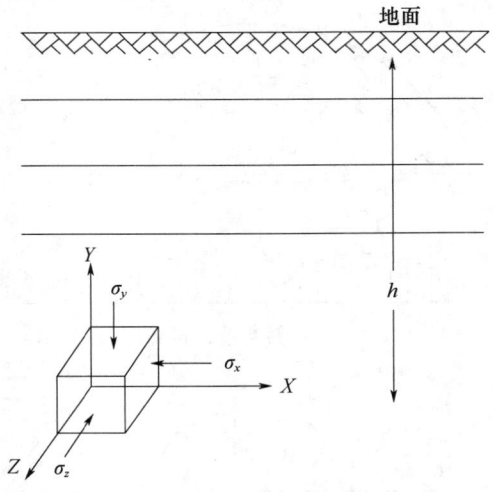

图 2-1　地表水平时的自重应力场

诸多学者研究得出，在处于静力平衡状态的岩体内，沿水平方向的变形等于零，故

$$\sigma_z=\sigma_x=\frac{E}{E_1}\cdot\frac{\mu_1}{1-\mu}\sigma_y \quad (2\text{-}2)$$

当 $E=E_1=$ 常数，$\mu=\mu_1=$ 常数时，则得出为人所知的公式，即

$$\sigma_z=\sigma_x=\frac{\mu}{1-\mu}\cdot\sigma_y \quad (2\text{-}3)$$

设 $\lambda=\dfrac{\mu}{1-\mu}$，并称之侧压力系数，则式（2-3）可写为

$$\sigma_z=\sigma_x=\lambda\cdot\sigma_y \quad (2\text{-}4)$$

显然，在已知垂直应力的条件下，围岩的泊松比 μ 决定了水平应力的大小。大多数围岩的泊松比都在 0.15～0.35。因此，在自重应力场中，水平应力往往小于垂直应力。

初始应力状态受深度的影响。伴随深度的增加，σ_y 和 $\sigma_x(\sigma_z)$ 都在增大。但由于围岩本身的强度有限，因此，当 σ_y 和 σ_x 增加到一定值后，各项受力的围岩将处于隐塑性状态。在该状态下，围岩物性值（E 和 μ）是变化的，同样 λ 值也是变化的。而且随着深度的逐步增大，λ 值趋于 1，即与静水压力相似。此时，围岩接近流动状态。

由此可知，围岩的初应力状态受深度的影响，其应力状态可视围岩的不同，分别处在弹性的、隐塑性的及流动的三种状态。围岩的隐塑性状态一般在坚硬岩中距地面 10km 以下，也会在浅处产生，如在岩石临界强度低（如泥岩等）的地段。一般在隧道所涉及的范围内，都可视初应力场为弹性的，这一点可在部分量测资料中被证实。

上述各式所表达的应力场皆为理论性的。实际上由于地壳运动，岩层会产生各种变形状态，如变成各种倾斜状的、弯曲的等。而围岩的初应力状态也因此会有所改变。以垂直成层为例，由于各层的物理力学性质不同，即便是同一水平面上的应力分布也可能是不同的；在背斜情况下，由于岩层成拱状分布，上覆岩层自重逐渐向两翼传递，而直接处在背斜轴下面的岩层则受到较小的应力（图 2-2）。在被断层分割的楔形岩块情况中（图 2-3）也可观察到类似情况。下窄上宽的楔形岩体在移动时，由于受两侧岩块的夹制，因而应力会减小；反之，下宽上窄的岩块，则受到附加荷载的作用。实测资料研究得出，地质构造形态改变了重力应力场的初始状态，这在实际情况中是不可忽略的。

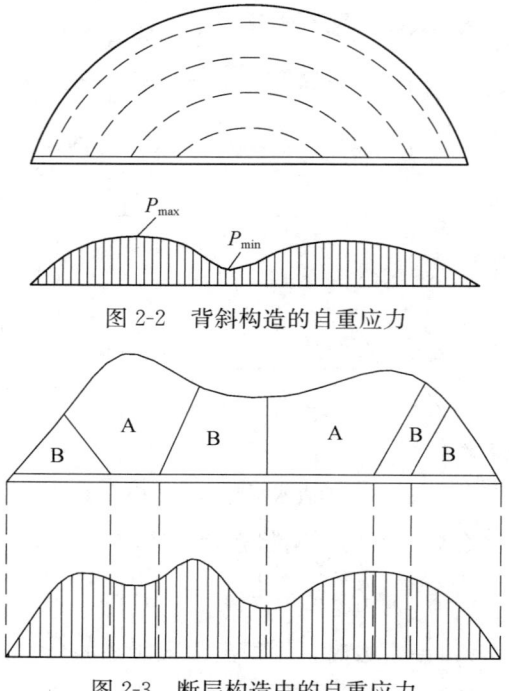

图 2-2　背斜构造的自重应力

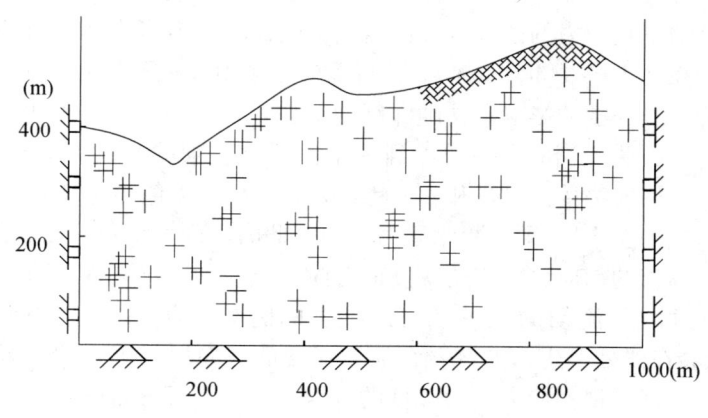

图 2-3　断层构造中的自重应力

上述各式是假定地表面为水平的，实际上地表面并不完全是这样的。如图 2-4 所示，该地形的变化，对初应力场产生了很大的影响，图表明在考虑地形影响后，初应力场主应力大小及其方向的变化。在埋深较小时，这种影响是不可忽略的。

图 2-4　地形对自重应力的影响

2.3 构造应力场

由前文可知,地下工程整体都是在某种应力场中的地壳上部范围内进行的。这种应力场主要包括重力应力场和构造应力场。地质力学认为:地壳各处发生的一切构造变形与破裂都是地应力作用的结果。所以地质力学就把构造的体系和形式在形成过程中的应力状态称为构造应力场,且构造应力场随时间和开挖发生动态变化。

由于构造应力场的不确定性,因此很难用函数形式表达。它在整个初应力场中的作用只能通过某些量测数据进行分析。已发表的一些成果表明:

(1) 地质构造形态一方面改变了重力应力场,以各种构造形态获得释放,另一方面以各种形式蓄积在岩体中,这种残余构造应力将对地下工程产生深远影响;

(2) 构造应力场广泛存在于浅层岩体中,而最大构造应力的方向,多近乎为水平,其值一般大于重力应力场中的水平应力分量,甚至大于垂直应力分量,这与重力应力场并不相同。位于片岩中的陶恩隧道实地量测的初应力状态(图 2-5)就是一个典型事例。

在南非测定的垂直应力和平均水平应力的比值与深度的关系如图 2-6 所示,并可用下式表达

$$\lambda = \frac{\sigma_h}{\sigma_y} = \left(\frac{248}{H}\right) + 0.448 \qquad (2-5)$$

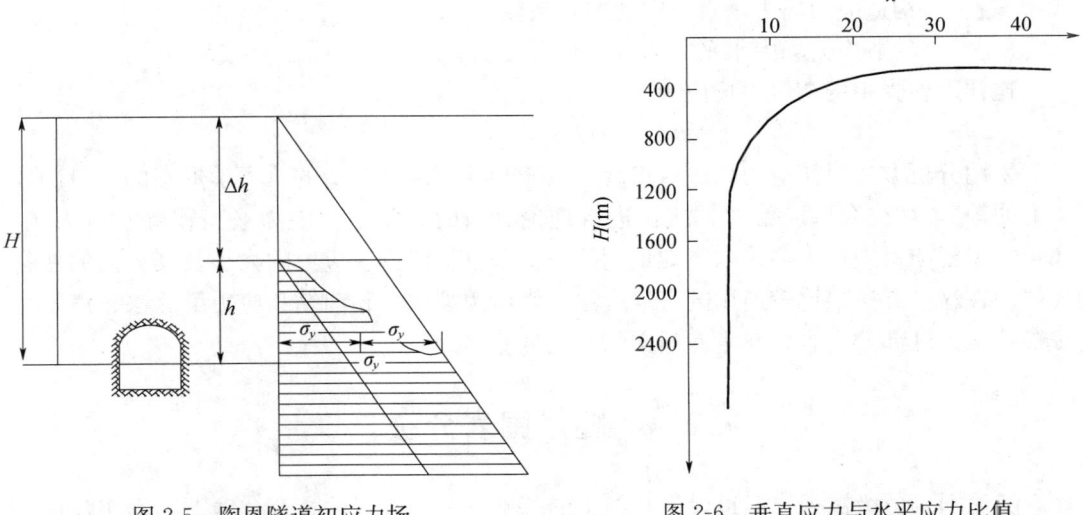

图 2-5 陶恩隧道初应力场　　图 2-6 垂直应力与水平应力比值随深度的变化

式(2-5)表明,在埋深较小情况下,水平应力和垂直应力的比值 λ 都很大。随着埋深的增加,λ 趋于减小。根据我国现阶段积累起来的浅层(埋深小于 500m)实测资料可知,λ 小于 0.8 者大约占 27.5%,0.8~1.25 者大约占 42.3%,大于 1.25 者大约占 30.2%。

(1) 由于构造应力场极不均匀,因此其参数无论在空间上,还是时间上都有明显变

化，特别是其主应力轴的方向和绝对值变化最为明显。

在近似地确定水平构造应力T_H后，相关应力场可做如下简要分析（图2-7）。

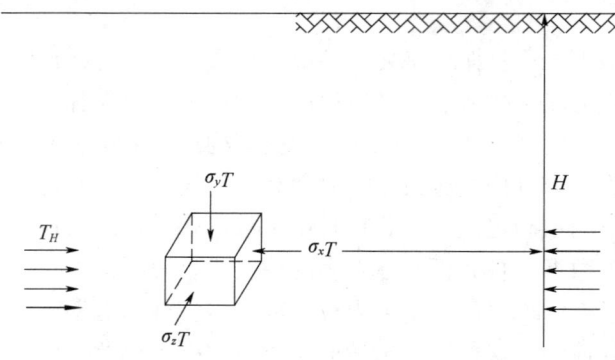

图 2-7 水平构造应力

假设在深 H 的岩体内，作用在某一点上的水平构造应力为T_H，则在微分体上的最大主应力σ_{xT}可近似为

$$\sigma_{xT} = T_H \tag{2-6}$$

由于水平构造应力在另外两个方向会产生不同的岩石变形，因此

$$\sigma_{yT} = \chi \cdot T_H$$
$$\sigma_{zT} = \psi \cdot T_H \tag{2-7}$$

式中　χ——构造应力场中垂直方向的扩张系数；
　　　ψ——构造应力场中水平方向的扩张系数。

这样，地壳中的初应力场应为

$$\sigma = \sigma_\gamma + \sigma_T \tag{2-8}$$

采用分析方法对初应力场进行求解，由于某些原因（构造的、力学形态的、量测技术上的等），往往会造成偏差。故在进行理论分析时，常把初应力场当作静水应力场。在重大工程项目中，大多采取实地量测的方法来分析研究主应力的大小及其方向的变化规律。在这些方法中比较通用的有地震法、水压致裂法、超前钻孔应力解除法、声发射法等。有关这部分内容可参考专门文献，此处从略。

2.4　隧道围岩分级

隧道围岩分级被视作隧道设计与施工的基础。一个较好的、符合地下工程实际情况的隧道围岩分级，不仅可以降低造价成本，还可以完善地下结构设计，发展新的隧道施工工艺。

通过隧道工程实践可以得出：隧道围岩的稳定性决定了围岩的破坏与否。而影响围岩稳定性的因素却有多种，其中主要因素是隧道围岩结构特征和完整状态。隧道围岩体的强度同样对隧道的稳定性有着重要的影响，地下水、风化程度也是隧道围岩稳定性的重要影响因素。

考虑到围岩的稳定性，1975年，我国编制了《铁路隧道围岩分类》，由稳定到不稳定共分六类，代替了多年沿用的从岩石坚固性系数来分级的传统方法。

我国公路隧道围岩分级发展较晚，随着社会的进步，公路交通得到了较大的发展，为更好地完成公路隧道修建，我国急需公路隧道围岩分级。在1990年，以铁路隧道的围岩分级为基础，编制了《公路隧道围岩分级》。对国内外公路隧道的发展研究发现，总的分级趋势依旧是以隧道围岩的稳定性为基础进行。但在分级的指标上，正在由定性描述、经验判断向定量描述转变。

2.4.1 公路隧道围岩分级

根据隧道工程实践分析，我国公路隧道以铁路隧道围岩分级的标准为基础，参考国内外有关围岩分级的研究成果，提出了适合我国公路隧道实际的围岩分级标准，以下主要介绍公路隧道围岩分级的出发点和依据。

2.4.1.1 分级的出发点

分级的出发点概括为以下几点：
(1) 避免单一的岩石强度指标分级，强调岩体地质特征的完整性和稳定性的方法；
(2) 分级指标应考虑定性和定量指标相结合；
(3) 根据工程目的和内容，提出相应的措施；
(4) 分级应简单明了，便捷适用；
(5) 吸收其他围岩分级的优点，并尽可能地和我国其他工程分级保持一致。

2.4.1.2 分级的指标和因素

分级主要考虑了以下几类因素。

1. 岩体的结构特征与完整性

岩体结构的完整状态是影响围岩稳定性的主要因素。在风化作用下，当岩体结构处于变化、松散、破碎、软硬不一的情况下时，应结合因风化作用造成的各种状况，确定围岩的结构完整状态；地质构造影响程度的等级划分见表2-1～表2-3。

表2-1 岩体完整程度的等级划分

等级	结构面发育程度	地质构造影响程度
完整	不发育	轻微
较完整	不发育，较发育	较严重、轻微
较破碎	发育，较发育	严重、较严重
破碎	极发育	极严重、严重
极破碎	发育	极严重

表2-2 围岩结构面（节理）发育程度等级划分

等级	结构面（节理）组数及平均间距（m）	主要结构面（节理）的类型	岩体结构类型
不发育	1～2组，平均间距＞1.0	为原生型或构造型密闭	巨块状结构（＞1m）
较发育	2～3组，平均间距＞1.0	呈X形，较规则，以构造型为主，多数为密闭部分微张，少有充填物	大块状结构（0.4～1.0m）

续表

等级	结构面（节理）组数及平均间距（m）	主要结构面（节理）的类型	岩体结构类型
发育	>3组，平均间距<0.4	不规则，呈X形或米字形；以构造型或风化型为主，多数张开，少数有充填物	块石和碎石（0.2~0.4m）
很发育	>3组，杂乱平均间距<0.2	以风化型和构造型为主，微张或张开，均有充填物	碎石状（<0.2m）

表 2-3 围岩受地质构造影响程度等级划分

等级	地质构造作用特征
轻微	围岩地质构造变动小，无断裂（层）；层状岩一般呈单斜构造；节理不发育
较重	围岩地质构造变动较大，位于断裂（层）或褶曲轴的邻近地段，可有小断层，节理较发育
严重	围岩地质构造变动强烈，位于褶曲轴部或断裂影响带内，软岩多见扭曲及拖拉现象；节理发育
很严重	位于断裂破碎带内，节理很发育；岩体破碎呈碎石、角砾状，有的甚至呈粉末、土状

2. 岩石强度

以岩性、物理力学参数、耐风化能力和作为建筑材料的要求作为标准，将岩浆岩、沉积岩、变质岩分为硬质岩石及软质岩石二级，考虑到饱和抗压极限强度 R_b 与工程的关系分为四种，其标准及代表性岩石见表 2-4；当风化作用使得岩石强度降低时，应按风化后的强度确定岩石等级。

表 2-4 岩石等级划分

岩石等级		饱和抗压极限强度 R_b（MPa）	耐风化能力		代表性岩石
			程度	现象	
硬质岩石	极硬岩	>60	强	暴露后1年、2年尚不易风化	1. 花岗岩、闪长岩、玄武岩等岩浆岩类； 2. 硅质、铁质胶结的砾岩及砂岩、石灰岩、白云岩等沉积岩类； 3. 片麻岩、石英岩、大理岩、板岩、片岩等变质岩类
	硬质岩	>30			
软质岩石	软质岩	5~30	弱	暴露后数日至数月即出现风化壳	1. 凝灰岩等喷出岩类； 2. 泥砾岩、泥质砂岩、泥质页岩、灰质页岩、泥灰岩、泥岩、劣煤等沉积岩类； 3. 云母片岩和千枚岩等变质岩类
	极软岩	≤5			

3. 地下水

在公路隧道围岩的分级中，若存在地下水时，可采用降级的方法进行处理，同时按下列原则进行围岩级别调整：

在Ⅰ级围岩或属于Ⅱ级的硬质岩石中，地下水对其稳定性影响往往不大，故可考虑不降低；

在Ⅰ级围岩或属于Ⅱ级的软质岩石，应根据地下水的性质、水量大小和危害程度进行围岩级别的调整，如果地下水影响围岩稳定导致局部坍塌或软化软弱面时，可考虑降低Ⅰ级；

Ⅲ级、Ⅳ级围岩已成碎石状松散结构，裂隙中存在黏性土充填物，地下水影响较大，可根据地下水的性质、水量大小、渗流条件、动水和静水压力等情况，判断其对围岩的危害程度，可考虑降低1～2级；

在Ⅵ级围岩分级中，考虑到含水地质情况的影响，在特殊含水地层，还应做额外处理。

2.4.1.3 公路隧道围岩分级

通过对分级因素和指标进行分析，公路隧道围岩分级将围岩分为六级，给出了各级围岩的工程地质特征、结构特征和完整性等指标，且预测了隧道在开挖后，可能出现的坍方、滑动、膨胀、挤出、岩爆、突然涌水及瓦斯突出等失稳的部位和地段，并制定了相对应的措施。详细见表2-5。

表2-5 公路隧道围岩分类

级别	主要工程地质条件	结构特征和完整状态	围岩开挖后的稳定状态
Ⅰ	硬质岩石（饱和抗压极限强度 R_b>60MPa），受地质构造影响轻微，节理不发育，无软弱面（或夹层）；层状岩层为厚层，层间结合良好	呈巨块状整体结构	围岩稳定、无坍塌，可能引起岩爆
Ⅱ	硬质岩石（R_b>30MPa），受地质构造影响较重，节理较发育，有少量软弱面（或夹层）和贯通微张节理，但其产状及组合关系不致产生滑动，层状岩层为中层或厚层，层间结合一般，很少有分离现象，或为硬质岩石偶夹软质岩石	呈大块状砌体结构	暴露时间长，可能出现局部小坍塌；侧壁稳定；层间结合差的平缓岩层，顶板易塌落
Ⅱ	软质岩石（R_b≈30MPa），受地质构造影响轻微，节理不发育；层状岩层为厚层，层间结合良好	呈巨块状整体结构	
Ⅲ	硬质岩石（R_b>30MPa），受地质构造影响严重，节理发育，有层状软弱面（或夹层），但其产状及组合关系尚不致产生滑动；层状岩层为薄层或中层，层间结合差，多有分离现象；或为硬、软质岩石互层	呈块（石）碎（石）状镶嵌结构	拱部无支护时可产生中小坍塌，侧壁基本稳定，爆破振动过大易塌
Ⅲ	软质岩石（R_b=5～30MPa），受地质构造影响严重，节理较发育；层状岩层为薄层、中层或厚层，层间结合一般	呈大块状砌体结构	

续表

级别	主要工程地质条件	结构特征和完整状态	围岩开挖后的稳定状态
Ⅳ	硬质岩石（$R_b>30$MPa），受地质构造影响很严重，节理很发育，层状软弱面（或夹层）已基本被破坏	呈碎石状压碎结构	拱部无支护时，可产生较大的坍塌；侧壁有时失去稳定
Ⅳ	软质岩石（$R_b=5\sim30$MPa），受地质构造影响严重，节理发育	呈块（石）碎（石）状镶嵌结构	
Ⅳ	1. 略具压密或成岩作用的黏性土及砂性土； 2. 一般钙质、铁质胶结的碎、卵石土、大块石土； 3. 黄土（Q_1，Q_2）	1. 呈大块状压密结构 2. 呈巨块状整体结构 3. 呈巨块状整体结构	
Ⅴ	石质土岩位于挤压强烈的断裂带内，裂隙杂乱，呈石夹土或土夹石状	呈角（砾）碎（石）状松散结构	围岩易坍塌，处理不当会出现大坍塌，侧壁经常小坍塌；浅埋时易出现地表下沉（陷）或坍至地表
Ⅴ	一般第四系的半干硬～硬塑的黏性土及稍湿至潮湿的一般碎、卵石土、圆砾、角砾土及黄土（Q_3、Q_4）	非黏性土呈松散结构，黏性土及黄土呈松软结构	
Ⅵ	石质围岩位于挤压极强烈的断裂带内，呈角砾、砂、泥松软体	呈松软结构	围岩极易坍塌变形，有水时土砂常与水一齐涌出；浅埋时易坍至地表
Ⅵ	软塑状黏性土及潮湿的粉细砂等	黏性土呈易蠕动的松软结构砂性土呈潮湿松散结构	

在《公路隧道设计规范》（JTG 3370.1—2018，JTG D70/2—2014）中，提出了按岩石质量指标（RQD）、岩体弹性波纵波速度v_p、岩体完整性指数I的围岩分级，可供研究。

岩石质量指标（RQD）是指钻探时岩芯复原率，或称为岩芯采取率，可反映岩体的强度和岩体的破碎程度。在进行钻探取样时，岩体原始的裂隙、硬度、均质性都会影响岩芯的采取率、岩芯的平均长度和最大长度，岩芯采取长度小于10cm以下的细小岩块所占的比例直接决定了岩体质量的好坏。因此，通常选择以单位长度钻孔中10cm以上的岩芯占有的比例来确定岩芯采取率。公式如下

$$RQD(\%)=\frac{10\text{cm 以上岩芯累计长度}}{\text{单位钻孔长度}}\times100 \tag{2-9}$$

依据上述指标对围岩分级，具体见表2-6。

表2-6 按RQD、v_p、I的围岩分级

指标	Ⅰ	Ⅱ	Ⅲ	Ⅳ	Ⅴ	Ⅵ
RQD（%）	>95	85~75	75~86	50~75	25~50	<25
v_p（km/s）	>4.5	3.5~4.5	2.5~4.0	1.5~3.0	1.0~2.0	1.0~1.5（饱和黏性土）
I	0.8~1.0		0.6~0.8	0.4~0.6	0.2~0.4	<0.2

2.4.1.4 隧道施工围岩分级

围岩坚硬程度、围岩完整性程度和地下水状态三项因素常用作隧道施工阶段围岩分

级的评定因素，细分可以分为 13 个子因素，具体分级因素如图 2-8 所示。

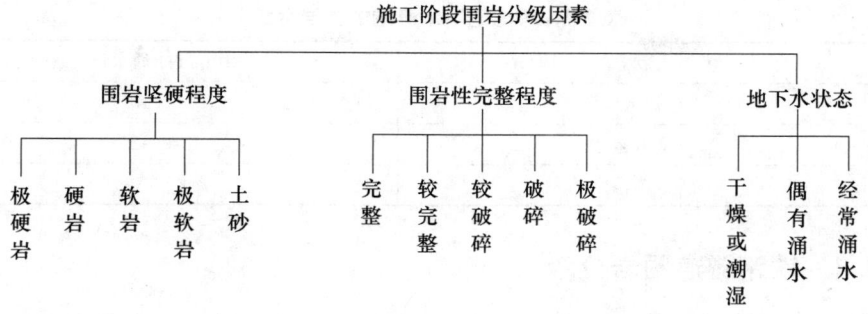

图 2-8 施工阶段围岩分级因素

在上述因素中，围岩完整性程度的评定是最为困难的，即如何根据掌子面的地质数据来评价围岩的完整程度。隧道的开挖揭露了掌子面的地质状态，这就为评定掌子面的稳定提供了充分的依据。根据对国内外施工阶段围岩分级的调查，应采用定性和定量相结合的方法对围岩的完整程度进行分级。

影响围岩稳定性的因素如图 2-9 所示。一般可以分为两类：一类是地质因素；另一类是设计和施工因素。前者是基本的，后者是通过前者而起作用的。

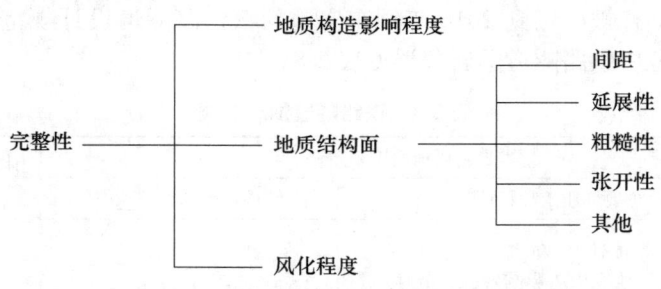

图 2-9 影响围岩稳定性的因素

地质因素：(1) 岩土体结构状态；(2) 岩石的工程性质；(3) 地下水状态；(4) 围岩的初始应力场。

设计和施工因素：(1) 埋深；(2) 施工方法；(3) 支护方法和时间；(4) 隧道形状和断面。

大量隧道施工的实践证明，造成隧道围岩丧失稳定、施工坍方的重要原因之一是水。因此，水的影响在隧道围岩分级中是极其重要的。在不同的围岩中，水的影响程度是不一样的，一般有下列几种情况：

(1) 使岩质软化，强度降低，促使土体液化或流动；

(2) 冲走带有软弱结构面的围岩中的充填物或使夹层液化，促使岩块滑动；

(3) 在石膏、岩盐和蒙脱石为主的黏土岩中，遇水膨胀，在未胶结或弱胶结的砂岩中出现流砂和潜蚀。

因此，水的影响必须考虑在围岩分级中。围岩的岩性及结构面的状态、地下水的性质和大小、流通条件、对围岩浸润状况和危害程度均会不同程度地降低围岩级别。

在围岩分级中，关于地下水影响见表2-7。

表 2-7　考虑地下水影响的围岩分级

级别	状态	每10min的涌水量（L）
Ⅲ	干燥或潮湿	<10
Ⅱ	偶有渗水	10～25
Ⅰ	经常渗水	25～325

2.4.2　铁路隧道围岩分级

现代土力学创始人K·太沙基的分级法不仅提出得早，而且被广泛应用在铁路隧道工程上。这个分级法以地压值为对象，通过不同岩性、不同构造条件将围岩分为九级。每一级围岩都各自对应一个地压范围值。在无水条件下，4～7级围岩的地压值应相应地降低50%。

太沙基分级在围岩的定性描述上是比较概括的，有一定的实用价值，但是给定的地压值通常是偏高的。此外，太沙基分级法还缺少定量描述。

应该指出，这个分级法最早考虑了埋深对围岩级别的影响，岩质条件相同，但埋深不同，因而级别也不同。

上述原则也同样被应用到2016年颁布实施的《铁路隧道设计规范》（TB 10003—2016）中，该规范中铁路隧道围岩分类见表2-8。

表 2-8　铁路隧道围岩分类

类别	围岩主要地质工程条件		围岩开挖后的稳定状态（小跨度）
	主要地质工程特征	结构特征和完整状态	
Ⅰ	极硬岩（单轴饱和抗压强度 R_c>60.0MPa）；受地质构造影响轻微，节理不发育，无软弱面；层状岩层为巨厚层或厚层，层间结合良好，岩体完整	呈巨块状整体结构	围岩稳定，无坍塌，可能产生岩爆
Ⅱ	硬质岩（R_c>30.0MPa），受地质构造影响较重，节理较发育，有少量软弱面（或夹层）和贯通微张节理，但其产状及组合关系不致产生滑动；层状岩层为中层或厚层，层间结合一般，很少有分离现象，或为硬质岩石偶夹软质岩石	呈巨块状或大块状结构	暴露时间长，可能会出现局部小坍塌，侧壁稳定，层间结合差的平缓岩层顶板易塌落
Ⅲ	硬质岩（R_c>30.0MPa），受地质构造影响严重，节理发育，有层状软弱面（或夹层），但其产状及组合关系尚不致产生滑动；层状岩层为薄层或中层，层间结合差，多有分离现象；硬、软质岩石互层	呈块（石）碎（石）状镶嵌结构	拱部无支护时可产生小坍塌，侧壁基本稳定，爆破振动过大易塌
	较软岩（R_c=15～30MPa）；受地质构造影响轻微，节理不发育，层状岩层为厚层、巨厚层，层间结合良好或一般	呈大块状结构	

续表

类别	围岩主要地质工程条件		围岩开挖后的稳定状态（小跨度）
	主要地质工程特征	结构特征和完整状态	
Ⅳ	硬质岩（$R_c>30.0$MPa），受地质构造影响极严重，节理很发育，层状软软弱面（或夹层）已基本破坏	呈碎石状压碎结构	拱部无支护时，可产生较大的坍塌，侧壁有时失去稳定
	软质岩（$R_c\approx5.0\sim30$MPa），受地质构造影响较重或严重，节理较发育或发育	呈块（石）碎（石）状镶嵌结构	
	土体：1. 具压密或成岩作用的黏性土、粉土及砂类土 2. 黄土（Q_1、Q_2） 3. 一般钙质、铁质胶结的碎石土、卵石土、大块石土	1和2呈大块状压密结构；3呈巨块状整体结构	拱部无支护时，可产生较大的坍塌，侧壁有时失去稳定
Ⅴ	岩体：较软岩、岩体破碎；软岩、岩体较破碎至破碎；全部极软岩及全部极破碎岩（包括受构造影响严重的破碎带）	呈角砾碎石状松散结构	围岩易坍塌，处理不当会出现大坍塌，侧壁经常出现小坍塌，浅埋时易出现地表下沉（陷）或塌至地表
	土体：一般第四系坚硬、硬塑黏性土，稍密及以上、稍湿或潮湿的碎石土、卵石土、圆砾土、角砾土、粉土及黄土（Q_3、Q_4）	非黏性土呈松散结构，黏性土及黄土呈松软结构	
Ⅵ	岩体：受构造影响严重呈碎石、角砾及粉末、泥土状的富水断层带，富水破碎的绿泥石或炭质千枚岩	黏性土呈易蠕动的松软结构，砂性土呈潮湿松散结构	围岩极易变形坍塌，有水时ว砂常与水一齐涌出，浅埋时易塌至地表
	土体：软塑状黏性土，饱和的粉土、砂类土等，风积沙，严重湿陷性黄土		

注：1. 围岩分级宜采用定性分级与定量分级相结合的方法，综合分析确定围岩级别；
2. 强膨胀岩（土）、第三系富水弱胶结砂泥岩、岩体强度应力比小于0.15的极高地应力软岩等，属于特殊围岩（T），相应工程措施应进行针对性的特殊设计。

2.4.3 与地质勘察手段相联系的分级方法

随着物探方法的进展，20世纪70年代，日本提出了按围岩弹性波速度进行分级的方法。该分级方法是综合的，将各类岩层按其弹性波速度分为6级（表2-9）。这是对岩性的分级。

表2-9 岩性的弹性波速度分级

分类	1	2	3	4	5	6	7
A	>5.0	5.0~4.4	4.6~4.0	4.2~3.6	3.8~3.2	<3.4	—
B	—	>4.8	4.8~4.2	4.4~3.8	4.0~3.4	<3.6	
C	>4.8	4.8~4.2	4.4~3.8	4.0~3.4	3.6~3.0	<3.2	
D	>4.2	4.2~3.6	3.8~3.2	3.4~2.8	3.0~2.4	<2.6	
E	—	—	>2.6	2.6~2.0	2.2~1.6	<1.8	<1.4
F	—	—	—	—	1.8~1.2	1.4~0.8	<1.0

表中 A、B、…、F 等类岩层代表性岩石见表2-10。

表 2-10　各类岩层代表性岩石

岩性	岩石名称
A	古生代岩层、中生代岩层、黏板岩、砂岩、砾岩、石灰岩、辉绿凝灰岩； 深成岩花岗岩、花岗闪绿岩、闪绿岩等； 半深成岩石英斑岩、花岗斑岩、玢岩、辉绿岩、蛇纹岩等； 火成岩玄武岩； 变质岩结晶片岩、千枚岩、片麻岩等
B	剥离显著的变质岩； 细层理发达的古生代岩层、中生代岩层
C	中生代岩层的一部分页岩、砂岩、辉绿凝灰岩等； 火山岩、流纹岩、安山岩等； 古第三纪元的一部分火山岩质凝灰岩、硅化页岩、砂岩、凝灰岩
D	古第三纪元—新第三纪元泥岩、砂岩、凝灰岩、角砾凝灰岩等
E	新第三纪元—洪积层泥岩、砂岩、沙砾岩、凝灰岩、台地、岩堆、火山杂屑物等
F	洪积层
G	表土、崩落土

注：在不含饱和水时，洪积、冲积层的弹性波速度较大。例如，含水沙砾层的速度约 2.5km/s。

岩性、岩体结构通常用围岩弹性波速度进行判断。它既可以表达岩体结构的破碎程度，又可以反映岩石的软硬程度，所以通过把弹性波速度与岩性、含水及涌水状态、风化、龟裂破碎状态等因素综合考虑，把围岩分为 7 级（表 2-11）。

表 2-11　围岩等级划分

分级	岩性	地质状况（裂隙、风化、破碎、胶结程度）	土压状态
1	A、B、C	整体、坚硬	无
2	B D	坚硬、裂隙间距 50~100cm 裂隙少	无
3	B C D E	破碎、裂隙多，间有小断层 中等软岩，间有小断层，裂隙间 30~70cm 裂隙少，中等软岩 整体软岩	时有土压
4	B C D E	破碎、裂隙多，易风化 裂隙多，破碎，软岩，小断层多 破碎，软岩，裂隙多 软岩，胶结程度一般	多有较大土压
5	B C D E F	破碎，显著风化 破碎，小断层多，易风化 破碎，软岩，易风化 软岩，胶结程度差 软岩，胶结程度差	土压较大
6	B、C E F	破碎，极度风化 破碎，软岩，易风化，胶结程度差 胶结程度差	
7	G	胶结程度差	

把地质勘察手段与围岩分类联系起来，这在分类上是一个重要进展。这方面除了用弹性波速度外，还有用钻探时的岩芯复原率的分类方法。如前述美国伊利诺伊大学狄丽等人提出的采用岩石质量指标［RQD］就是典型例子。上述分类大体上可以说是半定量的，但是综合的。例如，弹性波速度降低可能有几种情况：(1) 岩体完整，但岩质松散；(2) 岩质坚硬，但岩体破碎；(3) 出现高低差显著的谷部等，因而在地质测绘、岩性判断等手段或资料也要考虑在内。因此，考虑多种因素并给予一定的定量分析和定性描述的分级方法得到了发展。

2.4.4 以多种因素进行组合的分级方法

该分级法认为，地质构造、岩性、岩石强度以及施工因素等均要作为评价一种岩体好坏的因素。

对岩体的工程地质评价比较完善的是"岩体质量评价"，这个分级用以表明岩体质量的六个地质参数之间的关系如下

$$Q = (RQD/J_A) \cdot (J_r/J_a) \cdot (J_w/SRF) \qquad (2\text{-}10)$$

式中　RQD——岩石质量指标；

　　　J_A——节理组数；

　　　J_r——节理粗糙度；

　　　J_a——节理蚀变度；

　　　J_w——节理含水折减系数；

　　　SRF——应力折减系数。

六个参数的岩体说明及其等级列于表 2-12～表 2-15。

表 2-12　参数 RQD、J_A 和 J_r 的说明和等级

岩石质量指标	RQD	备注
A. 差的 B. 不良 C. 中等 D. 良好 E. 优良	0～25 25～50 50～75 75～90 90～100	(1) 当调查或测量的 $RQD \leqslant 10$（包括 0）时用以代入式 (2-10) 计算 Q 值，可采用标称值 10； (2) RQD 每级差值为 5，即 100, 95, 90，已有足够精度
节理组数目	J_A	备注
A. 整体，没有或很少节理 B. 一个节理组 C. 一个节理组加上不规则 D. 两个节理组 E. 两个节理组加上不规则 F. 三个节理组 G. 三个节理组加上不规则 H. 四个或更多节理组，不规则，严重节理化，"糖精状"等 I. 破碎岩石，类似土	0.5～1.0 2 3 4 6 9 12 15 20	 岔洞处采用（3.0×J_A） 洞门处采用（2.0×J_A）

续表

节理粗糙度数值	J_r	备注
1. 节理沿壁面接触以及岩壁面在剪切 10cm 前仍接触		
A. 不连续节理	4	(1) 如有关节理组的平均间距大于3m，则加1；
B. 粗糙或凹凸不平，起伏的	3	(2) 对具有线理的光滑平面节理，如节理方向有利，可采用 J_r＝0.5
C. 平整、起伏的	2	
D. 光滑、起伏的	1.5	
E. 粗糙或凹凸不平，平面的	1.5	
F. 平整、平面的	1.0	
G. 光滑、平面的	0.5	
2. 剪切后岩壁面没有接触		
H. 夹含粘土矿物带，厚度足以阻止岩壁面接触	1.0	
I. 夹砂化、砾化或破碎带，厚度足以阻止岩壁面接触	1.0	

表 2-13　参数 J_a 的说明和等级

节理蚀变数值	J_a	Φ_w（大约）	备注
1. 岩壁面接触			
A. 密结合，夹坚硬、不软化、不透水填充物等，如石英或绿帘石	0.75	—	
B. 节理面未蚀变，仅表面有污物	1.0	25°～35°	
C. 节理面轻微蚀变，夹不化软矿物薄层，砂质颗粒，无粘土的破碎岩等	2.0	25°～35°	
D. 夹粉质或沙质粘土薄层，小的粘土碎片（不软化）	3.0	20°～25°	
E. 夹软化或低摩擦粘土矿物薄层，即高岭土、云母，还有绿泥石、滑石、石膏、石墨以及少量膨胀性粘土（夹层不连续，厚度 1～2mm 或更薄）	4.0	8.0°～16°	
2. 岩壁面在剪切 10cm 前仍接触			Φ_w值在这里是作为蚀变产物矿物性质的一个近似指标
F. 夹砂质颗粒，无粘土碎解岩等	4.0	25°～30°	
G. 填充强烈过分固结，不软化粘土矿物（连续，厚度＜5mm）	6.0	16°～24°	
H. 填充中等或轻度过分固结，软化粘土矿物（连续，厚度＜5mm）	8.0～12.0	12°～16°	
J. 填充膨胀土，如蒙脱土（连续，厚度＜5mm）J_a值取决于膨胀性粘土的尺寸颗粒的百分数和是否能浸入水等	8.0～12.0	6.0°～12°	
3. 剪切后岩壁面没有接触			
K. L. M. 破碎的岩石带没有粘土带（见 G. H. J 等条对粘土条件的说明）	6.0, 8.0 或 8.0～12.0; 5.0, 10.0, 13.0 或 13.0～20.0	6°～24°	
N. 粉质或砂质粘土，粘土小碎片（不软化）带			
O. P. R. 厚的，连续粘土带（见 G. H. J 等条对粘土条件的说明			

表 2-14 参数 J_w 的说明和等级

节理含水折减系数	J_w	水的大致压力（MPa）	备注
A. 干燥或微量渗水即局部<5L/min	1.0	<0.1	
B. 中等渗水或有压力水偶然冲刷节理充填物	0.66	0.1~0.25	
C. 具有无充填节理的自稳岩中有大量渗水或高压水	0.5	0.25~1.0	(1) C 到 F 的 J_w 系数是粗估的，如装有排水设备应增大 (2) 因冰冻造成的特殊问题未考虑
D. 大量渗水或水压很高，大量冲刷节理填充物	0.33	0.25~.0	
E. 爆破时渗水量特别大或压力特别高，但随时间衰退	0.2~0.1	>1.0	
F. 渗水量特别大或压力特别高，持续无明显衰退	0.1~0.05	>1.0	

表 2-15 参数 SRF 的说明和等级

压力折减系数	SRF	σ_c/σ_1	σ_t/σ_1	备注
1. 软弱带与开挖相交切，开挖隧道时可能引起岩体松散				
A. 含有粘土或化学分解的岩石的软弱带，频繁出现非常松散的围岩（任何深度）	10.0			
B. 含有粘土或化学分解岩石的单个软弱带（开挖深度≤50m）	5.0			
C. 含有粘土或化学分解岩石的单个软弱带（开挖深度<50m）	2.5			(1) 如有关剪切带只有影响而不与开挖相交切，SRF 值要折减 25%~50% (2) 对于各向异性很强的应力场（如量得），当 $5 \leq \sigma_1/\sigma_3 \leq 10$ 时，σ_c 和 σ_t 要折减为 $0.8\sigma_c$ 和 $0.8\sigma_3$；当 $\sigma_1/\sigma_3 > 10$ 时，σ_c 和 σ_t 折减为 $0.6\sigma_c$ 和 $0.6\sigma_3$，这里 σ_c =无侧限抗压强度，σ_t =抗拉强度（集中荷载），σ_1 和 σ_3 分别为大和小主应力； (3) 很少有拱部到地面的深度比跨度还小的实测记录，如有这种情况建议 SRF 从 2.5 增加到 5.0
D. 自稳岩石中多次出现剪切带（无粘土），松散的围岩（任何深度）	7.5			
E. 自稳岩石有单个剪切带（无粘土），（开挖深度≤50m）	5.0			
F. 自稳岩石中有单个剪切带（无粘土），（开挖深度>50m）	2.5			
G. 松散张开节理，严重节理化或成"糖块状"等（任何深度）	5.0			
2. 自稳岩石，岩石应力问题				
H. 低应力、接近地表	2.5	>200	>13	
J. 中等应力	1.0	200~10	13~0.66	
K. 高应力非常紧密的构造（可能不利于边墙稳定，常常有利于拱部稳定）	0.5~2.0	10~5	0.66~0.33	
L. 轻微岩爆（整体岩层）	5~10	5~2.5	0.33~0.16	
M. 猛烈岩爆（整体岩层）	10~20	<2.5	<0.16	
3. 挤压岩石：在高岩石压力作用下非自稳岩石产生塑流				
N. 轻微的岩石挤压压力	5~10			
O. 猛烈的岩石挤压压力	10~20			
4. 膨胀岩石，化学膨胀性，根据水的有无决定				
P. 轻微的岩石膨胀压力	5~10			
Q. 猛烈的岩石膨胀压力	10~15			

实质上,岩体质量 Q 包含三个参数:(1) 块尺寸 (RQD/J_A);(2) 块体间的抗剪强度 (J_r/J_a);(3) 作用应力 (J_w/SRF)。根据不同的 Q 值,岩体质量的状态见表2-16。

表 2-16　岩体质量状态

岩体质量	特别好	极好	良好	好	中等	不良	坏	极坏	特别坏
Q 值	400~1000	100~400	40~100	10~40	4~10	1~4	0.1~1.0	0.01~0.1	0.001~0.01

多数组合分级是以大量的实践资料为基础的,同时引进了岩体动态的分析,因而具有一定的理论意义,是围岩分级研究中一个有发展前途的方法。但分级还没有与有关的地质测试手段联系起来,因而在确定各项指标时,仍然不得不依靠经验的判定。

2.5　隧道工程岩体分级方法的发展趋势

19世纪以来,隧道工程岩体分级方法得到迅速发展,为隧道工程设计与施工提供了重要支撑。目前的隧道工程岩体分级系统综合考虑了岩体的主要特征要素,隧道工程岩体分级的发展特点包括①由经验分级向数学理论支撑方向转变;②由考虑单一参数或几个重要参数向综合参考、多个参数转变;③由独立评价体系向多个评价体系转变;④由单独的定性或定量评价向定性与定量相结合评价转变;⑤由理论评价向针对具体实际工程评价转变;⑥由简单运算评价向计算机模拟精确计算评价转变。

隧道工程岩体分级方法的发展方向如下:

(1) 基于人工神经网络的隧道工程岩体分级方法。人工神经网络(artificial neural network,ANN)是由大量人工神经元构成的非线性系统,具有一定的自学能力。隧道岩体分级中影响岩体力学性质的主要因素(如岩石强度、吸水率、风化程度、节理倾角、节理密集程度、节理张开度、节理粗糙度、充填情况、充填物中的含泥量等)与岩体分级之间存在复杂的非线性关系,将主要影响因素定义为输入层,岩体级别作为输出层,可以构造人工神经网络。神经网络模型可考虑多种影响因素,建立与岩体级别的映射关系,克服单一性和主观性,使定量结果更为科学。但 BP 神经网络存在局部极小值,难以获取正确的训练数据以及网络隐含层节点数,参数选取主要依赖经验等问题。

(2) 基于分形理论的隧道工程岩体分级方法。20世纪80年代,人们发现岩石力学领域存在普遍的分形线性,不仅岩体的地质结构产状、断层几何形态、分布等能观察到分形特征或分形结构,而且岩体强度、变形、破断力学行为以及能量耗散也表现出分形特征。因此,分形方法为定量描述岩体的复杂自然性状和物理力学性质提供了广阔前景。分形法是岩体分级方法的重要扩展方向,依据分形理论,自然界中许多难以定量描述的复杂形状、事件等,都可从中找到自相似结构,并利用分形理论对其进行描述,实现准确的隧道工程岩体分级。

(3) 基于灰色聚类分析的隧道工程岩体分级方法。灰色系统是指信息具有部分明确、部分不明确的系统。隧道工程岩体的质量受到诸多因素影响,各单一因素不能完全准确地表达岩体属性,同时诸多因素表现出确定或不确定的、已知或未知的信息,属于灰色系统范畴。隧道工程岩体质量可定性为灰色系统,采用灰色聚类分类方法从系统的观点来研究岩体质量评价，符合岩体的天然属性。该方法理论较完备、使用简便，不需要测试大量的非独立影响的因素指标，具有广阔的研究与应用空间。

（4）数字图像处理隧道工程岩体分级方法。数字图像处理是通过计算机对岩石图像进行去噪、增强、复原、分割、提取特征等处理的方法和技术。近年来，数字图像处理技术被越来越多地应用于岩体特征的测量，从而为隧道工程岩体分级提供了丰富的基础数据。数字图像处理算法在自动化获取岩体表面具有拓扑特征的结构具有较大的优势，通过立体成像技术、深度摄影技术、射线及可见光外图像，仍然可以还原其空间方位和三维坐标。在图像的深度信息或三维信息为裂隙的基本几何特征以及裂隙的粗糙度、充填情况等隧道工程岩体分级参数提供更加准确的自动化途径。

习　　题

一、选择题

1. 在我国隧道工程岩体分级标准中，软岩表示岩石的饱和单轴抗压强度为（　　）。
   A. 15～30MPa　　　B. <5MPa　　　C. 5～15MPa　　　D. <2MPa
2. 我国隧道工程岩体分级标准中岩体完整性确定是依据（　　）。
   A. RQD　　　　　　　　　　　　B. 节理间距
   C. 节理密度　　　　　　　　　　D. 岩体完整性指数或岩体体积节理数
3. 在我国工程岩体分级标准中，岩体基本质量指标是由哪两个指标确定的？（　　）。
   A. RQD 和节理密度
   B. 岩石单轴饱和抗压强度和岩体的完整性指数
   C. 地下水和 RQD
   D. 节理密度和地下水
4. 某岩石、实测单轴饱和抗压强度 $R_c=55$ MPa，完整性指数 $K_v=0.8$，野外鉴别为原层状结构，结构面结合良好，锤击清脆有轻微回弹，按工程岩体分级标准确定该岩石的基本质量等级为（　　）。
   A. Ⅰ级　　　　　　B. Ⅱ级　　　　　　C. Ⅲ级　　　　　　D. Ⅳ级
5. 初始地应力主要包括（　　）。
   A. 自重应力　　　　　　　　　　B. 构造应力
   C. 自重应力和构造应力　　　　　D. 残余应力
6. 下列关于岩石初始应力的描述中，哪个是正确的？（　　）
   A. 垂直应力一定大于水平应力
   B. 构造应力以水平应力为主
   C. 自重应力以压应力为主
   D. 自重应力和构造应力分布范围基本一致
7. 岩石的弹性模量一般指（　　）。
   A. 弹性变形曲线的斜率　　　　　B. 割线模量
   C. 切线模量　　　　　　　　　　D. 割线模量、切线模量

8. 当岩石处于三向应力状态且比较大的时候，一般应将岩石考虑为（　　）。
   A. 弹性体　　　　B. 塑性体　　　　C. 弹塑性体　　　　D. 完全弹性体
9. 下列形态的结构体中，哪一种具有较好的稳定性？（　　）
   A. 锥形　　　　B. 菱形　　　　C. 楔形　　　　D. 方形
10. 同一形式的结构体，其稳定性由大到小排列次序正确的是（　　）。
    A. 柱状＞板状＞块状　　　　　　B. 块状＞板状＞柱状
    C. 块状＞柱状＞板状　　　　　　D. 板状＞块状＞柱状

二、问答题

1. 为什么要进行工程岩体分级？
2. 简述隧道岩体分级的主要方法。
3. 隧道开挖后初始应力场将如何变化？
4. 简述隧道工程岩体分级方法的发展趋势。

三、计算题

1. 求在自重作用下地壳中的应力状态：如果花岗岩重度 $\gamma=2.6\text{g/cm}^3$，泊松比 $\mu=0.25$，则 1km 深度以下的应力是多少？
2. 某花岗岩地层的平均重度 $\gamma=26\text{kN/m}^3$，花岗岩处于弹性状态，泊松比 $\mu=0.25$。试计算地表以下 0～2km 范围内花岗岩在自重作用下初始垂直应力和水平应力的分布规律，并画出示意图。

参考文献

[1] 关宝树. 隧道力学概论 [M]. 成都：西南交通大学出版社，1993.
[2] 王维纲，单守智. 岩石分级的理论与实践 [J]. 工程地质学报，1994（3）：43-53.
[3] 林韵梅，等. 岩石分级的理论与实践 [M]. 北京：冶金工业出版社，1996.
[4] 吴培安，雷有成，尚新生，等. 模糊综合评判在岩石分级中的应用 [J]. 西北水资源与水工程，1991（2）：52-55.
[5] 李悦犀. 岩石分级方法浅谈 [A] //岩石破碎理论与实践——全国第五届岩石破碎学术会论文选集 [C]. 1992.
[6] 臧秀平，阮含婷，李萍，等. 岩体分级考虑因素的现状与趋势分析 [J]. 岩土力学，2007，28（10）：2245-2248.
[7] 种瑞元，滕以俊，孔华，等. 岩石分类命名与鉴定 [M]. 沈阳：辽宁省地质矿产局，1984.

3 隧道围岩应力状态

3.1 一点的应力状态和应变状态

在小变形情况下,塑性区平衡方程和几何方程可认为与弹性区一样,但物理方程已不再满足胡克定律,而代之以表征塑性变形规律的本构方程。本节介绍一点的应力状态和应变状态,下一节中介绍塑性准则和以全量形式表示的塑性变形与应力的关系,以增量形式表示的塑性变形与应力的关系将在后续章节中介绍。

3.1.1 应力张量及其分解

物体内任一点的应力状态由九个应力分量表示,即 σ_x、σ_y、σ_z、τ_{xy}、τ_{yx}、τ_{yz}、τ_{zy}、τ_{xz}、τ_{zx}。九个应力分量的总体称为应力张量 T_σ,并写成如下形式

$$T_\sigma = \begin{bmatrix} \sigma_x & \tau_{xy} & \tau_{xz} \\ \tau_{yx} & \sigma_y & \tau_{yz} \\ \tau_{zx} & \tau_{zy} & \sigma_z \end{bmatrix} \tag{3-1}$$

上式可分解为

$$T_\sigma = \sigma T_1 + D_\sigma = \begin{bmatrix} \sigma & 0 & 0 \\ 0 & \sigma & 0 \\ 0 & 0 & \sigma \end{bmatrix} + \begin{bmatrix} \sigma_x-\sigma & \tau_{xy} & \tau_{xz} \\ \tau_{yx} & \sigma_y-\sigma & \tau_{yz} \\ \tau_{zx} & \tau_{zy} & \sigma_z-\sigma \end{bmatrix} \tag{3-2}$$

式中,$\sigma = -\dfrac{1}{3}(\sigma_x+\sigma_y+\sigma_z)$,为该点的平均应力;

第一项是应力球张量,表征着体积变形;
第二项是应力偏张量,表征着形状变形。

通过数学推演可以证明,应力偏张量的不变量 J_1、J_2、J_3 和应力张量的不变量 I_1、I_2、I_3 之间有一定关系。所以一点的应力状态可以用不变量 I_1、I_2、I_3 表示,也可以用不变量 J_1、J_2、J_3 表示。其中,表征剪应力强度的应力偏张量第二不变量 J_2 和表征平均应力的应力张量第一不变量 I_1,在岩土力学的塑性理论中起着重要作用。

3.1.2 八面体应力、偏应力和广义应力

研究塑性状态时,应用应力张量可减少表示应力状态所必需的参数。采用八面体应力等这些特殊面上的应力,也可达到同样目的,而且这些特殊面上的应力与张量不变量关系密切。设已知物体内某点的应力主轴及主应力。通过该点做一特殊面,令该面法线

N 与三个应力主轴 1、2、3 成相等的夹角（55°44′），则法线的方向余弦彼此相等。又因为方向余弦的平方和等于 1，所以

$$l = m = n = \frac{1}{\sqrt{3}} \tag{3-3}$$

这样的面可称为等斜面。为研究等斜面上的应力，可取等斜面与三个主应力面所组成的四面体为考察对象，受力情况如图 3-1 所示。令等斜面 abc 的面积为 dA，则在三个主应力面上的三角形面积等于 $\frac{dA}{\sqrt{3}}$。写出四面体的平衡方程为

$$\sigma_{oct} dA - \sigma_1 \cdot \frac{dA}{\sqrt{3}} \cdot \frac{1}{\sqrt{3}} - \sigma_2 \cdot \frac{dA}{\sqrt{3}} \cdot \frac{1}{\sqrt{3}} - \sigma_3 \cdot \frac{dA}{\sqrt{3}} \cdot \frac{1}{\sqrt{3}} = 0 \tag{3-4}$$

由此得等斜面上的正应力 σ_{oct}，有

$$\sigma_{oct} = \frac{1}{3}(\sigma_1 + \sigma_2 + \sigma_3) = \frac{1}{3} I_1 = \sigma \tag{3-5}$$

根据平衡原理，在四面体上，作用在等斜面上法向力和切向力的合力 R_{oct} 应等于作用在三个主应力面上的力的合力，即

$$R_{oct} = \sqrt{\left(\sigma_1 \frac{dA}{\sqrt{3}}\right)^2 + \left(\sigma_2 \frac{dA}{\sqrt{3}}\right)^2 + \left(\sigma_3 \frac{dA}{\sqrt{3}}\right)^2} = \left(-\frac{1}{\sqrt{3}} \sqrt{\sigma_1^2 + \sigma_2^2 + \sigma_3^2}\right) dA$$

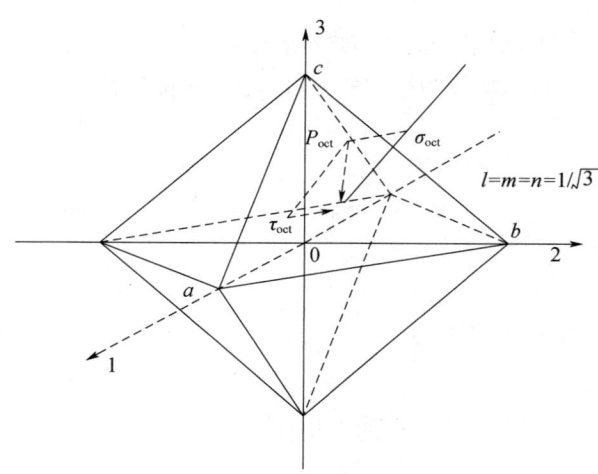

图 3-1　八面体应力

因而在等斜面上的全应力 P_{oct} 为

$$P_{oct} = \frac{R_{oct}}{dA} = \frac{1}{\sqrt{3}} \sqrt{\sigma_1^2 + \sigma_2^2 + \sigma_3^2} \tag{3-6}$$

以全应力 P_{oct} 减去正应力 σ_{oct} 就得到剪应力

$$\tau_{oct} = \sqrt{P_{oct}^2 - \sigma_{oct}^2} = \frac{1}{3} \sqrt{(\sigma_1 - \sigma_2)^2 + (\sigma_2 - \sigma_3)^2 + (\sigma_1 - \sigma_3)^2} = \sqrt{\frac{2}{3}} \cdot \sqrt{J_2} \tag{3-7}$$

式中

$$\sqrt{J_2} = \frac{1}{\sqrt{6}} \sqrt{(\sigma_1 - \sigma_2)^2 + (\sigma_2 - \sigma_3)^2 + (\sigma_1 - \sigma_3)^2}$$

$$= \frac{1}{\sqrt{6}} \sqrt{(\sigma_x - \sigma_y)^2 + (\sigma_y - \sigma_z)^2 + (\sigma_z - \sigma_x)^2 + 6(\tau_{xy}^2 + \tau_{xz}^2 + \tau_{yz}^2)}$$

在已知物体内某点附近,可以作出八个上述等斜面(图 3-1),每个象限内有一个,它们形成一个封闭的正八面体。因此上述的 σ_{oct} 和 τ_{oct} 也称八面体上的正应力及剪应力。

在塑性理论中,除常用的八面体应力外,还常用主应力坐标空间 π 平面上的应力,即偏应力。如用 σ_1、σ_2、σ_3 作为笛卡尔坐标上的三个主应力,就可得到一个主应力空间。任何一种主应力状态 σ_1、σ_2、σ_3,可用图 3-2 中某一点 P 来表示。图 3-2 中的 OS 轴与 σ_1、σ_2、σ_3 轴的倾角都相等,即等于 $\cos^{-1}=\frac{1}{\sqrt{3}}=54°44'$。这根 OS 轴称为空间对角线。在此轴上各点 $\sigma_1=\sigma_2=\sigma_3$,并称与此轴垂直的平面为 π 平面。凡是在同一 π 平面上的点,其 $\sigma_1+\sigma_2+\sigma_3$ 值都相等,也即平均应力 σ 相等。例如,图 3-2 中 P 点与在空间对角线上的 Q 点同在一 π 平面上,σ 相等。可以证明,σ 平面上的正应力 σ_σ 和剪应力 τ_σ 为

$$\left.\begin{array}{l}\sigma_\sigma=\overline{OQ}=\dfrac{\sqrt{3}}{3}(\sigma_1+\sigma_2+\sigma_3)=\dfrac{I_1}{\sqrt{3}}=\sqrt{3}\sigma \\ \tau_\sigma=\overline{PQ}=\dfrac{\sqrt{3}}{3}\sqrt{(\sigma_1-\sigma_2)^2+(\sigma_2-\sigma_3)^2+(\sigma_1-\sigma_3)^2}=\sqrt{2}\cdot\sqrt{J_2}\end{array}\right\} \quad (3-8)$$

由式(3-8)可见,偏剪应力 τ_σ 与应力偏张量的第二不变量有关,它们仅相差 $\sqrt{2}$ 倍。

为了描述工程技术问题中的塑性现象,在塑性理论中,还经常采用广义应力(p,q),其定义为

$$\left.\begin{array}{l}p=\dfrac{1}{3}(\sigma_x+\sigma_y+\sigma_z)=\dfrac{1}{3}(\sigma_1+\sigma_2+\sigma_3)=\sigma \\ q=\dfrac{1}{\sqrt{2}}=\sqrt{(\sigma_x-\sigma_y)^2+(\sigma_y-\sigma_z)^2+(\sigma_z-\sigma_x)^2+6(\tau_{xy}^2+\tau_{yz}^2+\tau_{zx}^2)} \\ =\dfrac{1}{\sqrt{2}}=\sqrt{(\sigma_1-\sigma_2)^2+(\sigma_2-\sigma_3)^2+(\sigma_1-\sigma_3)^2}=\sqrt{3}\cdot\sqrt{J_2}\end{array}\right\} \quad (3-9)$$

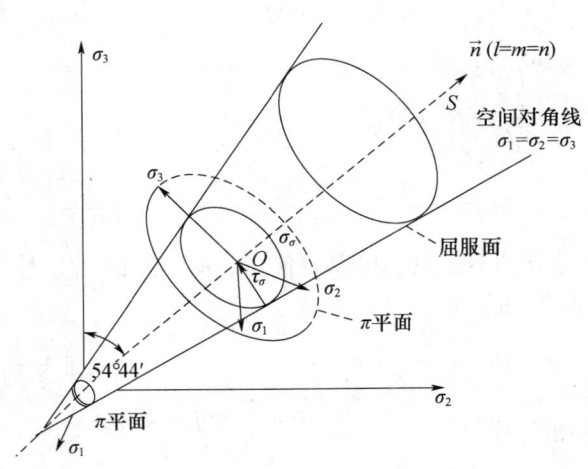

图 3-2 π 平面

广义剪应力 q 是塑性理论中应用最广的,它又称为应力强度(σ_i)或等效应力(σ_{ett})。八面体剪应力、偏剪应力或广义剪应力,与坐标轴无关,与应力球张量,即平均应力 σ 也无关,所以当各正应力增加或减少一个相同数值时,其值保持不变。

上述广义剪应力 q，八面体剪应力 τ_{oct}，偏剪应力 τ_σ 与偏应力张量第二不变量的关系见表 3-1。

表 3-1　各剪应力与偏应力张量第二不变量 J_2 的关系

各剪应力或偏应力第二不变量	q	τ_{oct}	τ_σ	J_2
广义剪应力 q	q	$\dfrac{3}{\sqrt{2}}\tau_{oct}$	$\sqrt{\dfrac{3}{2}}\tau_\sigma$	$\sqrt{3J_2}$
八面体剪应力 τ_{oct}	$\dfrac{\sqrt{2}}{3}q$	τ_{oct}	$\dfrac{1}{\sqrt{3}}\tau_\sigma$	$\sqrt{\dfrac{2}{3}J_2}$
偏剪应力 τ_σ	$\sqrt{\dfrac{2}{3}}q$	$\sqrt{3}\tau_{oct}$	τ_σ	$\sqrt{2J_2}$
偏应力张量第二不变量 J_2	$\dfrac{1}{3}q^2$	$\dfrac{3}{2}\tau_{oct}^2$	$\dfrac{1}{2}\tau_\sigma^2$	J_2

3.1.3　洛德（Lode）角与主应力关系

为了后面表达塑性准则方便，通常引入洛德应力角 θ_σ（图 3-1），以代替偏应力张量的第三不变量。

与前相仿，三个主偏应力是下述三次方程的三个根

$$S^3 - J_2 S - J_3 = 0 \tag{3-10}$$

直接解上述方程是困难的，但可以下述三角恒等式模拟上述方程

$$\sin^3\theta_\sigma - \frac{3}{4}\sin\theta_\sigma + \frac{1}{4}\sin 3\theta_\sigma = 0$$

若以 $S = r\sin\theta_\sigma$ 代入方程（3-10），即得

$$\sin^3\theta_\sigma - \frac{J_2}{r^2}\sin\theta_\sigma - \frac{J_3}{r^3} = 0 \tag{3-11}$$

与方程（3-10）恒等，得

$$\left. \begin{aligned} r &= \frac{2}{\sqrt{3}}\sqrt{J_2} = \frac{2}{3}q \\ \sin 3\theta_\sigma &= -\frac{4J_3}{r^3} = -\frac{27 J_3}{2 q^3} = -\frac{3\sqrt{3}}{2}\cdot\frac{J_3}{(J_2)^{3/2}} \end{aligned} \right\} \tag{3-12}$$

p、q、θ_σ 是三个独立的不变量，可以取代 σ_1、σ_2、σ_3 或 I_1、I_2、I_3 或 J_1、J_2、J_3，它与主应力 σ_1、σ_2、σ_3 有如下关系

$$\begin{Bmatrix} \sigma_1 \\ \sigma_2 \\ \sigma_3 \end{Bmatrix} = \frac{2}{3}q \begin{Bmatrix} \sin\left(\theta_\sigma + \dfrac{2}{3}\pi\right) \\ \sin\theta_\sigma \\ \sin\left(\theta_\sigma + \dfrac{4}{3}\pi\right) \end{Bmatrix} + P = \frac{2}{\sqrt{3}}\sqrt{J_2} \begin{Bmatrix} \sin\left(\theta_\sigma + \dfrac{2}{3}\pi\right) \\ \sin\theta_\sigma \\ \sin\left(\theta_\sigma + \dfrac{4}{3}\pi\right) \end{Bmatrix} + \sigma \tag{3-13}$$

3.1.4　应变张量

与应力分量 σ_x、σ_y、σ_z、τ_{xy}、τ_{yz}、τ_{zx}、τ_{yx}、τ_{zy}、τ_{xz} 相对应的应变分量为 ε_x、ε_y、

ε_z、$\frac{1}{2}\gamma_{xy}$、$\frac{1}{2}\gamma_{yz}$、$\frac{1}{2}\gamma_{zx}$、$\frac{1}{2}\gamma_{yx}$、$\frac{1}{2}\gamma_{zy}$、$\frac{1}{2}\gamma_{xz}$。九个应变分量总称为应变张量（E），应变张量也可分解为应变球张量和应变偏张量。令平均应变 ε 为

$$\varepsilon = \frac{1}{3}(\varepsilon_x + \varepsilon_y + \varepsilon_z) \tag{3-14}$$

则

$$E = \begin{bmatrix} \varepsilon_x & \frac{1}{2}\gamma_{xy} & \frac{1}{2}\gamma_{xz} \\ \frac{1}{2}\gamma_{yx} & \varepsilon_y & \frac{1}{2}\gamma_{yz} \\ \frac{1}{2}\gamma_{zx} & \frac{1}{2}\gamma_{zy} & \varepsilon_z \end{bmatrix} = \begin{bmatrix} \varepsilon & 0 & 0 \\ 0 & \varepsilon & 0 \\ 0 & 0 & \varepsilon \end{bmatrix} + \begin{bmatrix} \varepsilon_x-\varepsilon & \frac{1}{2}\gamma_{xy} & \frac{1}{2}\gamma_{xz} \\ \frac{1}{2}\gamma_{yx} & \varepsilon_y-\varepsilon & \frac{1}{2}\gamma_{yz} \\ \frac{1}{2}\gamma_{zx} & \frac{1}{2}\gamma_{zy} & \varepsilon_z-\varepsilon \end{bmatrix} \tag{3-15}$$

应变球张量表示各方向有相同的伸缩应变，它代表体积变化。应变偏张量中三个正应变分量之和等于零，表示体积变化为零。所以应变偏张量是与形状变化相应的应变部分。

应变张量也有应变主轴，主应变 ε_1、ε_2、ε_3 等。应变偏张量的第二不变量 J_2 为

$$\begin{aligned} J_2 &= \frac{1}{6}\left[(\varepsilon_x-\varepsilon_y)^2 + (\varepsilon_y-\varepsilon_z)^2 + (\varepsilon_z-\varepsilon_x)^2 + \frac{3}{2}(\gamma_{xy}^2 + \gamma_{yz}^2 + \gamma_{xz}^2)\right] \\ &= \frac{1}{6}\left[(\varepsilon_1-\varepsilon_2)^2 + (\varepsilon_2-\varepsilon_3)^2 + (\varepsilon_3-\varepsilon_1)^2\right] \end{aligned} \tag{3-16}$$

与八面体法向应力 p 相对应的应变为平均体积应变 ε，与八面体剪应力 q 相对应的应变为应变强度 ε_q，即

$$\varepsilon_q = \frac{\sqrt{2}}{3}\sqrt{(\varepsilon_1-\varepsilon_2)^2 + (\varepsilon_2-\varepsilon_3)^2 + (\varepsilon_3-\varepsilon_1)^2} \tag{3-17}$$

3.2 隧道围岩弹性应力状态

地下隧洞围岩应力及变形是指隧洞开挖卸荷后在洞周岩体中所出现的应力及变形。显然，它不仅与开挖前岩体的初始应力状态、隧洞的形状及位置、岩体的物理力学性质等因素有关，而且也与施工方法、支护时间及支护的几何特征、力学性质等因素有关。在力学处理上，如前所述，考虑自重的问题在求解上可以化为不考虑自重的形式，并可简化为在外边界上作用着均匀分布的垂直荷载和水平荷载。由此而引起的计算误差，在洞周是不大的，并随着隧洞埋深的增加而减小，当埋深大于 10 倍洞跨时，可略去不计。因此，我们可以用图 3-3 所示的计算简图来分析圆形隧洞围岩应力及变形。应该指出的是，在计算变形时应扣除挖洞前岩体在原岩应力 P 和 λP 作用下所产生的变形。

3.2.1 无衬砌时

考虑到由初始应力所产生的初始位移在隧洞开挖前已经完成，因此，在讨论由开挖而引起的围岩位移时不应将其计入，故在无衬砌时圆形隧洞围岩应力及位移应为

$$\left.\begin{aligned}\sigma_r &= \frac{P}{2}\Big[(1+\lambda)\Big(\underline{1}-\frac{r_0^2}{r^2}\Big)+(1-\lambda)\Big(\underline{1}-\frac{4r_0^2}{r^2}+\frac{3r_0^4}{r^4}\Big)\cos(2\theta)\Big]\\ \sigma_\theta &= \frac{P}{2}\Big[(1+\lambda)\Big(\underline{1}+\frac{r_0^2}{r^2}\Big)-(1-\lambda)\Big(1+\frac{3r_0^4}{r^4}\Big)\cos(2\theta)\Big]\\ \tau_{r\theta} &= -\frac{P}{2}(1-\lambda)\Big(\underline{1}+\frac{2r_0^2}{r^2}-\frac{3r_0^4}{r^4}\Big)\sin(2\theta)\end{aligned}\right\} \quad (3\text{-}18)$$

$$\left.\begin{aligned}u &= \frac{Pr_0^2}{4Gr}\Big\{(1+\lambda)\Big[1-\lambda(\kappa+1)-\frac{r_0^2}{r^2}\Big]\cos(2\theta)\Big\}\\ v &= -\frac{Pr_0^2}{4Gr}(1-\lambda)\Big[(\kappa-1)+\frac{r_0^2}{r^2}\Big]\sin(2\theta)\end{aligned}\right\} \quad (3\text{-}19)$$

公式（3-18）的应力分量由两部分组成：一是由初始应力所产生（底下杠以一标出）；二是由洞周开挖卸载而引起。式中，u 为径向位移，v 为环向位移。

若令 $\alpha = \dfrac{r_0}{r}$，则式（3-18）和式（3-19）也可写为

$$\left.\begin{aligned}\sigma_r &= \frac{P}{2}\big[(1+\lambda)(1-\alpha^2)+(1-\lambda)(1-4\alpha^2+3\alpha^2)\cos(2\theta)\big]\\ \sigma_\theta &= \frac{P}{2}\big[(1+\lambda)(1+\alpha^2)-(1-\lambda)(1+3\alpha^4)\cos(2\theta)\big]\\ \tau_{r\theta} &= -\frac{P}{2}(1-\lambda)(1+2\alpha^2-3\alpha^4)\sin(2\theta)\end{aligned}\right\} \quad (3\text{-}20)$$

$$\left.\begin{aligned}u &= \frac{P\alpha r_0}{4G}\{(1+\lambda)+(1-\lambda)[(\kappa+1)-\alpha^2]\cos(2\theta)\}\\ v &= -\frac{P\alpha r_0}{4G}(1-\lambda)[(\kappa-1)+\alpha^2]\sin(2\theta)\}\end{aligned}\right\} \quad (3\text{-}21)$$

在洞周边 $r=r_0$ 处，有

$$\left.\begin{aligned}\sigma_r &= 0\\ \sigma_\theta &= P[(1+\lambda)-2(1-\lambda)\cos(2\theta)]\\ \tau_{r\theta} &= 0\end{aligned}\right\} \quad (3\text{-}22)$$

$$\left.\begin{aligned}u &= \frac{Pr_0}{4G}[(1+\lambda)+(1-\lambda)(3-4\mu)\cos(2\theta)]\\ v &= -\frac{Pr_0}{4G}(1-\lambda)(3-4\mu)\sin(2\theta)\end{aligned}\right\} \quad (3\text{-}23)$$

在拱顶 $\theta = 0°$，有

$$\sigma_\theta = (3\lambda - 1)P \quad (3\text{-}24)$$

当 $\lambda = \dfrac{1}{3}$ 时，$\sigma_\theta = 0$，$\lambda < \dfrac{1}{3}$ 时，$\sigma_\theta < 0$，即出现拉应力。

当 $\lambda = 1$，即围岩初始应力轴对称分布时，有

$$\left.\begin{aligned}\sigma_r &= P\Big(1-\frac{r_0^2}{r^2}\Big)\\ \sigma_\theta &= P\Big(1+\frac{r_0^2}{r^2}\Big)\\ \tau_{r\theta} &= 0\end{aligned}\right\} \quad (3\text{-}25)$$

$$\left.\begin{aligned}u &= \frac{Pr_0^2}{2G}\cdot\frac{1}{r}\\ v &= 0\end{aligned}\right\} \quad (3\text{-}26)$$

图 3-3 所示为 $\lambda=1$ 时径向应力 σ_r 和切向应力 σ_θ 沿径向的分布图。由于应力与 $\left(\dfrac{r_0^2}{r^2}\right)$ 成比例，故随着 $\dfrac{r_0}{r}$ 的增加，σ_r 和 σ_θ 均迅速接近初始应力 P。在 $r=5r_0$ 处，σ_r、σ_θ 与初始应力 P 之差小于 4%。

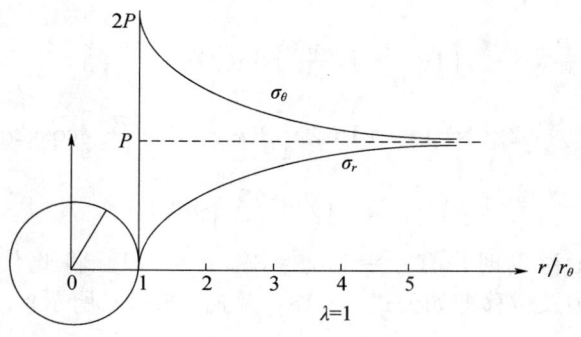

图 3-3 洞周应力分布

3.2.2 有衬砌时

计算简图如图 3-4 所示。假定衬砌是封闭的，其外径 r_0 与隧洞开挖半径相等，且与开挖是同时瞬即完成的。相应于衬砌的量加下标 c 表示。在衬砌与围岩接触面（$r=r_0$）上略去摩擦力，因面有边界条件

$$\left.\begin{array}{l} r=r_{1z} \quad \sigma_{cr}=0, \tau_{cr\theta}=0, \\ r=r_{az} \quad \sigma_r=\sigma_{cr}, u=u_c, \\ \tau_{r\theta}=\tau_{cr\theta}=0, \\ r=\infty_z \quad \sigma_r=\dfrac{P}{2}\left[(1+\lambda)+(1-\lambda)\cos(2\theta)\right] \\ \sigma_\theta=\dfrac{P}{2}\left[(1+\lambda)-(1-\lambda)\cos(2\theta)\right] \\ \tau_{r\theta}=-\dfrac{P}{2}(1-\lambda)\sin(2\theta) \end{array}\right\} \tag{3-27}$$

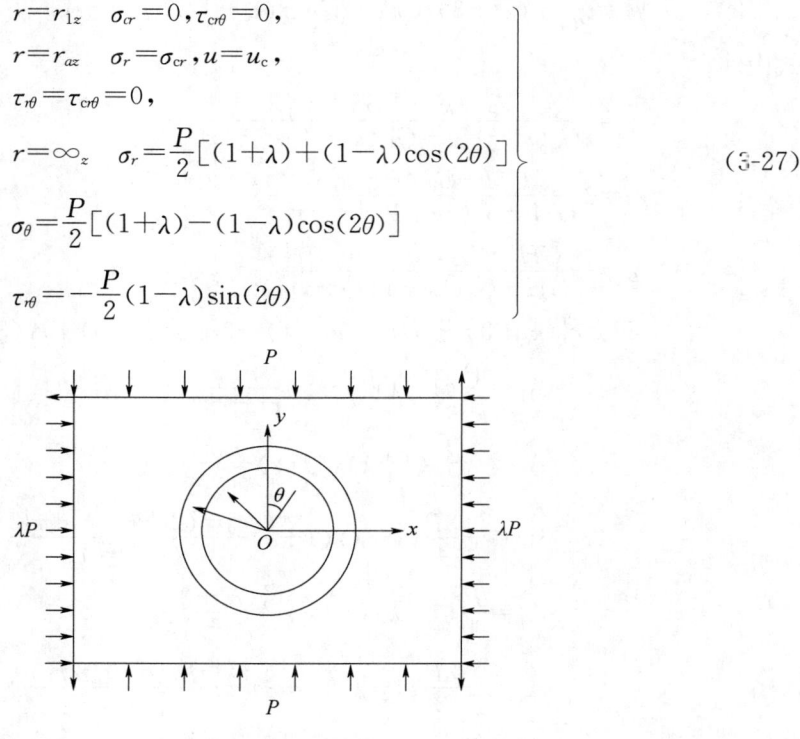

图 3-4 计算简图

将其代入应力及位移的围岩应力及位移为

$$\left.\begin{aligned}\sigma_r &= \frac{P}{2}\left[(1+\lambda)\left(1-\frac{\gamma r_0^2}{r^2}\right)+(1-\lambda)\left(1-\frac{2\beta r_0^2}{r^2}-\frac{3\sigma r_0^4}{r^4}\right)\cos(2\theta)\right] \\ \sigma_\theta &= \frac{P}{2}\left[(1+\lambda)\left(1+\frac{\gamma r_0^2}{r^2}\right)-(1-\lambda)\left(1-\frac{3\sigma r_0^4}{r^4}\right)\cos(2\theta)\right] \\ \tau_{r\theta} &= -\frac{P}{2}(1-\lambda)\left(1+\frac{\beta r_0^2}{r^2}+\frac{3\sigma r_0^4}{r^4}\right)\sin(2\theta)\end{aligned}\right\} \quad (3\text{-}28)$$

$$\left.\begin{aligned}u &= \frac{\mu r_0^2}{8Gr}\left\{2\gamma(1+\lambda)+(1-\lambda)\left[\beta(\kappa+1)+\frac{2\sigma r_0^2}{r^2}\right]\cos(2\theta)\right\} \\ v &= -\frac{Pr_0^2}{8Gr}(1-\lambda)\left[\beta(\kappa-1)-\frac{2\sigma r_0^2}{r^2}\right]\sin(2\theta)\end{aligned}\right\} \quad (3\text{-}29)$$

当 $G_c=0$，即无衬砌时，有 $\gamma=1$，$\beta=2$，$\sigma=-1$。将此代入公式（3-28）及式（3-29），围岩应力及位移即如公式（3-18）及式（3-19）所示。

衬砌应力及位移为

$$\left.\begin{aligned}\sigma_{cr} &= (2A_1+A_2 r^{-2})-(A_5+4A_3 r^{-2}-3A_6 r^{-4})\cos(2\theta) \\ \sigma_{c\theta} &= (2A_1-A_2 r^{-2})+(A_5+12A_4 r^2-3A_6 r^{-4})\cos(2\theta) \\ \tau_{cr\theta} &= (A_5+6A_4 r^2-2A_3 r^{-2}+3A_6 r^{-4})\sin(2\theta)\end{aligned}\right\} \quad (3\text{-}30)$$

$$\left.\begin{aligned}u_c &= \frac{1}{2G_c}\{[(\kappa_c-1)A_1 r-A_2 r^{-1}]+[(\kappa_c-3)A_4 r^3-A_5 r+ \\ & \quad (\kappa_c+1)A_3 r^{-1}-A_6 r^{-3}]\cos(2\theta)\} \\ v_c &= \frac{1}{2G_c}[(\kappa_c+3)A_4 r^3+A_5 r-(\kappa_c-1)A_3 r^{-1}-A_8 r^{-3}]\sin(2\theta)\end{aligned}\right\} \quad (3\text{-}31)$$

式中

$$\left.\begin{aligned}\gamma &= \frac{G[(\kappa_c-1)r_0^2+2r_1^2]}{2G_c(r_0^2-r_1^2)+G[(\kappa_c-1)r_0^2+2r_1^2]} \\ \beta &= 2\frac{GH+G_c(r_0^2-r_1^2)^3}{GH+G_c(3\kappa+1)(r_0^2-r_1^2)^3} \\ \sigma &= -\frac{GH+G_c(\kappa+1)(r_0^2-r_1^2)^3}{GH+G_c(3\kappa+1)(r_0^2-r_1^2)^3} \\ H &= r_0^6(\kappa_c+3)+3r_0^4 r_1^2(3\kappa_c+1)+3r_0^2 r_1^4(\kappa_c+3)+r_1^6(3\kappa_c+1)\end{aligned}\right\} \quad (3\text{-}32)$$

$$\left.\begin{aligned}A_1 &= \frac{P}{4}(1-\lambda)(1-\gamma)\frac{r_0^2}{r_0^2-r_1^2} \\ A_2 &= -\frac{P}{2}(1+\lambda)(1-\gamma)\frac{r_0^2 r_1^2}{r_0^2-r_1^2} \\ A_3 &= -\frac{3P}{4}(1-\lambda)(1+\sigma)\frac{r_0^2 r_1^2(2r_0^4+r_1^2 r_0^2+r_1^4)}{(r_0^2-r_1^2)^3} \\ A_4 &= \frac{P}{4}(1-\lambda)(1+\sigma)\frac{r_0^2(r_0^2+3r_1^2)}{(r_0^2-r_1^2)^3} \\ A_5 &= -\frac{3P}{2}(1-\lambda)(1+\sigma)\frac{r_0^2(r_0^4+r_0^2 r_1^2+2r_1^4)}{(r_0^2-r_1^2)^3} \\ A_6 &= \frac{P}{2}(1-\lambda)(1+\sigma)\frac{r_0^2 r_1^4(3r_0^4+r_0^2 r_1^2)}{(r_0^2-r_1^2)^3}\end{aligned}\right\} \quad (3\text{-}33)$$

当 $G_c=0$，即无衬砌时，有 $\gamma=1$，$\beta=2$，$\sigma=-1$。将此代入公式（3-28）及式（3-29），围岩应力及位移即如公式（3-20）及式（3-21）所示。

当 $\lambda=1$，即初始应力为轴对称分布时，围岩应力及位移为

$$\left.\begin{array}{l}\sigma_r=P\left(1-\gamma\dfrac{r_0^2}{r^2}\right)\\ \sigma_\theta=P\left(1+\gamma\dfrac{r_0^2}{r^2}\right)\\ \tau_{r\theta}=0\end{array}\right\} \tag{3-34}$$

$$\left.\begin{array}{l}u=-\dfrac{Pr_0^2}{2Gr}\cdot\gamma=u^N\cdot\gamma\\ v=0\end{array}\right\} \tag{3-35}$$

式中 $u^N=\dfrac{Pr_0^2}{2Gr}$——无衬砌洞的径向位移。

从上述各式及图 3-5 中可以看出：

（1）因为 γ 值总是小于 1，故有衬砌的隧洞围岩位移总比无衬砌时小。衬砌的设置使围岩径向应力 σ_r 比无衬砌时大，切向应力 σ_θ 比无衬砌时小，因而应力差（$\sigma_r-\sigma_\theta$）大大减小，提高了隧洞的稳定性。

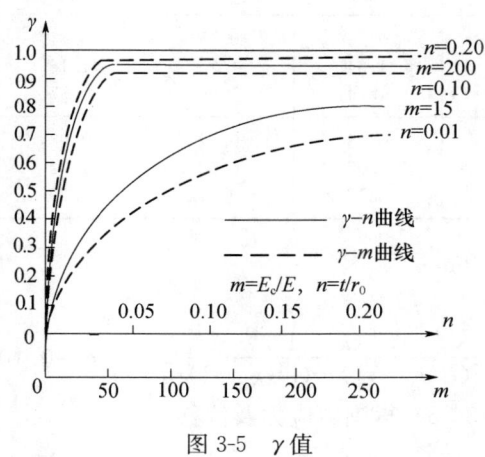

图 3-5　γ 值

（2）γ 值随着衬砌材料弹性模量 E_c 与围岩弹性模量 E 之比 $m=\dfrac{E_c}{E}$ 及衬砌厚跨比 $n=\dfrac{t}{r_0}$ 的增加而增加，在 m 及 n 值较小时增加速率较大，在 m 及 n 值较大时，增加速率显著减小，其间呈双曲线关系。

增加速率较大，在 m 及 n 值较大时，增加速率显著减小，其间呈双曲线关系。

（3）当模量比 m 及厚跨比 n 达到一定值后，继续提高衬砌材料弹性模量或增加衬砌截面厚度并不能有效地减少洞周围岩位移及应力差（$\sigma_r-\sigma_\theta$），因而试图通过采用高弹性模量的衬砌材料或增加衬砌截面厚度，以保证隧洞稳定性的做法，其效果是不显著的（除非由于衬砌材料强度不足而影响隧洞稳定性时）。

［例 3-1］　某圆形隧洞开挖半径 $r_0=310\text{cm}$，$P=5.4\text{kg/cm}^2$，$\lambda=1$，围岩弹性模

量 $E=1000\text{kg/cm}^2$，泊松比 $\mu=0.3$，衬砌厚度 $t=10\text{cm}$，衬砌材料弹性模量 $E_c=2\times 10^6\text{kg/cm}^2$，泊松比 $\mu_c=0.167$，假定衬砌与开挖是瞬即同时完成的，求无衬砌及有衬砌时洞周围岩应力及位移分布情况。

无衬砌洞：

由式（3-25）得围岩应力为

$$\sigma_r=P\left(1-\frac{r_0^2}{r^2}\right)=P(1-\alpha^2)$$

$$\sigma_\theta=P\left(1+\frac{r_0^2}{r^2}\right)=P(1+\alpha)$$

式中，$\alpha=\dfrac{r_0}{r}$，围岩位移 u 为

$$u=\frac{Pr_0^2}{2Gr}=\frac{5.4\times 1.3\times 310}{1000}\alpha=2.176\alpha(\text{cm})$$

计算结果列于表 3-2。

表 3-2　例 3-1 计算结果

		$\alpha=\dfrac{r_0}{r}$					
		1	0.8	0.5	0.4	0.3	0.2
无衬砌	σ_r (P)	0	0.36	0.75	0.84	0.91	0.96
	σ_θ (P)	2	1.64	1.25	1.16	1.09	1.04
	u (cm)	2.18	1.74	1.09	0.87	0.65	0.44
有衬砌	σ_r (P)	0.90	0.93	0.97	0.98	0.99	1.00
	σ_θ (P)	1.10	1.07	1.03	1.02	1.01	1.00
	u (cm)	0.22	0.18	0.11	0.09	0.07	0.04

有衬砌隧洞：

按相关公式算得

$$\gamma=\frac{G[(\kappa_c-1)r_0^2+2r_1^2]}{2G_c(r_0^2-r_1^2)+G[(\kappa_c-1)r_0^2+2r_1^2]}=0.1018$$

按式（3-34）及式（3-35）得围岩应力及位移

$$\sigma_r=P\left(1-\gamma\frac{r_0^2}{r^2}\right)=P(1-0.1018a^2)$$

$$\sigma_\theta=P\left(1+\gamma\frac{r_0^2}{r^2}\right)=P(1+0.1018a^2)$$

$$u=\frac{Pr_0^2}{2Gr}\gamma=0.2215a(\text{cm})$$

计算结果列于表 3-2。

由计算结果可知，即使衬砌厚度仅为跨度的 $\dfrac{10}{620}\times 100\%=1.6\%$，假定衬砌是与开挖瞬即同时完成的，则洞周围岩的应力差及位移大大减少。洞壁处的应力差由无衬砌时的 $2P$ 减至 $0.2P$，位移由无衬砌时的 2.18cm 减至 0.22cm，均减少约 90%。可见衬砌的设置（即使厚度极薄）将大大改善洞周围岩的应力及变形状态，有利于提高隧洞的稳定性。

3.3 隧道围岩弹塑性应力状态

如上节所述，隧洞开挖后围岩应力重分布，并出现应力集中。如果围岩应力处处小于岩体强度，这时岩体物性状态不变，围岩仍处于弹性状态。反之，当围岩局部区域的应力超过岩体强度，则岩体物性状态改变，围岩进入塑性或破坏状态。围岩的塑性或破坏状态有两种情况：一是围岩局部区域的拉应力达到抗拉强度，产生局部受拉分离破坏；二是局部区域的剪应力达到岩体抗剪强度，从而使这部分围岩进入塑性状态，但其余部分围岩仍处于弹性状态。

在无支护情况下，可以应用公式（3-22）第二式，判断围岩是否进入塑性状态或受拉破坏状态。

当洞室周边切向应力 σ_θ 满足下式时，
$$\sigma_\theta = P[(1+\lambda) - 2(1-\lambda)\cos(2\theta)] \geqslant R_c \tag{3-36}$$
即认为围岩进入塑性状态；当满足
$$-\sigma_\theta = -P[(1+\lambda) - 2(1-\lambda)\cos(2\theta)] \geqslant R_t \tag{3-37}$$
则围岩中出现拉裂破坏。

式中　R_c——岩石抗压强度；
　　　R_t——岩石抗拉强度。

在 $\lambda<1$ 的情况下，受剪破坏发生在隧洞两侧，受拉破坏则发生在隧洞顶部和底部。一般说来，λ 值越小越不利。当 $\lambda \geqslant 0.33$ 时，圆形隧洞围岩将不出现拉应力。通常，出现拉应力对围岩十分不利，所以设计人员常常通过改变隧洞形状和轴比来消除围岩中的拉应力。因此，在这种情况下，围岩主要是受压剪破坏。

围岩内塑性区的出现：一方面使应力不断地向围岩深部转移；另一方面又不断地向隧洞方向变形并逐渐解除塑性区的应力。塔罗勃（J. Talober）、卡斯特奈（H. Kastner）等给出了弹塑性围岩中的应力图形（图 3-6）。与开挖前的初始应力相比，围岩中的塑性区应力可分为两部分：塑性区外圈是应力高于初始应力的区域，它与围岩弹性区中应力升高部分合在一起称作围岩承载区；塑性区内圈应力低于初始应力的区域称作松动区。松动区内应力和强度都有明显下降，裂隙扩张增多，容积扩大，出现了明显的塑性滑移，这时没有足够的支护抗力就不能使围岩维持平衡状态。

塑性区内应力逐渐解除显然不同于未破坏岩体的应力卸载。前者是伴随塑性变形被迫产生的，它是强度降低的体现，而后者是应力的消失，并不影响岩体强度。当岩体应力达到岩体极限强度后，强度并未完全丧失，而是随着变形增大，逐渐降低，直至降到残余强度为止。这种形式的破坏称为强度恶化或弱化。试验表明，强度恶化时 c 值明显降低，而 φ 值降低不多。在围岩塑性区中，沿塑性区深度各点的应力与变形状态不同，c、φ 值也相应不同，靠近弹塑性区交界面的点 c、φ 值高，而靠近洞壁的点 c、φ 值低。与此同时，塑性区随着塑性变形增大，变形模量 E 逐渐减小，而横向变形系数 μ 逐渐增大，所以塑性区 E 和 μ 也随塑性区深度而变化。因此，在围岩应力与变形的计算中应考虑塑性区物性参数 c、φ、E、μ 值的变化。即使为简化计算，而视物性参数为常数，那么也应选取一个合适的平均值作为计算参数。

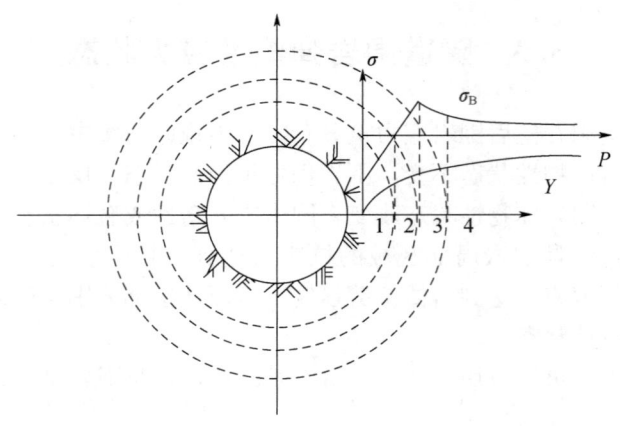

图 3-6 弹塑性围岩应力状态
1、2—塑性区；3、4—弹性区
1—松动区；2、3—承载区；4—初始应力区

3.3.1 塑性准则

物体内一定点出现塑性变形时应力所应当满足的条件，称为塑性准则。塑性变形是和材料的屈服相联系的，所以塑性准则又称为屈服准则。塑性条件可用应力分量来表示，即可写成应力分量的函数

$$F(\sigma_x, \sigma_y, \sigma_z, \tau_{xy}, \tau_{yz}, \tau_{zx}) = 0 \tag{3-38}$$

上述函数中的六个应力分量与所选取的坐标轴方向有关。采用不同的坐标轴方向，就得到不同数值的应力分量，因此，就有不同的函数值，不便使用。为此，通常采用与坐标轴方向无关的量来表示，如

$$F(\sigma_1, \sigma_2, \sigma_3) = 0 \tag{3-39}$$

或

$$F(I_1, I_2, I_3) = 0 \tag{3-40}$$

或

$$F(J_1, J_2, J_3) = 0 \tag{3-41}$$

或

$$F(p, q, \theta_\sigma) = 0 \tag{3-42}$$

或

$$F(\sigma, J_2, \theta_\sigma) = 0 \tag{3-43}$$

这些函数关系一般是在实验基础上提出来的，式中含有反映材料塑性性质的实验常数。下面介绍几种最常用的塑性准则。

1. 屈雷斯卡（Tresca, H.）准则

屈雷斯卡根据金属挤压试验提出一个塑性准则如下：当最大剪应力达到一定数值时，材料开始进入塑性状态。这个准则也称为最大剪应力条件。它通常写成（$\sigma_1 \geqslant \sigma_2 \geqslant \sigma_3$ 时）

$$F = \sigma_1 - \sigma_3 \tag{3-44}$$

写成应力偏张量的不变量函数为

$$4J_2^3 - 27J_3^2 - 36K_1^2 J_2^2 + 96K_1^4 J_2 - 64K_1^6 = 0 \tag{3-45}$$

如将这个条件画在主应力空间，就形成一个六边形的棱柱，柱的轴线与空间对角线重合。这个柱面就是屈雷斯卡屈服面。如果物体内一点的应力条件落在这一屈

服面上，表示应力满足塑性条件。如果落在屈服面内部，则表示尚未进入塑性阶段。对于理想塑性材料来说，材料屈服后应力就不再增加，因而不可能再转移到屈服面外。

2. 米塞斯（Mises，R. Von.）准则

这个条件可表达如下：当应力偏张量的第二不变量应力强度达到一定数值后，材料开始进入塑性状态，即

$$\sqrt{J_2} = K_f \tag{3-46}$$

或

$$F = (\sigma_1 - \sigma_2)^2 + (\sigma_2 - \sigma_3)^2 + (\sigma_3 - \sigma_1)^2 = 6K_f^2 \tag{3-47}$$

它所表示的屈服面是一个以空间对角线为轴的圆柱面。

如果把式（3-44）~式（3-46）的常数 K_f 写成 $I_1 = \sigma_1 + \sigma_2 + \sigma_3$ 的函数，就得到所谓广义的屈雷斯卡和米塞斯条件。由于岩石的破坏条件与 I_1 有很大关系，因此经这样修改后的屈雷斯卡和米塞斯准则，就可用到岩石上去。但据目前研究，岩石破坏条件还是以通用的莫尔-库仑准则较为合适。

3. 莫尔-库仑（Mohr-Coulomb）准则

莫尔-库仑准则形式为

$$\tau = c - \sigma_n \tan\varphi$$

或

$$\frac{\sigma_1 - \sigma_3}{2} = -\frac{\sigma_1 + \sigma_3}{2}\sin\varphi + c\cos\varphi \tag{3-48}$$

式中 c——黏聚力；

φ——内摩擦角；

σ_n——剪切面上的法向应力，本节中规定以拉为正。

若以不变量 σ、J_2、θ_σ 来表示莫尔-库仑准则，即得

$$F = \sigma\sin\varphi + \left(\cos\theta_\sigma - \frac{\sin\theta_\sigma \sin\varphi}{\sqrt{3}}\right)\sqrt{J_2} - c\cos\varphi = 0 \tag{3-49}$$

式中，$-30° \leq \theta_\sigma = \frac{1}{3}\sin^{-1}\left(\frac{-3\sqrt{3}}{2} \cdot \frac{J_3}{J_2^{3/2}}\right) \leq 30°$。

4. 德鲁克-普拉格（Drucker-Prager）准则

由于式（3-49）使用不便，德鲁克-普拉格建议用如下较方便的公式来代替式（3-49），即

$$F = \beta I_1 + \sqrt{J_2} = K_f \tag{3-50}$$

式中，$\beta = \frac{\sqrt{3}\sin\varphi}{3\sqrt{3 + \sin^2\varphi}}$，$K_f = \frac{\sqrt{3}c\cos\varphi}{\sqrt{3 + \sin^2\varphi}}$。

式（3-50）不仅是式（3-49）的近似式，而且当 $I_1 = 0$ 时，即为米赛斯准则。从式（3-50）可以看出，德鲁克-普拉格准则与应力张量第三不变量无关。

从上述各塑性准则表达式可以看出，屈雷斯卡屈服面是一个六边形柱体，米塞斯屈服面是圆柱体，莫尔-库仑准则表示一不等角六边形锥体，德鲁克-普拉格准则代表与莫尔-库仑六边形锥体内接的圆锥。上述这些柱体、锥体的主轴都是与空间对角线重合的。如将这些柱、锥体与平面相交的曲线画出来，则所得的图形如图 3-7 所示。

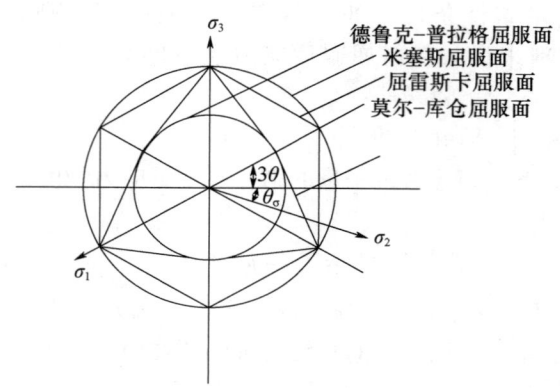

图 3-7 π平面上的各种屈服面

3.3.2 塑性应力与应变关系——全量理论（变形理论）

塑性阶段的应力应变关系，目前存在着两种理论。一种理论认为，应力应变关系仍然是应力分量与应变分量之间的关系，称为全量理论或变形理论；另一种理论则考虑到塑性变形的不可恢复性，认为应力和应变之间没有单值关系，而仅有其相应的增量之间的关系，称为增量理论或流动理论。全量理论的应力应变关系，在问题的提法上和弹性理论相似。对照弹性理论，在小变形情况下，有如下假定：

（1）平均应变（或体积变化）是弹性的，且与平均应力成正比

$$\sigma = \frac{E}{1-2\mu}\varepsilon \tag{3-51}$$

这个假定也可表述为应变球张量是弹性的，且与应力球张量成正比

$$(\sigma) = \frac{E}{1-2\mu}(\varepsilon) \tag{3-52}$$

（2）应变偏张量与应力偏张量相似，即两者的主轴重合，且成比例，即

$$(D_\varepsilon) = \psi \cdot (D_\sigma) \tag{3-53}$$

将上式写成分量间关系，为

$$\left.\begin{array}{l}\varepsilon_x - \varepsilon = \psi \cdot (\sigma_x - \sigma), \gamma_{xy} = 2\psi \cdot \tau_{xy} \\ \varepsilon_y - \varepsilon = \psi \cdot (\sigma_y - \sigma), \gamma_{yz} = 2\psi \cdot \tau_{yz} \\ \varepsilon_z - \varepsilon = \psi \cdot (\sigma_z - \sigma), \gamma_{zx} = 2\psi \cdot \tau_{zx}\end{array}\right\} \tag{3-54}$$

式（3-53）和式（3-54）中的 ψ 不是常数，它是物体内一点应力状态及应变状态的函数。

将式（3-54）中前三式两两相减，得

$$\left.\begin{array}{l}\varepsilon_x - \varepsilon_y = \psi \cdot (\sigma_x - \sigma_y) \\ \varepsilon_y - \varepsilon_z = \psi \cdot (\sigma_y - \sigma_z) \\ \varepsilon_z - \varepsilon_x = \psi \cdot (\sigma_z - \sigma_x)\end{array}\right\} \tag{3-55}$$

将这些式子及式（3-54）的后三式代入，即得到

$$\varepsilon_1 = \frac{2}{3}\psi \cdot \sigma_1 \tag{3-56}$$

或
$$\psi = \frac{3\varepsilon_1}{2\sigma_1} \tag{3-57}$$

由上可见，ψ 是与物体内一点的应变状态及应力状态有关的量。因而式（3-54）可写成

$$\left. \begin{array}{l} \sigma_x - \sigma = \dfrac{2\sigma_1}{3\varepsilon_1}(\varepsilon_x - \varepsilon),\ \tau_{xy} = \dfrac{\sigma_1}{3\varepsilon_1}\gamma_{zy} \\[4pt] \sigma_y - \sigma = \dfrac{2\sigma_1}{3\varepsilon_1}(\sigma_y - \varepsilon),\ \tau_{yz} = \dfrac{\sigma_1}{3\varepsilon_1}\gamma_{yz} \\[4pt] \sigma_z - \sigma = \dfrac{2\sigma_1}{3\varepsilon_1}(\varepsilon_z - \varepsilon),\ \tau_{zx} = \dfrac{\sigma_1}{3\varepsilon_1}\gamma_{zx} \end{array} \right\} \tag{3-58}$$

式（3-54）和式（3-58）实际上是弹塑性应力与应变之间的一个统一关系式，当 $\psi = \dfrac{1}{2G}$ 或 $\dfrac{\sigma_1}{\varepsilon_1} = 3G$ 时，式（3-58）即为胡克定律。

(3) 应力强度 σ_1 是应变强度 ε_1 的确定函数，即

$$\sigma_1 = \Phi(\varepsilon_1) \tag{3-59}$$

此关系即为在全量理论中采用的材料硬化条件，它与物体的应力状态无关，而仅决定于材料性质，不同的材料有不同的函数 Φ，Φ 的具体形式由实验确定。

在岩土力学中，应用较广泛的是莫尔-库仑条件或德鲁克-普拉格条件。全部引用全量理论的情况不多。

隧洞开挖后由于应力重分布，洞周周部区域应力有可能超过岩体弹性极限而进入塑性状态，处于塑性状态的岩体在洞周形成一个塑性区，塑性区外的围岩则仍处于弹性状态。本节仅讨论平面变形条件下静止侧压力系数 $\lambda = 1$ 时，圆形隧洞围岩应力及变形的弹塑性解。由于荷载及洞形均是轴对称的，因此无论是弹性区还是塑性区，应力及变形均仅是 r 的函数，而与 θ 无关，且塑性区是一等厚圆。计算简图如图 3-8 所示。由于塑性区中应力状态是非均匀的，因此作为应力状态函数的塑性区岩体强度 c、φ 值也应是变数。这里为了分析的方便，首先给出视 c、φ 值为常数时的解，然后考虑假定 c、φ 值沿塑性区厚度 r 呈线性变化时的情况。

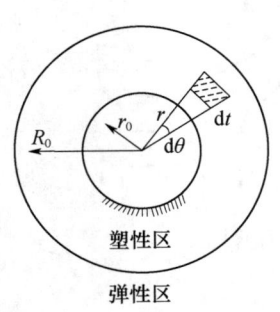
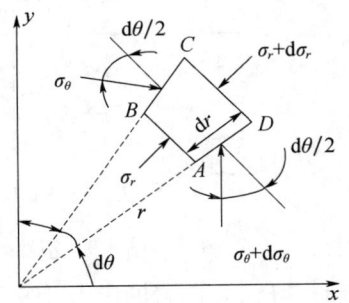

图 3-8 塑性区计算简图

① 假定塑性区 c、φ 值为常数

对于轴对称问题，当不考虑体力时，平衡方程为

$$\frac{\partial \sigma_r}{\partial r} + \frac{\sigma_r - \sigma_\theta}{r} = 0 \tag{3-60}$$

在塑性区应力除满足平衡方程外，尚需满足塑性条件。塑性区计算简图如图 3-8 所示。这里我们取莫尔－库仑准则为塑性条件，式（3-48）所示的莫尔-库仑准则可写为

$$\frac{\sigma_r^P+c\cot\varphi}{\sigma_\theta^P+c\cot\varphi}=\frac{1-\sin\varphi}{1+\sin\varphi} \tag{3-61}$$

角标 P 表示塑性区的分量（下同）。联立解式（3-60）及式（3-61），得

$$\ln(\sigma_r^P+c\cot\varphi)=\frac{2\sin\varphi}{1-\sin\varphi}\ln r+C_1 \tag{3-62}$$

式中，C_1 为积分常数，由边界条件确定。

当有支护时，支护与围岩界面（$r=r_0$）上的应力边界条件为 $\sigma_r^P=P_i$，P_i 为支护抗力，解得积分常数

$$C_1=\ln(P_1+c\cot\varphi)-\frac{2\sin\varphi}{1-\sin\varphi}\ln r_0 \tag{3-63}$$

代入式（3-61）及式（3-62），即得塑性区应力，有

$$\left.\begin{aligned}\sigma_r^P&=(P_i+c\cot\varphi)\left(\frac{r}{r_0}\right)^{\frac{2\sin\varphi}{1-\sin\varphi}}-c\cot\varphi\\ \sigma_\theta^P&=(P_i+c\cot\varphi)\left(\frac{1+\sin\varphi}{1-\sin\varphi}\right)\left(\frac{r}{r_0}\right)^{\frac{2\sin\varphi}{1-\sin\varphi}}-c\cot\varphi\end{aligned}\right\} \tag{3-64}$$

由式（3-64）可见，塑性应力将随着 c、φ 及 P_i 的增大而增大，而与原岩应力 P 无关。为求得塑性区半径，需应用塑性区和弹性区交界面上的应力协调条件。若令塑性区半径为 R_0，则当 $r=R_0$ 时，如图 3-9 所示。

$$\sigma_r^e=\sigma_r^P=\sigma_{R_0}\ ,\ \sigma_\theta^e=\sigma_\theta^P \tag{3-65}$$

式中 e——弹性区的分量。

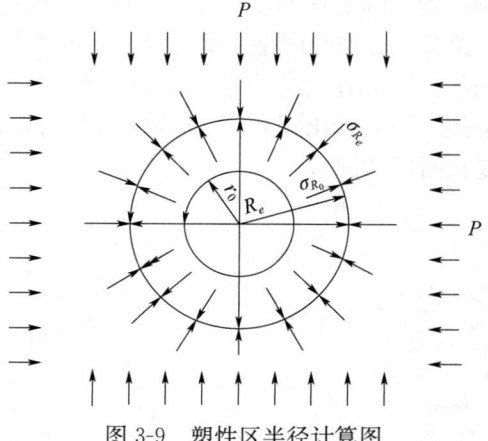

图 3-9 塑性区半径计算图

对于弹性区（$r\geqslant R_0$），围岩的应力及变形为

$$\left.\begin{aligned}\sigma_r^e&=P\left(1-\frac{R_0^2}{r^2}\right)+\sigma_{R_0}\frac{R_0^2}{r^2}=P\left(1-\gamma'\frac{R_0^2}{r^2}\right)\\ \sigma_\theta^e&=P\left(1+\frac{R_0^2}{r^2}\right)-\sigma_{R_0}\frac{R_0^2}{r^2}=P\left(1+\gamma'\frac{R_0^2}{r^2}\right)\\ u^o&=\frac{(P-\sigma_{R_0})R_0^2}{2Gr}=\gamma'\frac{PR_0^2}{2Gr}\end{aligned}\right\} \tag{3-66}$$

式中 σ_{R_0}——弹塑性区交界面上的径向应力；

$$\gamma' = 1 - \frac{\sigma_{R_0}}{P}$$

将式(3-66)中第一、二式相加，得

$$\sigma_r^e + \sigma_\theta^e = 2P \quad (3-67)$$

因而在弹塑性界面（$r = R_0$）上也有

$$\sigma_r^P + \sigma_\theta^P = 2P \quad (3-68)$$

将式（3-68）代入塑性条件式（3-61）中，整理后即得 $r = R_0$ 处的应力

$$\left.\begin{array}{l}\sigma_r = P(1-\sin\varphi) - c\cos\varphi = \sigma_{R_0} \\ \sigma_\theta = P(1+\sin\varphi) + c\cos\varphi = 2P - \sigma_{R_0}\end{array}\right\} \quad (3-69)$$

式（3-69）表明弹塑性界面上应力是一个取决于 P、c、φ 值的函数，而与 P_i 无关。

将 $r = R_0$ 代入式（3-64），并考虑式（3-69），得到塑性区半径 R_0 与 P_1 的关系式

$$P_1 = (P + c\cot\varphi)(1-\sin\varphi)\left(\frac{r_0}{R_0}\right)^{\frac{2\sin\varphi}{1-\sin\varphi}} - c\cot\varphi \quad (3-70)$$

或

$$R_0 = r_0 \left[\frac{(P + c\cot\varphi)(1-\sin\varphi)}{P_i + c\cot\varphi}\right]^{\frac{1-\sin\varphi}{2\sin\varphi}} \quad (3-71)$$

方程式（3-70）和式（3-71）就是修正了的芬纳公式。它描述了支护抗力 P_i 与 R_0 的关系。从公式可知，P_i 越小，则 R_0 越大；反之，R_0 越大，则为维持极限平衡状态所需的支护抗力 P_1 就越小。图 3-10 给出了 P_1-R_0 曲线。由此可见，在围岩稳定的前提下，扩大塑性区半径 P_1，就可降低为维持极限平衡状态所需的支护抗力 P_1，也就是说，这种情况下充分发挥了围岩的自承作用。但是必须指出，围岩的这种作用是有限的，当 P_i 降低到一定值后，塑性区再扩大，围岩就要出现松动塌落。刚出现松动塌落时的围岩压力称为最小围岩压力 $P_{i\min}$，过此点后围岩压力就要大大增加，上述 P_1-R_0 曲线就不再适用。

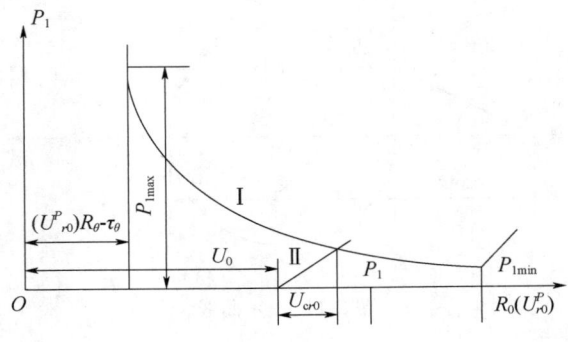

图 3-10 P_1-R_0 曲线

图中，Ⅰ 为 P_1-U_{r0}^P 或 P_1-R_0 曲线；Ⅱ 为 P_1-U_{cr0} 曲线；$(U_{r0}^P)_{R\theta}$-τ_θ 为刚出现塑性区时洞壁径向位移。芬纳（Fenner, R.）在推演过程中，曾一度假设 $c = 0$，因此所得结果与上述修正公式稍有差异，其式为

$$P_1 = [\delta\cot\varphi + P(1-\sin\varphi)]\left(\frac{r_0}{R_0}\right)^{\frac{2\sin\varphi}{1-\sin\varphi}} - c\cot\varphi \tag{3-72}$$

或

$$R_0 = r_0\left[\frac{c\cot\varphi + P(1-\sin\varphi)}{P_1 + c\cot\varphi}\right]^{\frac{1-\sin\varphi}{2\sin\varphi}} \tag{3-73}$$

比较式（3-70）及式（3-72），可见在同样的 R_0 情况下，按芬纳公式所算得的 P_1 值将比按修正后的芬纳公式的计算值大。

$$\left.\begin{array}{l}R_C = \dfrac{2c}{\tan\left(45°-\dfrac{\varphi}{2}\right)}\\[2ex] \xi = \dfrac{1+\sin\varphi}{1-\sin\varphi}\end{array}\right\} \tag{3-74}$$

若令式中 R_C 为围岩单轴抗压强度（图 3-11）。则塑性区围岩应力、支护抗力及塑性区半径的表达式（3-64）、式（3-70）及式（3-71）变换为

$$\left.\begin{array}{l}\sigma_r^P = \left(P_i + \dfrac{R_C}{\xi-1}\right)\left(\dfrac{r}{r_0}\right)^{\xi-1} - \dfrac{R_C}{\xi-1}\\[2ex]\sigma_\theta^P = \left(P_i + \dfrac{R_C}{\xi-1}\right)\xi\left(-\dfrac{r}{r_0}\right)^{\xi-1} - \dfrac{R_C}{\xi-1}\end{array}\right\} \tag{3-75}$$

$$P_1 = \frac{2}{\xi^2-1}[R_C + P(\xi-1)]^{\xi-1} - \frac{R_C}{\xi-1} \tag{3-76}$$

或

$$R_0 = r_0\left[\frac{2}{\xi+1} \cdot \frac{R_C + P(\xi-1)}{R_C + P_1(\xi-1)}\right]^{\frac{1}{\xi-1}} \tag{3-77}$$

此即卡斯特奈（Kastner，H.）的计算公式。

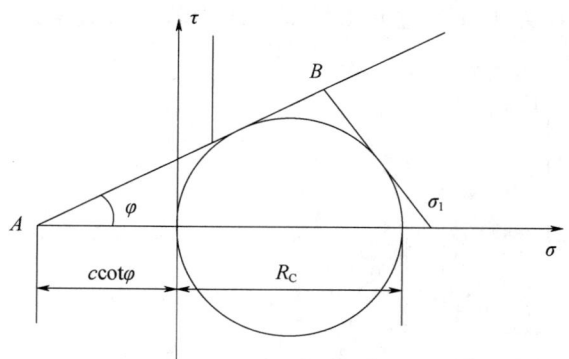

图 3-11 τ-σ 曲线

由式（3-69）可知

$$\gamma' = 1 - \frac{\sigma_{R_0}}{P} = \sin\varphi + \frac{c}{P}\cos\varphi \tag{3-78}$$

令弹塑性界面上的应力差为 M,

$$\sigma_\theta^P - \sigma_r^P = M = 2P\sin\varphi + 2c\cos\varphi \tag{3-79}$$

则公式（3-79）可改写为

$$\gamma' = \frac{2M}{P} \tag{3-80}$$

因而围岩弹性区应力及位移为

$$\left.\begin{array}{l} \sigma_r^P = P\left(1 - \dfrac{M}{2P} \cdot \dfrac{R_0^2}{r^2}\right) = P - (P\sin\varphi + c\cos\varphi)\dfrac{R_0^2}{r^2} \\[2mm] \sigma_\theta^e = P\left(1 + \dfrac{M}{2P} \cdot \dfrac{R_0^2}{r^2}\right) = P + (P\sin\varphi + c\cos\varphi)\dfrac{R_0^2}{r^2} \\[2mm] u^e = \dfrac{MR_0}{4Gr} = \dfrac{(P\sin\varphi + c\cos\varphi)R_0^2}{2Gr} \end{array}\right\} \tag{3-81}$$

为了求得塑性区位移 u^P、可假定在小变形情况下塑性区体积不变，即

$$\varepsilon = \varepsilon_r^P + \varepsilon_\theta^P + \varepsilon_z^P = 0 \tag{3-82}$$

将几何方程代入，得

$$\frac{\partial u^P}{\partial r} + \frac{u^P}{r} = 0 \tag{3-83}$$

该微分方程通解为

$$u^P = \frac{A}{r} \tag{3-84}$$

A 为待定常数，由弹塑性界面（$r = R_0$）上变形协调条件

$$u^n = u^P \tag{3-85}$$

求得，将弹性区及塑性区位移表达式（3-81）及式（3-84）代入，得

$$A = \frac{(P\sin\varphi + c\cos\varphi)R_0^2}{2G} = \frac{MR_0^2}{4G} \tag{3-86}$$

因而塑性区围岩位移为

$$u^P = u = \frac{(P\sin\varphi + c\cos\varphi)R_0^2}{2Gr} = \frac{MR_0^2}{4Gr} \quad (r_0 \leqslant r \leqslant R_0) \tag{3-87}$$

应该指出，塑性区体积不变仅仅是一种假定，实际上，由于岩体存在着剪胀现象，塑性区将扩容。

若令式（3-70）或式（3-71）中 $P_1 = 0$，即得无支护情况下塑性半径，并可相应地求得无支护时围岩的应力和变形。

由式（3-81）可知，弹塑性界面（$r = R_0$）上的应力值仅取决于 P 和 c、φ 值，而与支护抗力 P_i 无关；支护抗力 P_i 只能改变塑性区大小而不能改变弹塑性界面上的围岩应力。

当 $R_0 = r_0$ 即塑性区为零时，

$$P_{i\max} = P(1 - \sin\varphi) - c\cos\varphi \tag{3-88}$$

可见，最大支护抗力就是弹塑性界面上的应力，其值要比原岩应力 P 小。

图 3-12 给出了无支护和有支护时围岩塑性区应力变化情况。从图中可见，在围岩周边加上支护抗力 P_1 后，使洞周从双向应力状态转入三向应力状态。从而在维持极限平衡状态情况下，使切向应力增大了 $\dfrac{1 + \sin\varphi}{1 - \sin\varphi}P_1$ 的数值，这在图中表现为莫尔圆内移。

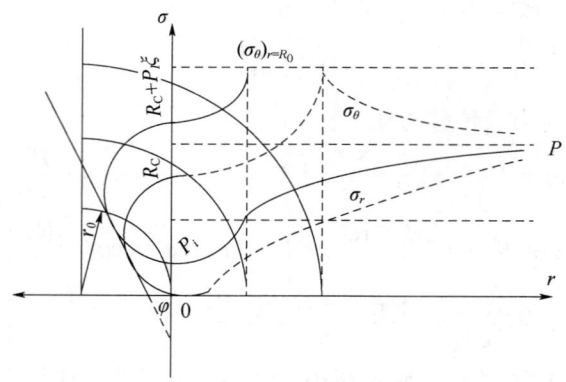

图 3-12 塑性区应力变化图

将 $r=r_0$ 的塑性位移 $u_{r_0}^P$ 值代入式（3-72），即得支护抗力 P_i 与洞周围岩塑性位移 $u_{r_0}^P$ 关系式

$$P_1 = -c\cot\varphi + (P c\cot\varphi)(1-\sin\varphi)\left(\frac{Mr_0}{4Gu_r^P}\right)^{\frac{\sin\varphi}{1-\sin\varphi}} \tag{3-89}$$

由式（3-89）可知，支护抗力 P_i 随着洞壁塑性位移增大而逐渐减小，直至达到 $P_{i\min}$，如图 3-10 所示，表明洞壁塑性位移增大是与塑性区增大相对应的。

式（3-89）中围岩洞壁位移 $u_{r_0}^P$ 应是支护外壁位移 u_{cr_0} 及支护前围岩洞壁已释放了的位移 u_0 之和，即在洞周边 $r=r_0$ 上有

$$u_{r_0}^P = u_{cr_0} + u_0 \tag{3-90}$$

因而式（3-89）可写为

$$P_i = -c\cot\varphi + (P+c\cot\varphi)(1-\sin\varphi) \times \left[\frac{Mr_0}{4G(u_{cr_0}+u_0)}\right]^{\frac{\sin\varphi}{1-\sin\varphi}} \tag{3-91}$$

由式（3-87）可得支护外壁位移

$$u_{cr_0} = \frac{MR_0^2}{4Gr_0} - u_0 \tag{3-92}$$

式中，u_0 与支护施工条件及岩性有关，它可由实际量测、经验估算或考虑空间及时间效应的计算方法确定。

上述各计算应力及位移的公式中均含有尚未确定了的塑性区半径 R_0。为了确定这些数值必须考虑支护与围岩的共同工作。

由式（3-34）及式（3-35）第一式，当 $r=r_0$ 时，

$$\sigma_{cr} = P_1 = P(1-\gamma) \tag{3-93}$$

$$u_{cr_0} = \frac{P(1-\gamma)}{K_C} \tag{3-94}$$

因而

$$P(1-\gamma) = K_C u_{cr_0} \tag{3-95}$$

得

$$P_1 = K_C u_{cr_0} \tag{3-96}$$

式中 K_C——支护刚度系数，$K_C = \dfrac{2G_C\ (r_0^2 - r_1^2)}{r_0\ [(1-2\mu_c)\ r_0^2 + 2r_1^2]}$； (3-97)

G_C、μ_c——支护剪切模量和泊松比。

将式（3-96）代入式（3-91）即得 P_i，并由式（3-73）得 R_0，也可将式（3-97）代入式（3-96），得

$$P_1 = K_C \left(\frac{MR_0^2}{4\,Gr_0} - u_0 \right) \tag{3-98}$$

代入式（3-71）而得塑性区半径

$$R_0 = r_0 \left[\frac{(P + c\cot\varphi)(1 - \sin\varphi)}{K_C\left(\dfrac{MR_0^2}{4\,Gr_0} - u_0 \right) + c\cot\varphi} \right]^{\frac{1-\sin\varphi}{2\sin\varphi}} \tag{3-99}$$

无论是通过试算求出 P_i 或 R_0，都可按式（3-64）、式（3-81）、式（3-87）确定围岩弹塑性区的应力和位移。

将式（3-95）代入式（3-34）及式（3-35），即得支护的应力及位移，有

$$\left.\begin{aligned}
\sigma_{cr} &= \left(\frac{MR_0^2}{4\,Gr_0} - u_0 \right) \frac{K_C r_0^2}{r_0^2 - r_1^2} \left(1 - \frac{r_1^2}{r^2} \right) = P_1 \frac{r_0^2}{r_0^2 - r_1^2} \left(1 - \frac{r_1^2}{r^2} \right) \\
\sigma_{c\theta} &= \left(\frac{MR_0^2}{4Gr_0} - u_0 \right) \frac{K_C r_0^2}{r_0^2 - r_1^2} \left(1 + \frac{r_1^2}{r^2} \right) = P_1 \frac{r_0^2}{r_0^2 - r_1^2} \left(1 + \frac{r_1^2}{r^2} \right) \\
u_0 &= \frac{1}{2G_C} \left(\frac{MR_0^2}{4Gr_0} - u_0 \right) \frac{K_C r_0^2}{r_0^2 - r_1^2} \left[(\kappa_c - 1) \times \frac{r}{2} + \frac{r_1^2}{r} \right]
\end{aligned}\right\} \tag{3-100}$$

图 3-13 给出了某土质隧洞洞周塑性区半径与支护设置早晚（以支护前洞周围岩已释放的位移为表征）及支护厚跨比（表征着支护刚度）的关系。该隧洞埋深 30m，毛洞跨度 6.6m，土体重度 $\gamma=1.8\text{t/m}^3$，平均黏聚力 $c=10\text{t/m}^2$，内摩擦角 $\varphi=30°$，土体平均剪切模量 $G=385\text{kg/cm}^2$，支护材料变形模量 $E_c=2\times10^5\text{kg/cm}^2$，泊松比 $\mu_c=0.167$。

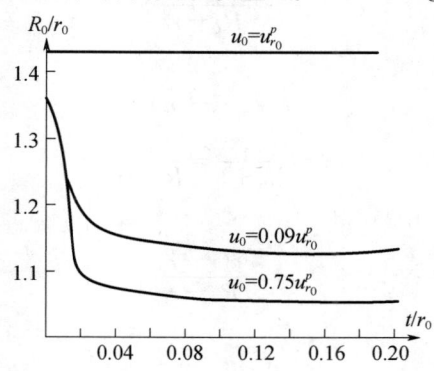

图 3-13 $R_0/r_0\text{-}t/r_0$ 关系

围岩：$c=1\text{kg/cm}^2$，$\varphi=30°$，$E=1000\text{kg/cm}^2$

支护：$E_c=2\times10^5\text{kg/cm}^2$，$v_c=0.167$，$U_{pr0}$——无支护时洞周处围岩塑性位移

如果不支护，围岩塑性区半径可由式（3-99）中令 $K_C=0$ 算得，为

$$R_0 = 1.43 r_0 = 4.72\text{m}$$

因而塑性区厚度达 1.42m，相应的洞周土体位移 $u_{r_0}^P = 2.2\text{cm}$。

支护设置时测得洞周位移 $u_0 = 1.65\text{cm} = 0.75 u_{r_0}^P$。支护厚度 $t=8\text{cm}$。由式（3-99）

算得塑性区半径 $R_0=1.07r_0$。可见即使厚度仅为 8cm 的支护，就能有效地减少塑性区范围，从而保证洞室的稳定性。

从图中可以看出：

（1）从不设置支护到设置极薄的支护，塑性区显著减小，因而支护的设置（即使厚度极小）对保证洞室稳定性是非常有利的。当支护有一定厚度后，继续增加支护厚度，塑性区减小不明显。可见，试图通过增加支护厚度来改善隧洞稳定性的做法，其效果是不显著的（除非由于支护强度不够而危及隧洞稳定性时）。

（2）支护设置得越早，即支护前洞周围岩位移 u_0 越小，则洞室塑性区越小；反之，支护设置得越晚，即支护前洞周围岩位移 u_0 越大，则塑性区越大。所以及早设置支护对保证洞室稳定性要比增加支护厚度有利得多。

然而塑性区的存在并不意味着隧洞失稳、破坏。在隧洞是稳定的前提下，适当迟缓支护，使洞周塑性区有一定发展，以充分发挥围岩的自承能力，减少支护抗力，从而减薄支护厚度，达到既保证隧洞稳定性又降低工程造价的目的。但围岩塑性区的发展切忌进入松动破坏，一旦围岩出现松动破坏，围岩压力将大大增加并有可能危及隧洞稳定。

② 黏聚力 c 沿塑性区深度下降时，塑性区的应力方程及其半径

设 $r=r_0$ 处，$c=c_0$（洞壁处围岩的黏聚力数值）；$r=R_0$ 处，$c=c_1$（原岩的黏聚力数值）。由图 3-14 可知有如下关系

$$\frac{c_1}{R_0+h}=\frac{c_0}{r_0+h}=\frac{c}{r+h} \tag{3-101}$$

可得

$$h=\frac{c_0 R_0 - c_1 r_0}{c_1 - c_0} \tag{3-102}$$

$$c=\frac{c_0 R_0 - c_1 r_0 + c_1 r - c_0 r}{R_0 - r_0} \tag{3-103}$$

或

$$c=c'(r+h) \tag{3-104}$$

式中

$$c'=\frac{c_1}{R_0+h}=\frac{c_1-c_0}{R_0-r_0} \tag{3-105}$$

当 $c_0=0$ 时，由式（3-103）得

$$c=\frac{c_1(r-r_0)}{R_0-r_0} \tag{3-106}$$

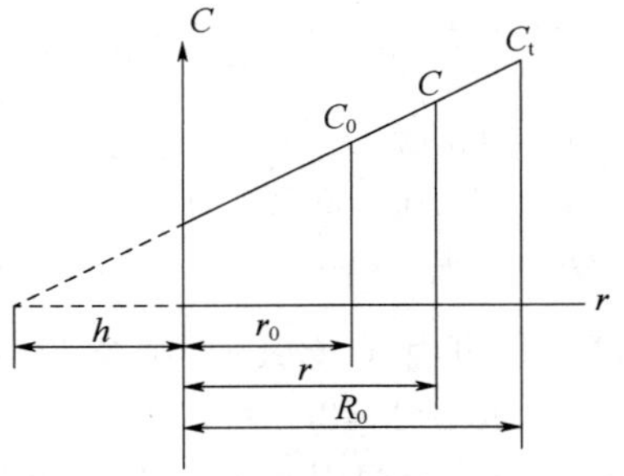

图 3-14 $C\text{-}r$ 关系曲线

从图 3-15 看出，此时塑性区中每一点的莫尔-库仑圆都是不同的。莫尔包络线为一组平行的直线，具有相同的 φ 角而有不同的 c 值。由于每一点的应力圆都与其相应的莫尔包络线相切。因此仍满足塑性条件方程（3-61），不过此时 c 值是 r 的函数

$$\frac{\sigma_r^P+c\cot\varphi}{\sigma_\theta^P+c\cot\varphi}=\frac{\sigma_r^P+c'(r+h)\cot\varphi}{\sigma_\theta^P+c'(r+h)\cot\varphi}=\frac{1-\sin\varphi}{1+\sin\varphi}=\frac{1}{\xi} \tag{3-107}$$

平衡方程（3-60）仍满足，由此得

$$\frac{\mathrm{d}\sigma_r^P}{\sigma_r^P+c'(r+h)\cot\varphi}=\frac{\mathrm{d}r}{r}\left(\frac{\sigma_\theta^P+c'(r+h)\cot\varphi}{\sigma_r^P+c'(r+h)\cot\varphi}-1\right)$$

即

$$\frac{\mathrm{d}\sigma_r^P}{\mathrm{d}r}+\sigma_r^P\frac{1-\xi}{r}=C'(\xi-1)\cot\varphi+\frac{\xi'}{r} \tag{3-108}$$

式中，$\xi'=c'h\cot\varphi(\xi-1)$。

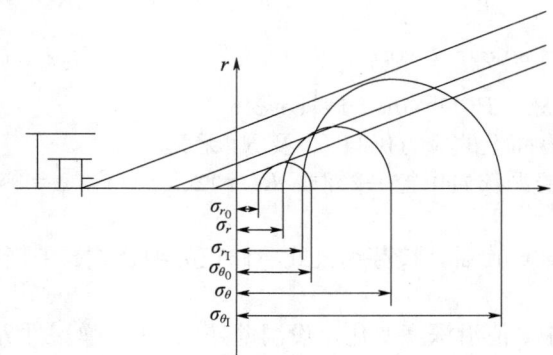

图 3-15　塑性区莫尔圆与抗剪强度包线

由式（3-108）解得

$$\sigma_r^P=h_1 r+h_2+A r^{\xi-1} \tag{3-109}$$

式中

$$\left.\begin{aligned}h_1&=\frac{c'(\xi-1)\cot\varphi}{(2-\xi)}=-\frac{(c_1-c_0)(\xi-1)\cot\varphi}{(2-\xi)(R_0-r_0)}\\h_2&=\frac{\xi'}{1-\xi}=-\frac{(c_0R_0-c_1r_0)\cot\varphi}{R_0-r_0}\end{aligned}\right\} \tag{3-110}$$

按边界条件 $r=r_0$ 时，有 $\sigma_r=P_1$，由此得积分常数 A

$$A=(P_1-h_1r_0-h_2)\left(\frac{1}{r_0}\right)^{\xi-1} \tag{3-111}$$

代入式（3-109）得

$$\sigma_r^P=h_1r_0+h_2+(P_1-h_1r_0-h_2)\left(\frac{r}{r_0}\right)^{\xi-1} \tag{3-112}$$

将式（3-112）代入式（3-107）得

$$\sigma_\theta^P=[h_1\xi+c'\cot\varphi(\xi-1)]r+[h_2\xi+c'h\cot\varphi(\xi-1)]+(P_1-h_1r_0-h_2)\xi\left(\frac{r}{r_0}\right)^{\xi-1} \tag{3-113}$$

当 $c_0=c_1=c$ 时，式（3-112）、式（3-113）即为式（3-64）。

将式 (3-112)、式 (3-113) 代入式 (3-68) 即可得支护抗力

$$P_1 = \left[P - \left(\frac{3(c_1-c_0)(\xi-1)}{2(R_0-r_0)(2-\xi)}\cot\varphi\right)R_0 + \frac{c_0R_0-c_1r_0}{R_0-r_0}\cot\varphi\right] \times (1-\sin\varphi) \times \left(\frac{r_0}{R_0}\right)^{\xi-1} + \left[\frac{(c_1-c_0)(\xi-1)}{(R_0-r_0)(2-\xi)}\cot\varphi\right]r_0 - \frac{c_0R_0-c_1r_0}{R_0-r_0}\cot\varphi \quad (3\text{-}114)$$

当 $c_0 = c_1 = c$ 时，式 (3-114) 即为修正了的芬纳公式 [式 (3-66)]。

令式 (3-112)、式 (3-113) 中 $r = r_0$ 及 $r = R_0$ 即得洞壁及弹塑性区交界面上的应力，洞壁应力为

$$\left. \begin{array}{l} \sigma_r^P = P_1 \\ \sigma_\theta^P = P_1\xi + c_0\cot\varphi(\xi-1) \end{array} \right\} \quad (3\text{-}115)$$

弹塑性区交界面应力为

$$\left. \begin{array}{l} \sigma_r^P = \left[P - \frac{(c_1-c_0)(\xi-1)}{R_0-r_0} \cdot \frac{R_0}{2}\cot\varphi(1-\sin\varphi) - \frac{c_0R_0-c_1r_0}{R_0-r_0}\cos\varphi\right] \\ \quad = P(1-\sin\varphi) - c_1\cos\varphi \\ \sigma_\theta^P = 2P - \sigma_r^P = P(1+\sin\varphi) + c_1\cos\varphi \end{array} \right\} \quad (3\text{-}116)$$

可见，弹塑性交界面上的应力仍与 P_1 及 R_0 无关。

[例 3-2] 在软弱泥灰岩中挖一隧洞，$R_C = 120\text{kg/cm}^2$，$\varphi = 36.9°$，$P = 312\text{kg/cm}^2$，$P_i = 0$。

(1) 求得 $c = 30\text{kg/cm}^2$ 后，按芬纳公式、修正芬纳公式、卡斯特奈公式分别计算塑性区厚度；

(2) 假定塑性区中 c 值沿深度变化，设洞壁处 $c_0 = 0$，弹塑性界面上 $c_1 = c$，按考虑塑性区中 c 值变化的公式计算塑性区厚度。

计算结果列于表 3-3。

表 3-3　不同方法计算得到的塑性区厚度　　　　　　　　　　　　m

芬纳公式	修正芬纳公式	卡斯特奈公式	塑性区 c 值变化公式
1.22	1.06	1.06	2.50

由表 3-3 可见，塑性区中 c 值变化对计算结果影响很大，所以计算时必需采用塑性区的平均 c 值。

3.4　隧道围岩应力及变形的黏弹塑性分析

假定围岩体积变形是弹性的，形状变形规律符合鲍埃丁-汤姆逊模型，因而有本构关系

$$\left. \begin{array}{l} \left(D + \dfrac{k_1}{\eta_1}\right)s_{rs} = \left[(k_1+k_2)D + \dfrac{k_1k_2}{\eta_1}\right]e_{rs} \\ \sigma = 3ke \end{array} \right\} \quad (3\text{-}117)$$

或

$$\left. \begin{array}{l} \left(D + \dfrac{1}{\eta_{rel}}\right)s_{rs} = \left[G_0D + \dfrac{G_\infty}{\eta_{rel}}\right]e_{rs} \\ \sigma = 3ke \end{array} \right\} \quad (3\text{-}118)$$

即

$$\left.\begin{array}{l}f(D)=D=\dfrac{k_1}{\eta_1}=D+\dfrac{1}{\eta_{\mathrm{rel}}}\\ g(D)=(k_1+k_2)D+\dfrac{k_1 k_2}{\eta_1}=G_0 D\dfrac{G_\infty}{\eta_{\mathrm{rel}}}\end{array}\right\} \quad (3\text{-}119)$$

$$\left.\begin{array}{l}f_1(D)=1\\ g_1(D)=k\end{array}\right\} \quad (3\text{-}120)$$

式中 k_1——围岩黏性组分的剪切变形模量 G_m；

k_2——围岩弹性组分的剪切变形模量 G_h，也即围岩长期剪切变形模量 G_∞；

η_1——围岩黏性组分的黏性系数；

G_0——围岩瞬时剪切变形模量，有 $G_0=G_\mathrm{m}+G_\mathrm{h}$；

η_{rel}——围岩松弛时间，有 $\eta_{\mathrm{rel}}=\dfrac{\eta_1}{G_\mathrm{m}}$。

其余符号同前。

无支护隧洞由于开挖前岩体未受扰动，因而初始位移为零，初始应力等于外边界荷载。

$$\left.\begin{array}{l}f(s)=s+\dfrac{1}{\eta_{\mathrm{rel}}}\\ g(s)=G_0 s+\dfrac{G_\infty}{\eta_{\mathrm{rel}}}\\ f_1(s)=1\\ g_1(s)=k\end{array}\right\} \quad (3\text{-}121)$$

如前所述，只需在弹性解中以 $\dfrac{g(s)}{f(s)}$ 代替 G，以 $\dfrac{g_1(s)}{f_1(s)}$ 代替 k，以 $\dfrac{P}{s}$ 代替 P，并将所得结果进行拉普拉斯逆变换，即得相应边界条件下同一问题的弹性解。

无支护隧洞围岩应力及位移的弹性解如式（3-18）及式（3-19）。以 $\dfrac{P}{s}$ 和 $\dfrac{g(s)}{f(s)}$ 代替弹性解中 P 和 G，得黏弹性解的拉普拉斯变换，有

$$\left.\begin{array}{l}\widetilde{\sigma}_r=\dfrac{P}{2s}\left[1+\lambda\left(1-\dfrac{r_0^2}{r^2}\right)+(1-\lambda)\left(1-\dfrac{4r_0^2}{r^2}+\dfrac{3r_0^4}{r^4}\right)\cos(2\theta)\right]\\ \widetilde{\sigma}_\lambda=\dfrac{P}{2s}\left[(1+\lambda)\left(1+\dfrac{r_0^2}{r^2}\right)-(1-\lambda)\left(1+\dfrac{3r_0^4}{r^4}\right)\cos(2\theta)\right]\\ \widetilde{\tau}_{r\theta}=-\dfrac{P}{2s}(1-\lambda)\left(1+\dfrac{2r_0^2}{r^2}-\dfrac{3r_0^4}{r^4}\right)\sin(2\theta)\end{array}\right\} \quad (3\text{-}122)$$

$$\left.\begin{array}{l}\widetilde{u}=\dfrac{Pr_0^2}{4r}\left[(1+\lambda)+(1-\lambda)\left(\kappa+1-\dfrac{r_0^2}{r^2}\right)\cos(2\theta)\right]\left[\dfrac{1}{G_0\left(s+\dfrac{1}{\eta_{\mathrm{ret}}}\right)}+\dfrac{1}{G_\infty}\left(\dfrac{1}{s}-\dfrac{1}{s+\dfrac{1}{\eta_{\mathrm{ret}}}}\right)\right]\\ \widetilde{v}=-\dfrac{Pr_0^2}{4r}(1-\lambda)\left(\kappa-1+\dfrac{r_0^2}{r^2}\right)\sin(2\theta)\times\left[\dfrac{1}{G_0\left(s+\dfrac{1}{\eta_{\mathrm{ret}}}\right)}+\dfrac{1}{G_\infty}\left(\dfrac{1}{s}-\dfrac{1}{s+\dfrac{1}{\eta_{\mathrm{ret}}}}\right)\right]\end{array}\right\}$$

$$(3\text{-}123)$$

式中 η_{ret}——围岩延迟时间,有 $\eta_{\text{ret}} = \dfrac{\eta_{\text{ret}} G_0}{G_\infty}$。

反演之,得围岩应力及位移为

$$\left.\begin{aligned}\sigma_r &= \frac{P}{2}\left[(1+\lambda)\left(1-\frac{r_0^2}{r^2}\right)+(1-\lambda)\left(1-\frac{4r_0^2}{r^2}+\frac{3r_0^4}{r^4}\right)\cos(2\theta)\right]\\ \sigma_\theta &= \frac{P}{2}\left[(1+\lambda)\left(1+\frac{r_0^2}{r^2}\right)-(1-\lambda)\left(1+\frac{3r_0^4}{r^4}\right)\cos(2\theta)\right]\\ \tau_{r\theta} &= -\frac{P}{2}(1-\lambda)\left(1+\frac{2r_0^2}{r^2}-\frac{3r_0^4}{r^4}\right)\sin(2\theta)\end{aligned}\right\} \quad (3\text{-}124)$$

$$\left.\begin{aligned}u &= \frac{P}{2}\left[(1+\lambda)u'+(1-\lambda)u''\cos(2\theta)\right]\\ v &= \frac{P}{2}(1-\lambda)v''\sin(2\theta)\end{aligned}\right\} \quad (3\text{-}125)$$

相应的应变为

$$\left.\begin{aligned}\varepsilon_r &= \frac{P}{2}\left[(1+\lambda)\varepsilon'_r+(1-\lambda)\varepsilon''_r\cos(2\theta)\right]\\ \varepsilon_\theta &= \frac{P}{2}\left[(1+\lambda)\varepsilon'_\theta+(1-\lambda)\varepsilon''_\theta\cos(2\theta)\right]\\ \gamma_{r\theta} &= P(1-\lambda)\gamma''_{r\theta}\sin(2\theta)\\ e &= \frac{P}{2}(1-\lambda)e''\cos(2\theta)\end{aligned}\right\} \quad (3\text{-}126)$$

3.5 典型隧道围岩的受力分析

如果在扰动的地层中有较大的侧压力系数,则计算开挖的洞室可采用 $\lambda_0 = 1$ 的理想情况,并可由此确定塑性区的边界图形。即使是对岩石的性质(尤其是对岩石的单轴抗压强度和内摩擦角)有了较精确的认识,也只能近似地求得这个塑性区边界;但这样就至少可用获得的认识对是否接近于 $\lambda_0 = 1$ 的理想情况做出判断。而对于 $\lambda_0 = 1$ 并忽略体积力时的塑性区厚度和岩层中的应力状态是能够准确地求得的。然而,上述情况只适用埋深较大的洞室,而这个条件一般总能在出现真正地层压力时同时存在。

在完全卸荷情况下,现在设想再加上衬砌的抗力,为了不破坏旋转轴对称状态,还要假定这个抗力 p_a 是四周均匀分布的。但实际上并非完全如此,地层压力多数情况下只出现在侧面,而顶部压力很小,甚至根本没有,所以抗力必然在侧面区域出现。在顶部和底部可能出现压缩现象,但这不是主要的。由较新的认识,要求隧道衬砌与四周地层紧密接触,而且近年来发展起来的一些施工方法也能够满足这个要求。实现了这种衬砌后,由于侧向地层压力作用引起衬砌周围的弹性变形会导致顶部和底部区域产生被动地层抗力,从而使得衬砌四周与地层间的应力状态与旋转轴对称图形就不会有太大的偏离。这种衬砌和地层间的径向接触应力就是上述的抗力 p_a。

对于上述情况下所出现真正地层压力时衬砌的造型问题还必须做进一步说明。虽然这时底部也是衬砌的组成部分,但不能过高地估计底部的作用。从实际出发,为节省费用,往往采用一个厚度不大的平拱底,其厚度小于拱圈厚度。由于近似存在的轴对称荷载相应要求有一个完全等厚度的圆形截面衬砌,因此在以下的计算过程中,原则上仍假定衬砌是等厚度的圆形截面。

上述工作直至解瑞利应力函数的微分方程仍然适用,微分方程的解如下

$$F = C_1 \frac{r^{\zeta+1}}{\zeta+1} - \frac{\sigma_{\theta d}}{\zeta-1} \frac{r^2}{2} + C_2 \tag{3-127}$$

对于 $r = r_a$ 的边界条件,有

$$\sigma_{rp} = p_a \tag{3-128}$$

代入式(3-127),得积分常数 C_1

$$C_1 = \frac{1}{r_a^{\zeta-1}} \left(p_a + \frac{\sigma_{\theta l}}{\zeta-1} \right) \tag{3-129}$$

在塑性方程条件中不出现积分常数 C_2,因此可有如下表达式

$$\left. \begin{array}{l} \sigma_{rp} = \left(\dfrac{r}{r_a} \right)^{\zeta-1} \left(p_a + \dfrac{\sigma_{\theta l}}{\zeta-1} \right) - \dfrac{\sigma_{\theta l}}{\zeta-1} \\ \sigma_{tp} = \left(\dfrac{r}{r_a} \right)^{\zeta-1} \zeta \left(p_a + \dfrac{\sigma_{\theta l}}{\zeta-1} \right) - \dfrac{\sigma_{\theta l}}{\zeta-1} \\ \tau_p = 0 \end{array} \right\} \tag{3-130}$$

如果分界面上存在着通常假设的旋转轴对称的径向压应力 σ_{r0},则与半径 r_0 的塑性圆相邻的弹性区中有如下应力

$$\left. \begin{array}{l} \sigma_{re} = p \left(1 - \dfrac{r_0^2}{r^2} \right) + \sigma_{r_0} \dfrac{r_0^2}{r^2} \\ \sigma_{te} = p \left(1 + \dfrac{r_0^2}{r^2} \right) - \sigma_{r_0} \dfrac{r_0^2}{r^2} \\ \tau_e = 0 \end{array} \right\} \tag{3-131}$$

从塑性区边界 $r = r_0$ 的条件出发,必须有

$$\sigma_{rp} = \sigma_{r_0} \text{ 和 } \sigma_{tp} = \sigma_{te} \tag{3-132}$$

最后,求得塑性区边界值

$$r_0 = r_a \left[\frac{2}{\zeta+1} \frac{\sigma_{\theta l} + p(\zeta-1)}{\sigma_{\theta l} + p_a(\zeta-1)} \right]^{\frac{1}{\zeta-1}} \tag{3-133}$$

随着衬砌抗力 p_a 增长,使得塑性区中维持内阻力所必需的径向压应力 σ_{r_0} 减少,并且塑性区也相应减小。如果

$$r_0 = r_a \tag{3-134}$$

则塑性区将缩小而至消失。将这一条件方程代入方程(3-133),即获得地层处于弹性应力状态时的关系式如下

$$p_a = \frac{2p - \sigma_{\theta l}}{\zeta + 1} \tag{3-135}$$

所得关系式可用一个例子加以说明,岩层单轴抗压强度为 $\sigma_{\theta l} = 20 \text{kg/cm}^2$,这与北阿尔卑斯山出现的具有很大厚度的菱铁矿的抗压强度相当。内摩擦角平均为 $\rho_\theta = 30°$ 左右。各向相同的覆盖层压力为 $p_v = p_h = p = 120 \text{kg/cm}^2$,它相当于由试验确定的岩石容量 $\gamma_\theta = 2 \text{t/m}^3$ 时的 600m 埋置深度当 $p_a = 0.1$ 和 0.2kg/cm^2 时,可由方程(3-133)求出此时的塑性区的边界,并由方程(3-130)和式(3-131)求出塑性区和弹性区的应力。从

图 3-16 可知,塑性区厚度随着抗力 p_a 增大而减小。由上述方程还可以看出,弹性区和塑性区之间边界上出现的最大切向应力与衬砌抗力 p_a 无关,而且这个位置上的径向应力还是一个常数。

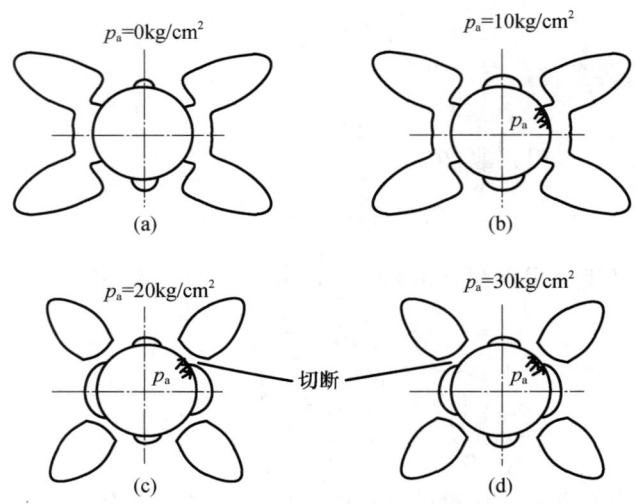

图 3-16 决定于旋转轴对称衬砌抗力的圆形隧道开挖断面的塑性区

在无衬砌的隧道或坑道里,对于起到承载作用的岩体来说,在塑性区边界上所出现的径向应力,将由塑性区中的内阻力所支承。在这种情况下,以抵抗能力和作用力的比值为定义的安全度 v 等于 1,当然,这仅对于理想条件,也即当岩体产生持续变形时其内阻力仍然保持不变的条件下才适用。当由于衬砌作用而使岩体存在一种附加抵抗能力时,所需要的岩体内阻力就较小了,而且塑性区的厚度也减小了,因而衬砌抗力确实产生了作用。但是,即使是使衬砌抗力 p_a 大于由方程(3-135)所得出的抗力值,安全度仍等于 1 不变。可见,随着衬砌抗力不断增大,其结果并没有使得安全度有所提高,这就是为何不能通过这一途径导出计算方法的原因。

上述选用强大衬砌以阻止塑性区形成的条件显然过于严格。因为塑性区的滑动面已由足够安全的隧道衬砌予以制止,所以环形塑性区的存在是毋庸置疑的。

相反,可通过下述途径达到计算目的。

对隧道衬砌的计算十分重要的是保证地层的承载作用。如果在导洞中初次确定了一定埋置深度条件下的地层压力现象,只要不存在地层的构造应力,由此就可以推测出岩层的抗压强度。

由于把岩层抗压强度作为计算的起点和基础,因此衬砌的计算与埋置深度无关,并通过许多隧道建筑的实践证实了这一事实。

无衬砌的隧道 $p_a=0$,作用在开挖边缘上的应力为 $\sigma_{rp}=0$ 和 $\sigma_{tp}=\sigma_{\theta l}$。由于岩层抗压强度 $\sigma_{\theta l}$ 还应有一定的安全系数 v,因此,由方程(3-130)的第二个式子可得

$$v\sigma_{\theta l} = \left(\frac{r}{r_a}\right)^{\zeta-1} \zeta\left(p_a + \frac{\sigma_{\theta l}}{\zeta-1}\right) - \frac{\sigma_{\theta l}}{\zeta-1} \quad (3\text{-}136)$$

由此所需的抗力 p_a 应为

$$p_{\mathrm{a}}=\left(\frac{r}{r_{\mathrm{a}}}\right)^{\zeta-1}\left(p_{\mathrm{a}}+\frac{\sigma_{\theta l}}{\zeta-1}\right)-\frac{\sigma_{\theta l}}{\zeta-1} \tag{3-137}$$

由方程（3-136）和式（3-137）得到如下关系式

$$p_{\mathrm{a}}=\frac{v-1}{\zeta}\sigma_{\theta l} \tag{3-138}$$

正如从图 3-17 中看出，这一关系式可由莫尔理论直接推导出，根据图 3-17 中所示的符号可得

$$\sin\rho_{\theta}=\frac{\sigma_{\theta l}(v-1)-p_{\mathrm{a}}}{\sigma_{\theta l}(v-1)+p_{\mathrm{a}}} \tag{3-139}$$

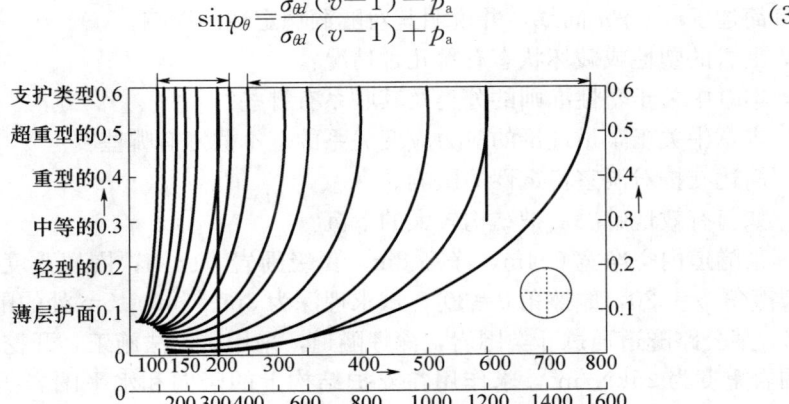

图 3-17 在出现真正地层压力时，假设各向均布初始压作用下圆形断面隧道衬砌的计算

通过简单变换即可得到方程（3-138）。根据方程（3-139）求得的抗力，可以保证维持具有安全度 v 的抗压强度。假如圆形衬砌的四周作用有外压力 p_{a}，以及内边缘的切向应力等于衬砌混凝土的棱柱强度 σ_{bp}，则可由厚壁管公式求得圆形衬砌的厚度 d。若管子的内半径为 r_i，则外半径为 $r_{\mathrm{a}}=r_i+d$。内边缘上的切向应力计算式为

$$\sigma_t=p_{\mathrm{a}}\frac{a^2+\alpha^2}{a^2-1} \tag{3-140}$$

式中　　$a=r_{\mathrm{a}}:r=(r_i+d):r_i$；
　　　　$\alpha=r_{\mathrm{a}}:r$。

因内边缘上有 $r=r_i$ 和 $\alpha=a$，则切向应力为

$$\sigma_{ti}=p_{\mathrm{a}}\frac{2a^2}{a^2-1}=\sigma_{bp} \tag{3-141}$$

这里假设切向应力恰好等于混凝土的棱柱强度，则有上述公式可得到衬砌厚度 d 的表达式

$$d=r_i\left[\frac{1}{\sqrt{1-\dfrac{2p_{\mathrm{a}}}{\sigma_{bp}}}}-1\right] \tag{3-142}$$

最后，把方程（3-138）中的 p_{a} 代入方程式（3-142），就得到了计算圆形截面衬砌厚度的重要关系式

$$d=r_i\left[\frac{1}{\sqrt{1-\dfrac{2(v-1)\sigma_{\theta d}}{\zeta\sigma_{bp}}}}-1\right] \tag{3-143}$$

上述推导过程只适用莫尔圆中的直线包络线,但是正如后面的例子中所指出的,这一推导过程原则上还可以推广到曲线包络线。

习 题

1. 本章中分析圆形隧洞围岩应力及变形时的假设有哪些?
2. 圆形隧洞有无衬砌时围岩应力及变形的异同有哪些?
3. 简述 γ-m、γ-n 曲线,并说明其对隧洞稳定性的影响。
4. 围岩的塑性或破坏状态有哪几种情况?
5. 本章中关于塑性准则的分类及其联系有哪些?
6. 本章中关于全量理论的应力应变关系的基本假定有哪些?
7. 简述支护对洞室稳定性的影响。
8. 如何有效地解决支护结构较大的下沉?
9. 某隧道内空净宽 6.4m,净高 8m,Ⅳ级围岩。已知:围岩重度为 $20kN/m^3$,围岩似摩擦角 $\varphi=530$,摩擦角 $\theta=30°$,试求埋深为 3m、7m、15m 处的围岩压力。
10. 某公路隧道通过Ⅱ类围岩,深埋隧道,采用矿山法施工,开挖尺寸如图 3-18 所示,围岩重度为 $25kN/m^3$,求作用在支护结构上的竖向和水平围岩压力。(按均布考虑,$i=0.1$)
11. 隧道的开挖破坏了围岩的初始应力场,围岩从相对静止状态进入了一个变动状态,围岩应力随后进入一个新的平衡,图 3-19 给出了一个新的平衡状态下围岩应力分区界限,要求:
    (1) 在图中标出各应力区;
    (2) 叙述各应力区的变形变化特征;
    (3) 画出隧道围岩的环向和径向应力变化曲线。

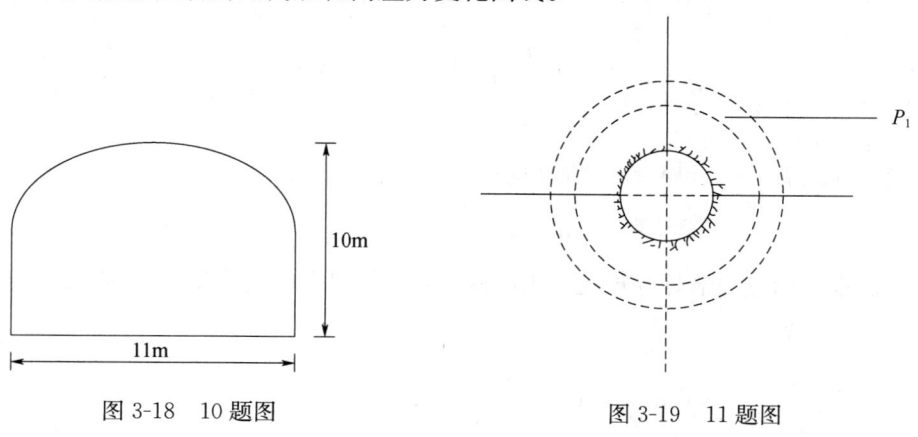

图 3-18 10 题图   图 3-19 11 题图

参考文献

[1] 于学馥,郑颖人,刘怀恒,等. 地下工程围岩稳定分析 [M]. 北京:煤炭工业出版社,1984.
[2] H·卡斯特奈. 隧道与坑道静力学 [M]. 上海:上海科学技术出版社,1980.

[3] 郑颖人，朱合华，方正昌，等.地下工程围岩稳定分析与设计理论［M］.北京：人民交通出版社，2012.
[4] 索新文.岩土计算中的弹塑性理论［J］.湖南农机，2007（11）：169，171.
[5] 周佳.例谈曲线运动中坐标系的选择［J］.湖南中学物理，2020（2）：33-34.
[6] 刘元雪，郑颖人.应力洛德角变化影响的研究［J］.水利学报，1999（8）：6-10.
[7] 郭绵传，罗四秀.隧洞应力计算方法及屈雷斯卡屈服条件的应用［J］.山西建筑，2008（4）：353-355.
[8] 徐芝纶.弹性力学.上册［M］.4版.北京：高等教育出版社，2008.
[9] 刘孟琼，陈上仿.广义虎克定律［J］.湖南冶金职业技术学院学报，2004（2）：175-177.
[10] 张继周，王华敬，刘福胜，等.静止土压力系数的计算方法及影响因素分析［J］.水利与建筑工程学报，2017，15（1）：43-47.
[11] 任青文，张宏朝.关于芬纳公式的修正［J］.河海大学学报（自然科学版），2002（6）：109-111.
[12] 林勇.隧道支护与围岩自承问题的讨论［J］.公路隧道，2000（3）：7-12.
[13] 薛琳，杨志法.关于符合马克斯威尔、鲍埃丁-汤姆逊和H-K模型的粘弹性岩体的位移反分析原理［J］.青岛建筑工程学院学报，1988（1）：79-88.
[14] 李英杰，张顶立，刘保国，等.考虑围岩性质劣化的深埋软弱隧道破坏机理数值模拟研究［J］.土木工程学报，2012，45（9）：156-166.
[15] 朱永利.朗金土压力理论分析［J］.科技信息，2007（31）：62.

4 浅埋隧道围岩应力场与支护结构设计

4.1 浅埋隧道围岩应力的近似解

在浅埋隧道中，由于重力的作用，垂直应力随深度增加而被忽略是不合理的。因此，目前提出的基于静水主应力的解是不适用的。在这一节中，本节给出了一些浅埋隧道的近似解。

4.1.1 Janssen 筒仓方程

在筒仓（即装满颗粒材料的容器）中，垂直应力不随深度线性增加。因此，筒仓是拱形结构的原型。筒仓的设计采用 Janssen（1895）公式。为了推导它，我们考虑一个截面为圆形的薄壁筒仓（图 4-1）。

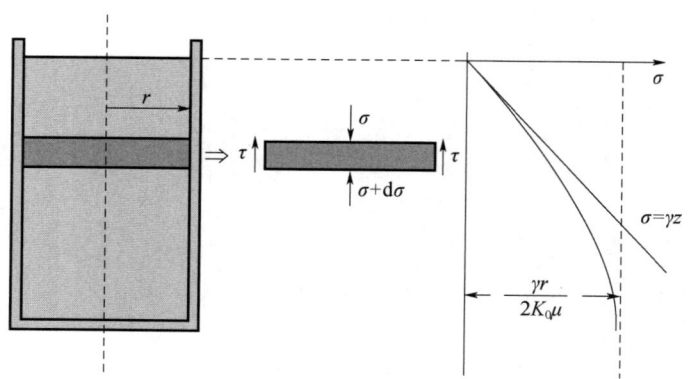

图 4-1 Janssen 方程推导示意

在一个半径为 r 和厚度为 dz 的圆盘上，圆盘自重为 $\pi r^2 \gamma dz$，作用在圆盘上的应力分别为 $\sigma \pi r^2$ 和 $-(\sigma+d\sigma)\pi r^2$，由于仓壁摩擦作用产生的剪切力为 $-\tau \cdot 2\pi r dz$，后者与水平应力 σ_H 成比例，$\tau=\mu\sigma_H$，并假定 σ_H 与垂直应力 σ 成比例，即 $\sigma_H=K_0\sigma$。K_0 为侧压系数，μ 为仓壁摩擦系数。根据平衡条件得到如下微分方程

$$\frac{d\sigma}{dz}=\gamma-\frac{2K_0\mu}{r}\sigma \tag{4-1}$$

在边界条件为 $\sigma(z=0)=0$ 时，它有解

$$\sigma(z)=\frac{\gamma r}{2K_0\mu}(1-e^{-2K_0\mu z/r}) \tag{4-2}$$

因此，垂直应力不会超过 $\gamma r/(2K_0\mu)$。公式（4-2）的推导也适用于筒仓没有圆形截面的情况

$$\frac{A}{U}=\frac{r}{2} \tag{4-3}$$

式中　r——截面的水力半径；
　　　A——面积；
　　　U——截面的周长。

若仓壁和颗粒土之间存在附着力 c_a，则公式（4-2）修改如下

$$\sigma(z)=\left(\gamma-\frac{2c_a}{r}\right)r(1-e^{-2K_0\mu z/r})/2K_0\mu \tag{4-4}$$

如果颗粒表面单位面积上作用着荷载 q，则 $z=0$ 处的边界条件为 $\sigma(z=0)=q$。则有以下等式

$$\sigma(z)=\left(\gamma-\frac{2c_a}{r}\right)r(1-e^{-2K_0\mu z/r})/2K_0\mu+qe^{-2K_0\mu z/r} \tag{4-5}$$

Janssen 的理论指出，储存在筒仓中的部分颗粒由于摩擦挂在筒仓壁上。这将导致筒仓壁产生很高的竖向应力，使筒仓壁发生屈曲。剪切应力在仓壁上的产生是以颗粒与仓壁之间有足够大的相对位移为前提的。当颗粒向上移动时，仓壁上的剪应力方向发生逆转，则公式（4-1）被替换为

$$\sigma(z)=\frac{\gamma r}{2K_0\mu}(e^{2K_0\mu z/r}-1) \tag{4-6}$$

Janssen 方程常用于评估隧道上方的成拱作用。

(1) 太沙基将图 4-2 中 $ABCD$ 视为筒仓，筒仓宽度为 b（此处考虑平面变形，水力半径为 $r=b$），在其下缘 BC 上施加压力 p。便得到了作用于矩形截面隧道顶部的荷载 p 的公式

$$p=\frac{(\gamma-2c/b)b}{2K\tan\varphi}(1-e^{-2Kh\tan\varphi/b}) \tag{4-7}$$

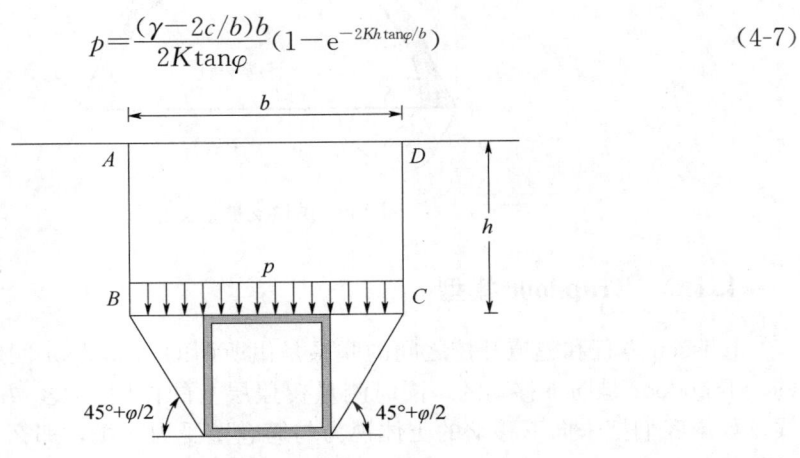

图 4-2　太沙基方程推导示意

(2) 采用 Janssen 方程式来估算支撑隧道面（如泥浆盾构）所需要的压力，工作面稳定性的评价通常采用 Horn 提出的崩塌机制（图 4-3）。考虑到塌陷机制的三维特征，

将滑动楔的正面 ABCD 的面积当作隧道横截面的面积。假设 BDI 和 ACJ 两侧存在黏聚力和摩擦力（根据地应力分布 $\sigma_x = K\gamma z$）。垂直力 V 根据筒仓公式计算，考虑滑动楔的平衡来确定必要的支撑力 S，通过改变倾斜角 θ，使得支撑力 S 达到最大值。考虑相对位移 [图 4-3（c）] 可以看出，在滑动楔处，也会产生水平力 H，大多数作者忽略了该力。筒仓方程假定楔体向下滑动的圆周上的抗剪强度急剧减小，这意味着地表有大量的沉降。

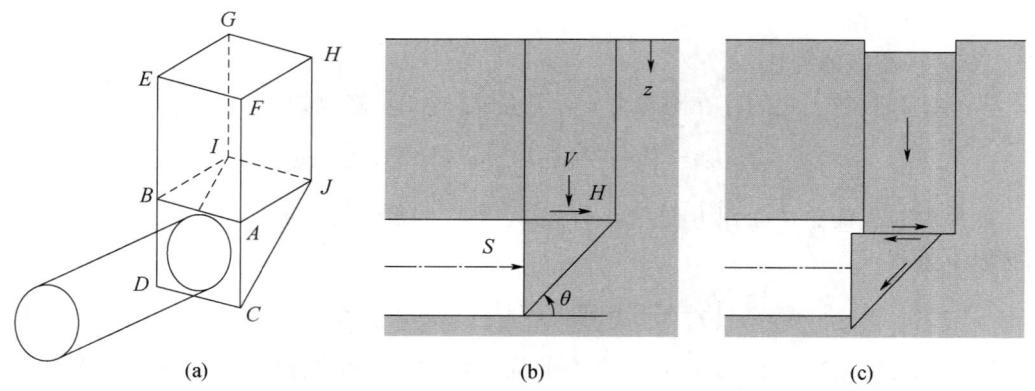

图 4-3 隧道开挖面稳定性分析原理

（3）首先开挖隧洞上部，并采用喷射混凝土衬砌进行支护。该衬砌构成一种拱（或桥），必须保证其基础底部安全，即主体 ABCD 施加的垂直力 F（图 4-4）必须被传递到地基中。为了评估地基抵抗撞击的安全性，F 通过 Janssen 方程进行估算。

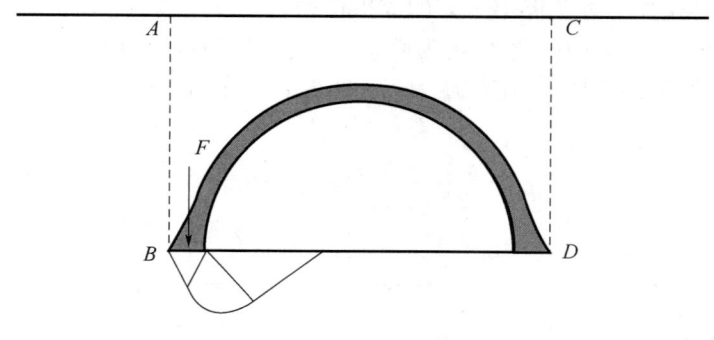

图 4-4 拱顶支护结构示意

4.1.2 Trapdoor 模型

Janssen 方程和隧道开挖之间的联系是由所谓的 Trapdoor 问题（图 4-5）建立起来的。Trapdoor 是向下移动的，同时测量覆盖层上的作用力 Q，并绘制出沉降量 s 的曲线。如果我们把未向下移动的土体视为与筒仓壁受力平衡，那么 Trapdoor 和卸料筒仓之间的相似之处就变得很明显了。

图 4-6 显示了随深度 z 变化的垂直应力 $\overline{\sigma_z}$ 在 Trapdoor 上的平均值。曲线是在 $K=1$ 的情况下得到的。能够看出与 Janssen 方程的解具有明显的偏差，特别是对于膨胀土。

4 浅埋隧道围岩应力场与支护结构设计

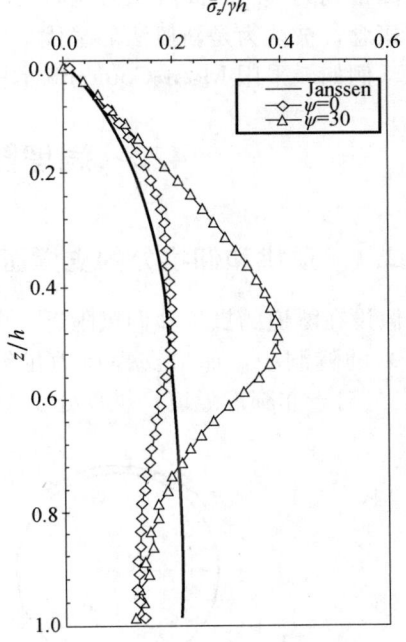

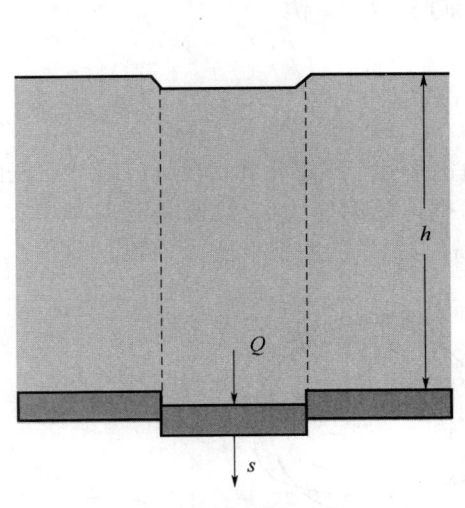

图 4-5 Trapdoor 的向下移动

图 4-6 平均垂直应力随深度变化关系

由于土体是可变形的，而筒仓壁被认为是刚性的，所以这两个问题的类比并不完整。实际上，Trapdoor 问题的筒壁应力分布与按 Janssen 公式计算的应力分布有偏差。这是太沙基通过实验测量获得的（图 4-7）。用 FLAC 程序得到的数值结果证实了测量结果。

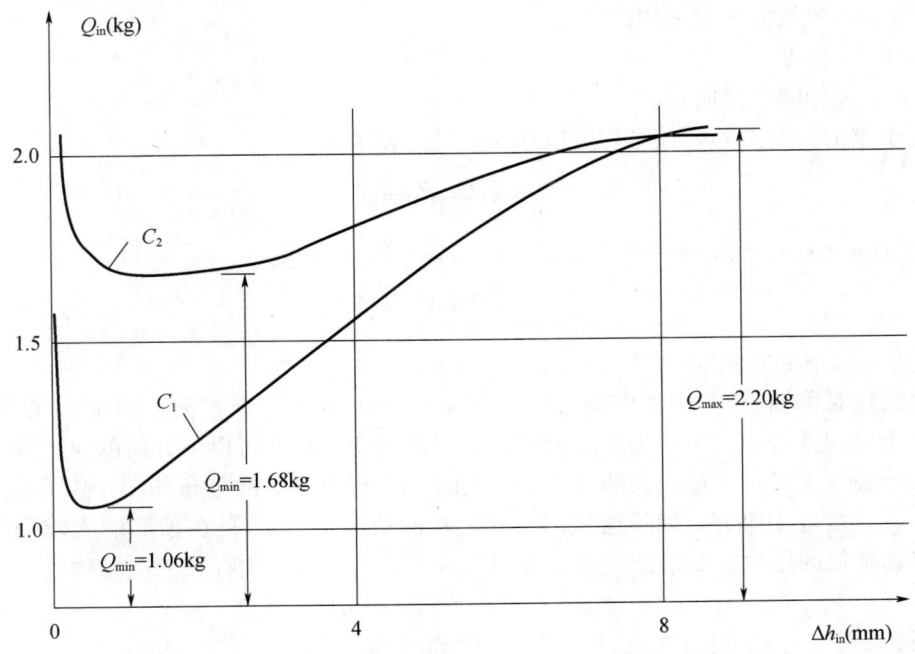

图 4-7 实验中活动门垂直位移 Δh 与总垂直压力之间的关系

观测得到的 Q-s 曲线可视为地面反应线的模型。这条曲线的上升分支证实了新奥法的相关概念，被认为是新奥法的替代。值得注意的是，上升部分也可以使用标准的有限元格式（例如，采用 Mohr-Coulomb 本构方程的 FLAC）进行数值求解。

4.2 浅埋隧道衬砌受力解析

4.2.1 顶拱和仰拱处的支撑压力

若假设在隧道的拱顶和仰拱附近，主应力轨迹平行于隧道轮廓。在具有圆形横截面（半径 r）的隧洞中，如果支撑压力足够低，则拱顶处的应力 σ_θ 轨迹具有曲率半径 r（图 4-8）。对于非圆形隧道，拱顶处 σ_θ 轨迹的半径与拱顶的曲率半径 r_c 一致。

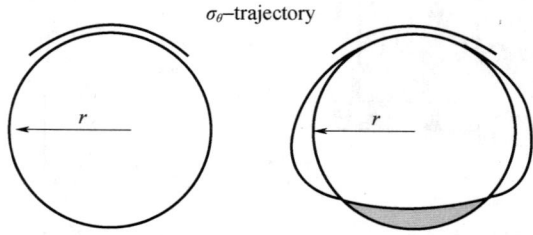

图 4-8 顶部应力 σ_θ 轨迹曲线

根据所考虑的几何结构，我们可以使用柱坐标 r 和 θ 来表示拱顶和仰拱处的平衡

$$\frac{\partial \sigma_r}{\partial r}+\frac{\sigma_r-\sigma_\theta}{r}=\rho g \cdot \boldsymbol{e}_r \tag{4-8}$$

式中　g——质量力（重力加速度）；

　　　ρ——密度；

　　　$\boldsymbol{e}_r$——径向单位向量。

对于点 B（图 4-9），该方程可以用 x-z 坐标表示为

$$\frac{\mathrm{d}\sigma_z}{\mathrm{d}z}+\frac{\sigma_x-\sigma_z}{r}=\gamma \tag{4-9}$$

此处 $\rho g \cdot \boldsymbol{e}_r=-\gamma$，$\mathrm{d}r=-\mathrm{d}z$，$\sigma_r=\sigma_z$，$\sigma_\theta=\sigma_x$，对于点 C

$$\frac{\mathrm{d}\sigma_z}{\mathrm{d}z}-\frac{\sigma_x-\sigma_z}{r}=\gamma \tag{4-10}$$

此处，$\rho g \cdot \boldsymbol{e}_r=\gamma$，$\mathrm{d}r=\mathrm{d}z$。

我们在对称轴 ABC 中考虑垂直应力 σ_z（图 4-9）在隧道开挖前，假定 σ_z 在深度 z：$\sigma_z=\gamma z$ 上呈线性分布。主应力状态因隧道施工而改变，我们可以估计新的应力分布：

在地表（A 点）和隧道顶部（B 点）之间，σ_z 与深度 z 的分布如图 4-9 所示。朝地面方向，σ_z 接近主应力，朝隧道顶部方向，σ_z 的值为 p_c。p_c 是在顶部的支撑压力即地面对衬砌施加的压力。对于此分布，我们假设 $0<z<h$ 范围内存在二次抛物线

$$\sigma_z(z)=a_1 z^2+a_2 z+a_3 \tag{4-11}$$

系数 a_1、a_2、a_3 可以根据以下三个条件确定

(1) $\quad\sigma_z(z=0)=0 \tag{4-12}$

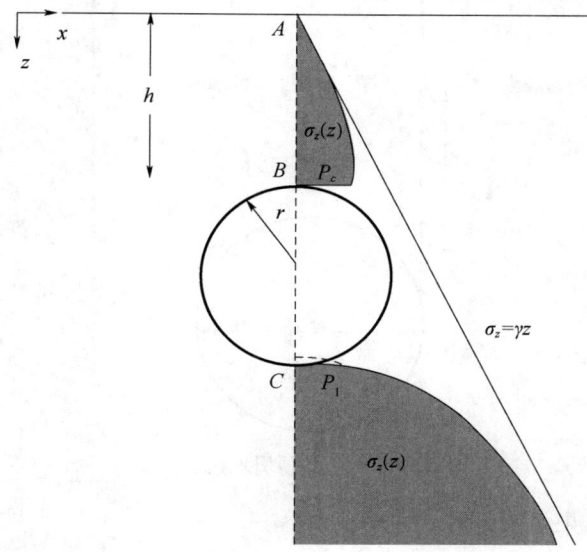

图 4-9 垂直对称轴上的垂直应力分布

(2)
$$\left.\frac{d\sigma_z}{dz}\right|_{z=0} = \gamma \tag{4-13}$$

第二个条件遵循方程（4-8），假设 A 点处，水平应力轨迹的曲率半径（$r=\infty$）为无穷大是合理的。第三个条件假设：在拱顶 B 点处，岩土体强度被充分利用。对于典型的黏聚材料（$c \neq 0$，$\varphi = 0$），这种关系如下

$$\sigma_x - \sigma_z = 2c \tag{4-14}$$

由式（4-8）可得第三个条件

(3)
$$\left.\frac{d\sigma_z}{dz}\right|_{z=h} = \gamma - \frac{2c}{r_c} \tag{4-15}$$

r_c 是拱顶的曲率半径。因此，A 点和 B 点之间的应力分布如下

$$\sigma_z(z) = -\frac{c}{r_c h} z^2 + \gamma z \tag{4-16}$$

如果将 $z = h$ 代入公式（4-16），则得到拱部所需的支撑压力 $p_c = \sigma_z(z=h)$

$$p_c = h\left(\gamma - \frac{c}{r_c}\right) \tag{4-17}$$

从公式（4-17）中可以看出

$$c \geqslant \gamma r_c \tag{4-18}$$

支撑（至少在拱顶处）是不必要的。由式（4-18）可知，当黏聚力超过 γr_c 时，覆岩高度 h 不影响支护压力。如果考虑到图 4-10 所示的简单坍塌机制，可以说明黏聚力 $2c(h+r)$ 必须承担重力 $2r\gamma(h+r) - \frac{1}{2}r^2\pi\gamma$。

由式（4-17）很容易推广到岩土体具有黏聚力和摩擦力的情况下，则将式（4-14）替换为失效条件

$$\sigma_x - \sigma_z = \sigma_z \frac{2\sin\varphi}{1-\sin\varphi} + 2c \frac{\cos\varphi}{1-\sin\varphi} \tag{4-19}$$

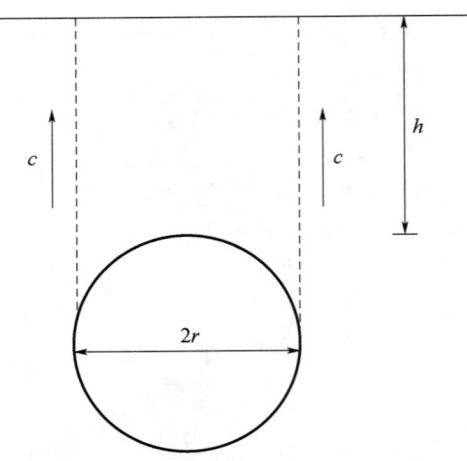

图 4-10 拱顶坍塌机制

最终获得如下结果

$$p_c = h \frac{\gamma - \dfrac{c}{r_c}\dfrac{\cos\varphi}{1-\sin\varphi}}{1 + \dfrac{h}{r_c}\dfrac{\sin\varphi}{1-\sin\varphi}} \tag{4-20}$$

因此，如果

$$c \geqslant \gamma r_c \frac{1-\sin\varphi}{\cos\varphi} \tag{4-21}$$

从公式（4-20）和式（4-21），可以推断出隧道半径 r_c 的重要性。因此，我们不能从相同地层条件下较小的勘探通道的稳定性来判断一个大型隧道的稳定性。由式（4-20）可以看出，当 c 因松动而减小时，支撑压力 p_c 增大。因此，要避免松动。这是新奥法的一个重要原则。

若地面在单位面积上承受恒定的荷载 q，则公式（4-20）可概括为

$$p_c = \frac{q - \dfrac{h}{r_c}\dfrac{c\cos\varphi}{1-\sin\varphi} + \gamma h}{1 + \dfrac{h}{r_c}\dfrac{\sin\varphi}{1-\sin\varphi}} \tag{4-22}$$

实验室模型试验表明，该方程提供了必要支撑压力的计算方法。现在使用类似的方法来考虑并确定仰拱处必要的支撑压力 p_i。我们再次考虑垂直应力 σ_z 沿对称轴 ABC 的分布（图 4-9）。σ_z 在仰拱处的值为 p_i，并随着深度 z 的增加逐渐接近静止主应力 $\sigma_z = \gamma z$。满足这些要求的解析曲线就是双曲线

$$\sigma_z(z) = \gamma z + \frac{a}{z} \tag{4-23}$$

式中　a——自由参数。

现在假设仰拱处的岩土体强度被充分利用（图 4-9 中的 C 点）。对于无摩擦材料，则由平衡方程（4-18）得出

$$\left.\frac{\mathrm{d}\sigma_z}{\mathrm{d}z}\right|_C = \gamma + \frac{2c}{r_i} \tag{4-24}$$

式中　r_i——仰拱的曲率半径。

根据式（4-23）和式（4-24），a 确定为 $-2c(H+h)^2/r_i$，则 $z=H+h$ 处的支撑压力确定为

$$p_i = (H+h)\left(\gamma - \frac{2c}{r_i}\right) \tag{4-25}$$

式中　H——隧道高度（图 4-11）。

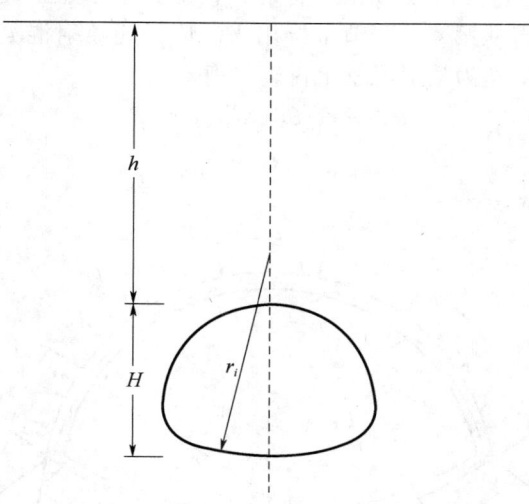

图 4-11　隧道轮廓的符号

对于 $c<\gamma r_i/2$，即 $p_i>0$，仰拱处需要施加支护。这也是新奥法的一项重要原则，要求对软地基进行快速"环封"。对于具有黏性和摩擦的地基，可以通过类似的方式获得

$$p_i = (H+h)\frac{\gamma r_i(1-\sin\varphi)-2c\cos\varphi}{r_i(1-\sin\varphi)+2(H+h)\sin\varphi} \tag{4-26}$$

4.2.2　作用在衬砌上和衬砌内的力

隧道衬砌可视为具有初始曲率的梁。所有相关工程量均指宽度为 1m 的梁。

p——垂直于梁的分布力；
q——向梁的切线分布力；
N——法向力；
Q——横向力；
M——弯矩。

这些量可以表示为弧长 s 的函数。如果在极坐标 $x(\theta)$ 中给出隧道截面的形式，则上述量也可以表示为 θ 的函数。通常，关于 s 的导数用一个符号"$'$"表示，关于 x 的导数用点表示 $x'=\dfrac{\mathrm{d}x}{\mathrm{d}s}$，$\dot{x}=\dfrac{\mathrm{d}x}{\mathrm{d}\theta}$。因为 $\mathrm{d}s=r\mathrm{d}\theta$（$r$ 是曲率半径）：$\dot{x}=x'r$。从长度为 $\mathrm{d}s$ 的梁单元的平衡考虑，可以推导出以下关系

$$\left.\begin{array}{r}\dot{Q}-N=-pr\\ \dot{N}+Q=-qr\\ \dot{M}=rQ\end{array}\right\} \tag{4-27}$$

它代表了一个耦合微分方程组。如果我们考虑尚未完全硬化的喷射混凝土产生蠕变和开裂，那么所有弯矩消失，即 $M\equiv 0$，并且岩石和喷射混凝土衬砌之间将没有剪切应力作用，就会产生一个简单的特殊情况：$q\equiv 0$。从公式（4-27）可知，对于具有恒定曲率（$r=\mathrm{const}$）的衬砌截面，必须用 $p=\mathrm{const}$ 和 $N=-pr=\mathrm{const}$。

图 4-12 所示的支撑合力 R 必须由适合的结构形式来承担，例如，扩大的仰拱底部或微型桩。p_c 和 p_i 可以从第 4.2.1 节推导出来。应证明喷射混凝土中的压应力在允许范围内。β 为抗压强度，d 为喷射混凝土衬砌厚度，则

$$d > p_c r_c / \beta, \quad d > p_i r_i / \beta$$

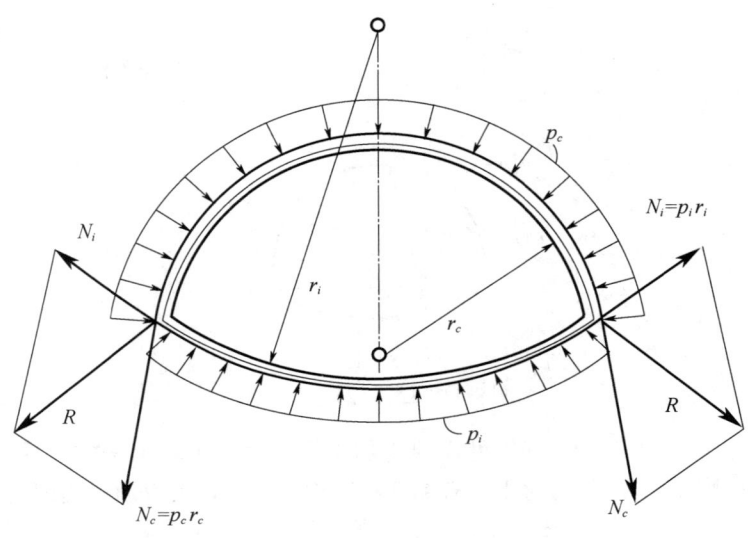

图 4-12　衬砌曲率变化点处的力

根据下限定理，可以得到黏性地基（$c>0$，$\varphi=0$）中支护压力 p 的安全界限，以圆形截面（半径为 r_0）的隧道为例，支护压力 p 沿衬砌方向为常数。在恒定荷载 q 的作用下，在一个圆的范围内（图 4-13），我们假定存在一个应力场，该应力场满足平衡方程和极限条件 $\sigma_1-\sigma_2=2c$（σ_1 和 σ_2 为主应力）。

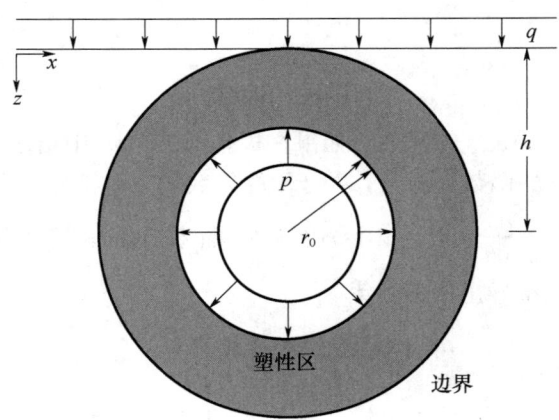

图 4-13　根据下限定理，通过假设可允许的应力场来估计 p 的情况

在塑性区以外，竖向应力设置为 $\sigma_z = q + \gamma z$，水平应力设置为 $\sigma_x = K\sigma_z$。K 的规定方式应确保作用在塑性区边界上的法向应力和剪应力不会发生突变。

习　　题

1. Janssen 方程式常用来求解浅埋隧道围岩应力中的哪些数值？
2. Janssen 方程在隧道 Trapdoor 问题中如何建立的联系与不适用的原因有哪些？
3. 简单梳理本章中求解应力场中各项数值的办法。
4. 如何进一步缩小 Janssen 公式计算的理论值与真实值之间的偏差？
5. Janssen 公式的基本假定有哪些？
6. 简单介绍本章中计算浅埋时永久支护结构的方法。
7. 本章中关于新奥地利隧道法重要原则有哪些？

参考文献

[1] Jannsen H A. Grain printing test in silos [J]. Journal of German Society of engineers，No. 39，No. 35

[2] K Szechy，Tunnelbau，Springer Verlag [A]. Wien，1969.

[3] J Holzhauser. When compressed air，the stability of local fracture of TBM driving device in operation state，Communication between the Institute and the Institute of geotechnical engineering [J]. University of Darmstadt，Germany，Paras. 522000，49-62.

[4] Janssen H A. Versuche Uober Getreidedruck in Silozellen（Experiments about Pressure of Grain in Silos）[J]. VDI Zeitschrift（Dosseldorf），1895，39（8）：1045-1049.

[5] K. Terzaghi：stress distribution in dry and saturated sand above the yield surface [J]. Int. Conf. Soil mechanics，Cambridge，Massachusetts，1936，Vol. 1307-311.

[6] 房营光，孙钧. 地面荷载下浅埋隧道围岩的黏弹性应力和变形分析 [J]. 岩石力学与工程学报，1998，17（3）：239-247.

[7] 刘克瑾，肖昭然，王世豪. 基于离散元模拟筒仓贮料卸料成拱过程及筒仓壁压力分布 [J]. 农业工程学报，2018（20）：277-285.

[8] 中华人民共和国交通运输部. 公路隧道设计细则：JTG/T D70—2010 [S]. 北京：人民交通出版社，2010.

[9] 车颖文. 筒仓的受力情况和稳定性研究 [D]. 武汉：武汉理工大学，2011.

[10] Kolymbas D. Tunnelling and Tunnel Mechanics [D]. Springer Berlin Heidelberg.

[11] Brown C J，Lahlouh E H，Rotter J M. Experiments on a Square Planform SteelSilo [J]. Chemical Engineering Science，2000（55）：4399-4413.

[12] 张昭，刘克瑾，肖昭然，等. 筒仓仓壁摩擦对仓壁侧压力影响的研究 [J]. 河南工业大学学报（自然科学版），2017，38（5）：88-92.

[13] 段君峰，李坤由. 欧洲筒仓荷载规范解析 [J]. 粮食流通技术，2013（6）：8-11.

[14] 中华人民共和国住房和城乡建设部. 钢筋混凝土筒仓设计标准：GB 50077—2017 [S]. 北京：中国计划出版社，2018.

5 深埋圆形隧道围岩应力场与变形场

由于隧道埋置深度不同,其围岩受力状态受覆岩厚度影响,浅埋隧道与深埋隧道在围岩应力场、弹塑性区分布及支护结构压力方面存在较大区别。因此,在对浅埋隧道围岩应力场和衬砌结构受力分析的基础上,进一步讨论深埋圆形隧道围岩应力场和变形场。

5.1 解析解的基本原理

通常,只有在一些极其简单的理想假定条件下,才能求解得到地下圆形隧道应力场和变形场解析解。但隧道应力场和变形场的解析解具有以下优势:

(1) 作为精确解,可以帮助理解对所考虑问题的基本力学机理(即位移、变形和应力场)。

(2) 可以帮助理解对计算所涉及参数的作用和重要性。

(3) 可以作为检验数值解的求解精度。

在本节中,将介绍一些基于胡克定律(最基本的固体材料定律)的隧道受力求解过程。地下结构所处的岩土体通常被认为是线弹性的并处于各向同性半无限空间中,该半无限空间以一个水平的表面也就是地面作为边界,因而可将隧道理想化为截面为圆形的管状孔洞。开挖施工前所谓的主应力状态起主要作用,这种应力状态在隧道施工后一定范围内也普遍存在(所谓的远场)。

柱面坐标下的连续介质力学平衡方程采用微分方程的形式揭示了成拱机理。对于轴对称问题,特别是对于圆形截面隧道求解过程而言,使用柱面坐标(图 5-1)是更为有利的。

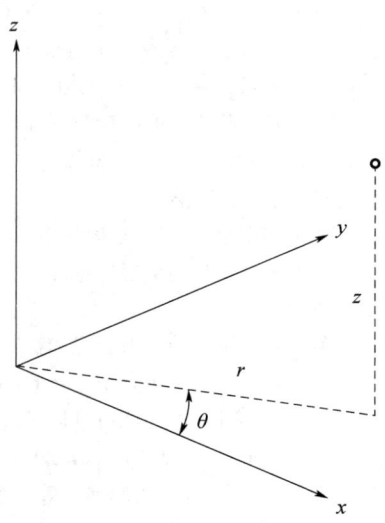

图 5-1 柱面坐标系 (r, θ, z)

$$\varepsilon_{rr}=\frac{\partial u_r}{\partial r}, \varepsilon_{\theta\theta}=\frac{1}{r}\frac{\partial u_\theta}{\partial \theta}+\frac{u_r}{r}, \varepsilon_{zz}=\frac{\partial u_z}{\partial z} \tag{5-1}$$

$$\varepsilon_{r\theta}=\varepsilon_{\theta r}=\frac{1}{2}\left(\frac{1}{r}\frac{\partial u_r}{\partial \theta}-\frac{u_\theta}{r}+\frac{\partial u_\theta}{\partial r}\right) \tag{5-2}$$

$$\varepsilon_{rz}=\varepsilon_{zr}=\frac{1}{2}\left(\frac{\partial u_r}{\partial z}+\frac{\partial u_z}{\partial r}\right) \tag{5-3}$$

$$\varepsilon_{\theta z}=\varepsilon_{z\theta}=\frac{1}{2}\left(\frac{1}{r}\frac{\partial u_z}{\partial \theta}+\frac{\partial u_\theta}{\partial z}\right) \tag{5-4}$$

对于轴对称变形，在 θ 方向上位移矢量不产生分量，应变张量在该方向的分量减小，在这种情况下简化得到

$$\varepsilon_r=\frac{\partial u_r}{\partial r},\varepsilon_\theta=\frac{u_r}{r},\varepsilon_z=\frac{\partial u_z}{\partial z} \tag{5-5}$$

式中　　u_r——径向位移（m）；

u_z——轴向位移（m）；

σ_θ、σ_r、σ_z——主应力的应力分量（MPa）（图 5-2）。

建立 r 方向的平衡方程

$$\frac{\partial \sigma_r}{\partial r}+\frac{\sigma_r-\sigma_\theta}{r}+\rho g \cdot \boldsymbol{e}_r=0 \tag{5-6}$$

同样，建立 z 方向的平衡方程

$$\frac{\partial \sigma_z}{\partial z}+\rho g \cdot \boldsymbol{e}_z=0 \tag{5-7}$$

式中　　ρ——密度（kg/m³）；

ρg——单位重度（kN/m³）；

$\boldsymbol{e}_r$、$\boldsymbol{e}_z$——r 和 z 方向的单位向量。

公式（5-6）中的第二项体现了成拱受力。这一点在后续分析中亦有体现，如果 r 指向 z 竖直方向（图 5-3），则公式（5-6）变换为

$$\frac{\mathrm{d}\sigma_z}{\mathrm{d}z}=\gamma-\frac{\sigma_x-\sigma_z}{r} \tag{5-8}$$

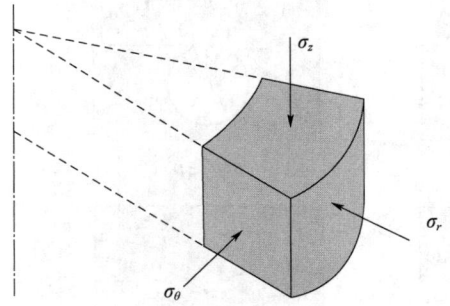
图 5-2　柱坐标下应力张量的分量

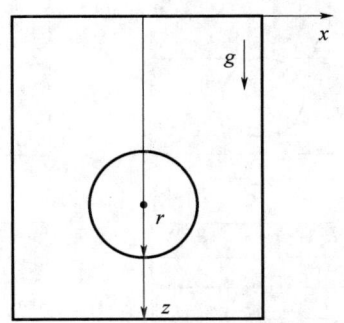
图 5-3　对式（5-8）的解释（由于重力 g 的作用，只有当 $x=0$ 时，轴对称条件才适用）

本节中，公式项 $(\sigma_x-\sigma_z)/r$ 是造成 σ_z 不随深度增加而线性增加的原因（$\sigma_z=\gamma z$），成拱情况下，当 $(\sigma_x-\sigma_z)/r>0$ 时，σ_z 不随 z 线性比例增加。考虑到这一项，在成拱条件下，$\sigma_r\neq\sigma_\theta$。这意味着成拱效应是由于材料具有抵抗偏应力的能力，例如剪应力。因

此，由于静止流体不能承受剪应力，在流体中无法形成拱效应。

θ 方向的平衡方程为

$$\frac{1}{r} \cdot \frac{\partial \sigma_\theta}{\partial \theta} = 0 \tag{5-9}$$

在轴对称应力场中，θ 方向所有的偏差应力均消失后，公式是自然满足的。

成拱项的解释：考虑图 5-4 所示的体单元。

径向应力的最终结果 A

$$A = (\sigma_r + \mathrm{d}\sigma_r) \cdot (r + \mathrm{d}r)\mathrm{d}\theta - \sigma_r r \mathrm{d}\theta \approx \sigma_r \mathrm{d}r \mathrm{d}\theta + \mathrm{d}\sigma_r r \mathrm{d}\theta \tag{5-10}$$

其应该能抵消切向应力 σ_θ 的作用。

图 5-4 中所示的力的矢量和满足

$$\frac{A}{\sigma_\theta \mathrm{d}r} = \mathrm{d}\theta \tag{5-11}$$

这样，当 $g \cdot e_r = 0$ 时

$$\frac{\mathrm{d}\sigma_r}{\mathrm{d}r} + \frac{\sigma_r - \sigma_\theta}{r} = 0 \tag{5-12}$$

考虑到成拱项 $\dfrac{\sigma_\theta - \sigma_r}{r}$，应该重点关注 r 的变化。在隧道拱顶，r 通常等于拱顶的曲率半径。然而，事实并非总如此，在支护压力 P 不断减小时若考虑拱顶 σ_z 和 σ_x 的分布，则会发现在 $K = \sigma_x / \sigma_z < 1$ 条件下的水平应力迹线与隧道顶部正好相反（图 5-5）。

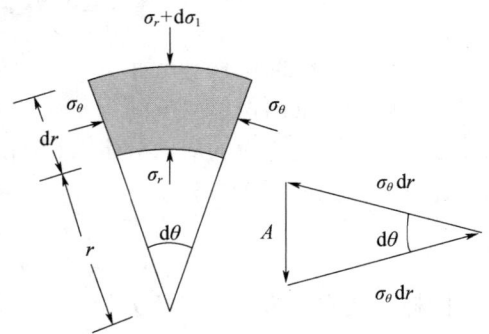

图 5-4　r 方向上体单元的平衡

平衡方程（5-6）、式（5-7）和式（5-9）是基于柱坐标系下推导得到的，在其他一般情况下如图 5-5 所示。

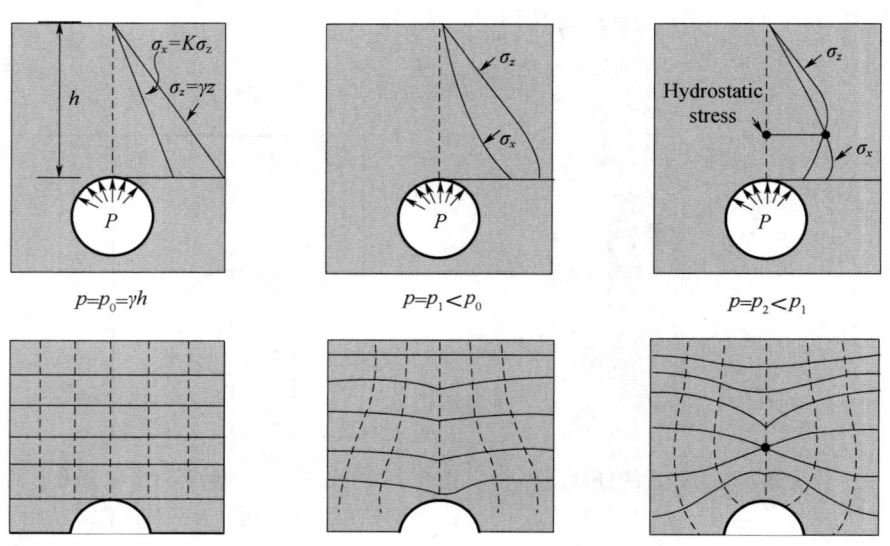

图 5-5　顶部上方不同支承压力 p 的应力分布及相应的应力迹线
〔在静水压力点（右边），应力迹线的曲率半径消失，此时 $r=0$。〕

$$\frac{\partial \sigma_{rr}}{\partial r} + \frac{1}{r} \cdot \frac{\partial \sigma_{\theta r}}{\partial \theta} + \frac{\partial \sigma_{zr}}{\partial z} + \frac{1}{r} \cdot (\sigma_{rr} - \sigma_{\theta\theta}) + \rho b_r = \rho a_r \tag{5-13}$$

$$\frac{\partial \sigma_{r\theta}}{\partial r} + \frac{1}{r} \cdot \frac{\partial \sigma_{\theta\theta}}{\partial \theta} + \frac{\partial \sigma_{z\theta}}{\partial z} + \frac{1}{r} \cdot (\sigma_{r\theta} + \sigma_{\theta r}) + \rho b_\theta = \rho a_\theta \tag{5-14}$$

$$\frac{\partial \sigma_{rz}}{\partial r} + \frac{1}{r} \cdot \frac{\partial \sigma_{\theta z}}{\partial \theta} + \frac{\partial \sigma_{zz}}{\partial z} + \frac{1}{r} \cdot \sigma_{rz} + \rho b_z = \rho a_z \tag{5-15}$$

$b = (b_r, b_\theta, b_z)$ 和 $a = (a_r, a_\theta, a_z)$ 分别是不同方向的质量力（作用在单位质量的力）和加速度。对于平面变形（平面应变）问题，应力通常采用笛卡尔坐标系表示

$$\begin{pmatrix} \sigma_{xx} & \sigma_{xy} & 0 \\ \sigma_{xy} & \sigma_{yy} & 0 \\ 0 & 0 & \sigma_{zz} \end{pmatrix} \tag{5-16}$$

或在柱坐标系中表示为

$$\begin{pmatrix} \sigma_{rr} & \sigma_{r\theta} & 0 \\ \sigma_{r\theta} & \sigma_{\theta\theta} & 0 \\ 0 & 0 & \sigma_{zz} \end{pmatrix} \tag{5-17}$$

其变换规则是

$$\sigma_{xx} = \frac{\sigma_{rr} + \sigma_{\theta\theta}}{2} + \frac{\sigma_{rr} - \sigma_{\theta\theta}}{2}\cos(2\theta) - \sigma_{r\theta}\sin(2\theta) \tag{5-18}$$

$$\sigma_{yy} = \frac{\sigma_{rr} + \sigma_{\theta\theta}}{2} - \frac{\sigma_{rr} - \sigma_{\theta\theta}}{2}\cos(2\theta) + \sigma_{r\theta}\sin(2\theta) \tag{5-19}$$

$$\sigma_{xy} = \frac{\sigma_{rr} - \sigma_{\theta\theta}}{2}\sin(2\theta) + \sigma_{r\theta}\cos(2\theta) \tag{5-20}$$

以及

$$\sigma_{rr} = \frac{\sigma_{xx} + \sigma_{yy}}{2} + \frac{\sigma_{xx} - \sigma_{yy}}{2}\cos(2\theta) + \sigma_{xy}\sin(2\theta) \tag{5-21}$$

$$\sigma_{\theta\theta} = \frac{\sigma_{xx} + \sigma_{yy}}{2} - \frac{\sigma_{xx} - \sigma_{yy}}{2}\cos(2\theta) - \sigma_{xy}\sin(2\theta) \tag{5-22}$$

$$\sigma_{r\theta} = -\frac{\sigma_{xx} - \sigma_{yy}}{2}\sin(2\theta) + \sigma_{xy}\cos(2\theta) \tag{5-23}$$

通常所指的主应力（对于水平地面）是 $\sigma_{zz} = \gamma z$，$\sigma_{xx} = \sigma_{yy} = K\sigma_{zz}$。

式中　z——指向朝下为正方向的笛卡尔坐标；

　　　γ——岩石的重力密度（kN/m^3）；

　　　K——侧压力系数。

对于非黏性材料，K 值介于主动土压力系数 K_a 和被动土压力系数 K_p 之间，即 $K_a \leqslant K \leqslant K_p$，通常 $K = K_0 = 1 - \sin\varphi$。隧道周围的应力分布需满足平衡方程

$$\frac{\partial \sigma_{zz}}{\partial z} + \frac{\partial \sigma_{zx}}{\partial x} = \gamma, \frac{\partial \sigma_{zx}}{\partial z} + \frac{\partial \sigma_{xx}}{\partial x} = 0 \tag{5-24}$$

同时要满足地表（$z=0$）和隧道侧壁两个边界条件。假定隧道开挖后未得到有效支护，则洞壁上的正应力和切应力均会消失。该问题的解析解将十分复杂，从而与数值模拟结果相比无任何优势（根据有限元法分析结果，图5-6）。

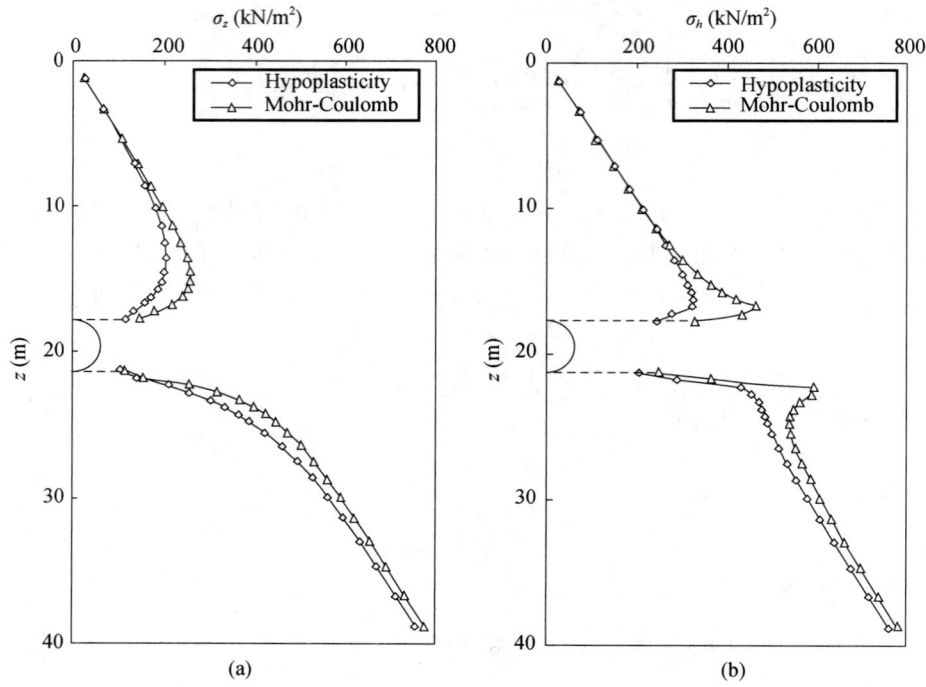

图 5-6　圆形隧道断面（半径 $r=1.0$m）沿着竖向对称轴的垂直和水平应力分布
（用次塑性和莫尔-库仑弹塑性理论进行数值计算求得。）

如果假设隧道附近的主应力为常数（图 5-7），而非线性增量 $\sigma_{zz} \approx \gamma H$，$\sigma_{xx} \approx K\gamma H$，则解析解可以简化。这种近似对于深埋隧道（$h \gg r$）来说是很有实际意义的。此时，隧道周围的应力场可以用极坐标表示如下

$$\sigma_{rr} = \gamma H \left[\frac{1+K}{2}\left(1-\frac{r_0^2}{r^2}\right)\right] + \gamma H \left[\frac{1-K}{2}\left(1+3\frac{r_0^4}{r^4}-4\frac{r_0^2}{r^2}\right)\cos(2\theta)\right] \tag{5-25}$$

$$\sigma_{\theta\theta} = \gamma H \left[\frac{1+K}{2}\left(1+\frac{r_0^2}{r^2}\right)\right] - \gamma H \left[\frac{1-K}{2}\left(1+3\frac{r_0^4}{r^4}\right)\cos(2\theta)\right] \tag{5-26}$$

$$\sigma_{r\theta} = -\gamma H \frac{1-K}{2}\left(1-3\frac{r_0^4}{r^4}+2\frac{r_0^2}{r^2}\right)\sin(2\theta) \tag{5-27}$$

可以很容易地验证这个解满足边界条件：当 $r=r_0$，显然 $\sigma_{rr}=\sigma_{r\theta}=0$；当 $r \to \infty$ 时，则

$$\sigma_{rr} = \gamma H \left[\frac{1+K}{2}+\frac{1-K}{2}\cos(2\theta)\right] \tag{5-28}$$

$$\sigma_{\theta\theta} = \gamma H \left[\frac{1+K}{2}-\frac{1-K}{2}\cos(2\theta)\right] \tag{5-29}$$

$$\sigma_{r\theta} = -\gamma H \frac{1-K}{2}\sin(2\vartheta) \tag{5-30}$$

因此，远场应力与主应力场相同

$$\begin{aligned}\sigma_{zz} &= \gamma H \\ \sigma_{xx} &= K\gamma H \\ \sigma_{xz} &= 0\end{aligned} \tag{5-31}$$

5 深埋圆形隧道围岩应力场与变形场

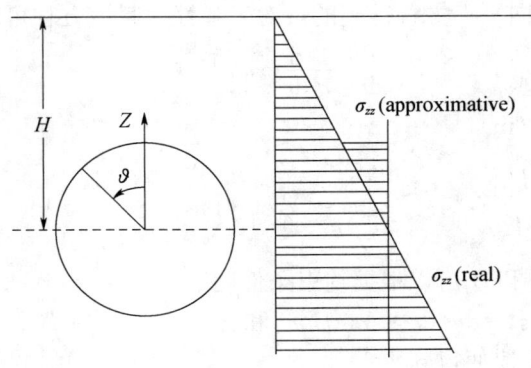

图 5-7 隧道环境中垂直应力的分布

上述问题便是所谓的"广义 KIRSCH 问题"。从方程（5-26）中得出，在反拱处和拱顶处（$r=r_0$，$\theta=0$ 或 π）的切应力为 $\sigma_{\theta\theta}=\gamma H(3K-1)$。因此，当 $K<\dfrac{1}{3}$，得到拉伸力，即 $\sigma_{\theta\theta}<0$。

5.2 静水主应力

对于方程式（5-25）～式（5-27），在 $K=1$ 的特殊情况下（即 $\sigma_{xx}=\sigma_{yy}=\gamma H$），$\sigma_\infty=\gamma H$

$$\sigma_r=\sigma_\infty\left(1-\frac{r_0^2}{r^2}\right)$$
$$\sigma_\theta=\sigma_\infty\left(1+\frac{r_0^2}{r^2}\right) \tag{5-32}$$
$$\sigma_{r\theta}=0$$

这个解是满足轴对称的，可知半径 r 是唯一的独立变量，不涉及参数 θ。

对于隧道壁受恒定压力 p（所谓支护力）的情况，可以采用方程（5-32）来描述，得到的应力场是 Lame 在 1852 年发现的由线弹性厚圆管问题的一个特解，r_i 和 r_a 分别为厚圆管的内外半径，p_i 和 p_0 分别是内部和外部压力。Lame 解具体如下

$$\sigma_r=\frac{p_a r_a^2-p_i r_i^2}{r_a^2-r_i^2}-\frac{p_a-p_i}{r_a^2-r_i^2}\frac{r_i^2 r_a^2}{r^2}$$
$$\sigma_\theta=\frac{p_a r_a^2-p_i r_i^2}{r_a^2-r_i^2}+\frac{p_a-p_i}{r_a^2-r_i^2}\frac{r_i^2 r_a^2}{r^2}$$
$$\sigma_z=2\nu\frac{p_a r_a^2-p_i r_i^2}{r_a^2-r_i^2},\ \sigma_{r\theta}=0 \tag{5-33}$$

当 $r_a\to\infty$，$P_a\to\sigma_\infty$ 得到所寻求的应力场（基于弹性行为的假设）

$$\sigma_r=\sigma_\infty\left(1-\frac{r_0^2}{r^2}\right)+p\frac{r_0^2}{r^2}=\sigma_\infty-(\sigma_\infty-p)\frac{r_0^2}{r^2}$$
$$\sigma_\theta=\sigma_\infty\left(1+\frac{r_0^2}{r^2}\right)-p\frac{r_0^2}{r^2}=\sigma_\infty+(\sigma_\infty-p)\frac{r_0^2}{r^2}$$
$$\sigma_{r\theta}=0$$
$$\tag{5-34}$$

式（5-33）是从径向平衡方程得到的，对于弹性材料该方程可改写为

$$\frac{d}{dr}\left[\frac{1}{r}\frac{d}{dr}(ru)\right]=0 \tag{5-35}$$

式中 u——径向位移（m）。

对该方程的积分可得

$$u = Ar + \frac{B}{r} \tag{5-36}$$

其中，积分常数 A 和 B 可以根据约束条件确定。

从式（5-36）得到 $\varepsilon_r = du/dr = A - B/r^2$ 和 $\varepsilon_\theta = u_r/r = A + B/r^2$

将 ε_r 和 ε_θ 引入胡克定律便得到

$$\sigma_r = 2A\lambda + 2GA - 2GB/r^2 \tag{5-37}$$

$$\sigma_\theta = 2A\lambda + 2GA + 2GB/r^2 \tag{5-38}$$

$$-p_i = 2A(\lambda+G) - 2GB/a^2 \tag{5-39}$$

$$-p_a = 2A(\lambda+G) - 2GB/b^2 \tag{5-40}$$

根据式（5-39）和式（5-40）两个边界条件，得到等式（5-33）。当 $p_a \to -\sigma_\infty$，$b \to \infty$，可求解得到 $A = \sigma_\infty \dfrac{1}{2(\lambda+G)}$；当 $p_i = -p$ 和 $a = r_0$ 时，最终将得到 $B = \dfrac{\sigma_\infty - p}{2G} r_0^2$

因此

$$u = \frac{\sigma_\infty}{2(\lambda+G)} r + \frac{\sigma_\infty - p}{2G} \cdot \frac{r_0^2}{r} \tag{5-41}$$

式（5-41）的第一部分与 p 无关，表示静水压力 σ_∞ 所产生的位移。只有第二部分的位移是由于隧道的开挖产生（归因于洞壁的应力从 σ_∞ 减小到 p）。

在压力 p 的作用下，隧道墙体产生初始位移 $u|_{r_0}$。通过 Lame 解，位移 $u|_{r_0}$ 可以通过建立 p 的函数式求解，从而得到 $u|_{r_0}$ 和 p 的关系式

$$u|_{r_0} = r_0 \frac{\sigma_\infty}{2G}\left(1 - \frac{p}{\sigma_\infty}\right) \tag{5-42}$$

图 5-8 描述了方程（5-42）中两者的对应关系。如果支护压力 p 小于 σ_∞，则可从等式（5-34）获得一个随着 r 增大的径向应力 σ_r 和一个随 r 减小的切向应力 σ_θ，如图 5-9 所示。

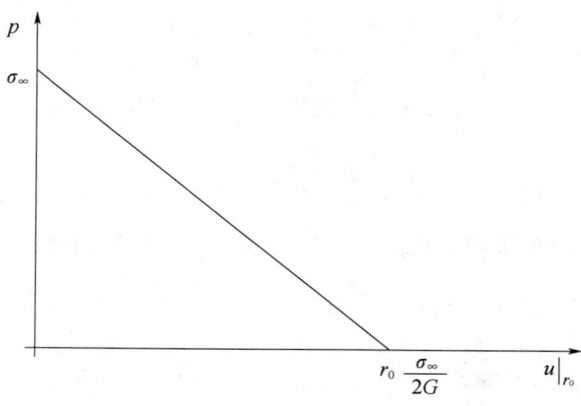

图 5-8 线弹性地基中 p 和 $u|_{r_0}$ 的关系

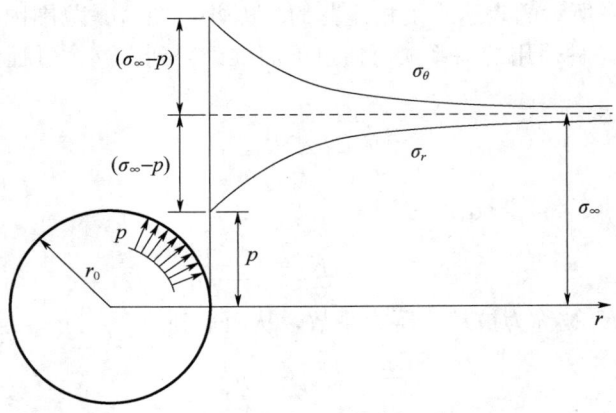

图 5-9　线弹性地基中的应力场

5.3　隧道围岩塑性区

根据公式（5-34），随着 P 的减小主应力差会增大，满足关系

$$\sigma_\theta - \sigma_r = 2(\sigma_\infty - p)\frac{r_0^2}{r^2} \tag{5-43}$$

此时可将岩石视为非弹性体，只有当主应力差不超过限制条件所设定的阈值时，才可将其视为弹性体。对于黏性材料，限制条件（图 5-10）如下

$$\sigma_\theta - \sigma_r = (\sigma_\theta + \sigma_r)\sin\varphi \tag{5-44}$$

式中，φ 为摩擦角（或内摩擦角）。因此，只有这种应力状态才是可行的。它主要适用

$$\sigma_\theta - \sigma_r \leqslant (\sigma_\theta + \sigma_r)\sin\varphi \tag{5-45}$$

对于具有摩擦角 φ 和黏聚力 c 的材料，限制条件如下

$$\sigma_\theta - \sigma_r = (\sigma_\theta + \sigma_r)\sin\varphi + 2c\cos\varphi \tag{5-46}$$

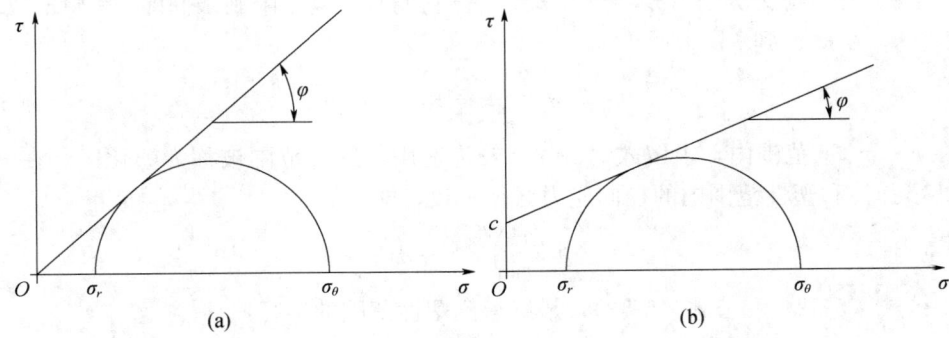

图 5-10　莫尔图中无黏性和黏聚摩擦材料的极限条件
（a）无黏性摩擦材料；（b）黏性摩擦材料

限制条件也可以用图 5-10 中的莫尔圆表示。

因此，如果 p 足够小，则在 $r_0 < r < r_e$（r_e 仍有待确定）范围内，公式（5-45）中的

要求与采用（5-46）所示的表达式是相违背的。因此，在这一范围内弹性解（5-34）并不适用。相反，另一种适用的关系式可通过下面推论得到。这个过程中，我们认为径向平衡方程为

$$\frac{d\sigma_r}{dr}+\frac{\sigma_r-\sigma_\theta}{r}=0 \tag{5-47}$$

并联立由公式（5-44）导出的方程

$$\sigma_\theta=K_p\sigma_r, K_p=\frac{1+\sin\varphi}{1-\sin\varphi} \tag{5-48}$$

在土力学中，K_p被称为被动土压力系数，从而得到

$$\frac{d\sigma_r}{\sigma_r}=(K_p-1)\frac{dr}{r} \tag{5-49}$$

或

$$\ln\sigma_r=(K_p-1)\ln r+\ln C_1$$

其中

$$\sigma_r=C_1 r^{K_p-1}$$

积分常数 C_1 遵循当 $r=r_0$ 时，$\sigma_r=p$ 这一条件，最终得到

$$\sigma_r=p\left(\frac{r}{r_0}\right)^{K_p-1} \tag{5-50}$$

$$\sigma_\theta=K_p p\left(\frac{r}{r_0}\right)^{K_p-1}$$

若在 $r_0 \leqslant r \leqslant r_e$ 的范围是塑化的，则弹性解答公式（5-50）必须稍做修改：当 $r=r_e$ 时，σ_e 等于 σ_r 值。代替公式（5-50）且适用 $r_e \leqslant r < \infty$，则

$$\sigma_r=\sigma_\infty-(\sigma_\infty-\sigma_e)\frac{r_e^2}{r^2} \tag{5-51}$$

$$\sigma_\theta=\sigma_\infty+(\sigma_\infty-\sigma_e)\frac{r_e^2}{r^2}$$

$$\sigma_{r\theta}=0$$

当 $r=r_e$ 时，应力为 $\sigma_e=\sigma_r$，$\sigma_\theta=2\sigma_\infty-\sigma_e$。它们必须满足限制条件即 $\sigma_\theta=K_p\sigma_r$ 或 $K_p\sigma_e=2\sigma_\infty-\sigma_e$。由此得到

$$\sigma_e=\frac{2}{K_p+1}\sigma_\infty \tag{5-52}$$

在 $r_0<r<r_e$ 范围内，求解式（5-52）较为适用，这一范围被称为塑化区。在 $r=r_e$ 边界处，弹性和塑性范围内的径向应力必须一致，即

$$p\left(\frac{r_e}{r_0}\right)^{K_p-1}=\sigma_e \tag{5-53}$$

由公式（5-52）和公式（5-53），最终得到塑性范围的半径 r_e

$$r_e=r_0\left(\frac{2}{K_p+1}\frac{\sigma_\infty}{p}\right)^{\frac{1}{K_p-1}} \tag{5-54}$$

当 $r_e=r_0$ 时，根据计算公式（5-54）可得到塑化开始时的支护压力 p^*

$$r_0=r_0\left(\frac{2}{K_p+1}\frac{\sigma_\infty}{p}\right)^{\frac{1}{K_p-1}} \tag{5-55}$$

$$p = p^* = \frac{2}{K_p+1}\sigma_\infty = (1-\sin\varphi)\sigma_\infty$$

塑化条件下 σ_r 和 σ_θ 的分布如图 5-11 所示。

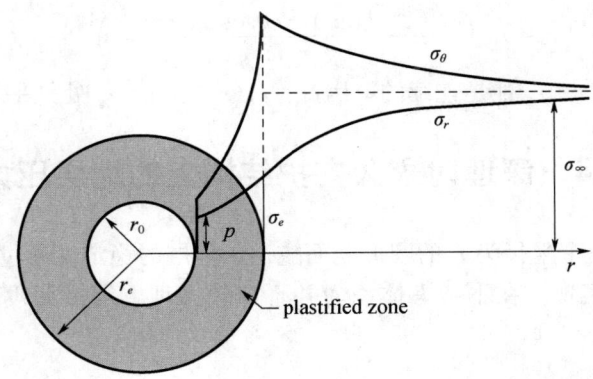

图 5-11 σ_r 和 σ_θ 在塑性和弹性范围内的分布

注意：σ_θ 在满足 $r=r_e$ 时是连续的，因此，$\sigma_r(r)$ 在 $r=r_e$ 时是平滑的。如果隧道岩体具有摩擦角和黏聚力，则可从公式（5-46）得出

$$\sigma_\theta = K_p \cdot \sigma_r + 2c\frac{\cos\varphi}{1-\sin\varphi} = K_p \cdot \sigma_r + c \tag{5-56}$$

代入公式（5-47），得到

$$\frac{d\sigma_r}{dr} + \frac{\sigma_r(1-K_p)-c}{r} = 0 \tag{5-57}$$

这里，令 $s=\sigma_r(1-K_p)-C$，得到

$$\frac{ds}{dr} + (1-K_p)\frac{s}{r} = 0 \tag{5-58}$$

分离变量后，得到

$$\ln s + \ln r^{1-K_p} = \text{const}_1 \tag{5-59}$$

或

$$s = \text{const}_2 \, r^{K_p-1}$$

代入边界条件 $\sigma_r(r=r_0)=p$，得到

$$s = s_0\left(\frac{r}{r_0}\right)^{K_p-1} \tag{5-60}$$

或

$$\sigma_r(1-K_p)-c = [p(1-K_p)-c]\left(\frac{r}{r_0}\right)^{K_p-1}$$

$$\sigma_r = (p+c\cot\varphi)\left(\frac{r}{r_0}\right)^{K_p-1} - c\cot\varphi \tag{5-61}$$

$$\sigma_\theta = K_p(p+c\cot\varphi)\left(\frac{r}{r_0}\right)^{K_p-1} - c\cot\varphi$$

当 $r=r_e$ 时，弹性应力 $\sigma_r=\sigma_e$，$\sigma_\theta=2\sigma_\infty-\sigma_e$ 也必须满足限制条件。因此

$$\sigma_e = \sigma_\infty(1-\sin\varphi) - c\cos\varphi \tag{5-62}$$

在边界 $r=r_e$ 处，弹性区和塑性区的径向应力必须相等，则

$$(p+c\cot\varphi)\left(\frac{r_e}{r_0}\right)^{K_p-1} - c\cot\varphi = \sigma_\infty(1-\sin\varphi) - c\cos\varphi \tag{5-63}$$

因此，可得塑性区的半径 r_e 为

$$r_e = r_0 \left(\frac{\sigma_\infty(1-\sin\varphi) - c(\cos\varphi - \cot\varphi)}{p+c\cot\varphi}\right)^{\frac{1}{K_p-1}} \tag{5-64}$$

同样，$\sigma_\theta(r)$ 在 $r=r_e$ 处是连续的，因此，$\sigma_r(r)$ 在 $r=r_e$ 处是平滑的。

5.4 深埋时永久支护结构上的地层压力

现在设想开挖一个半径为 r_a 的圆形断面隧道。地层的稳定性通过作用在隧道周边的轴对称内压力 p_a 而实现。在不考虑体积力并且在较大埋置深度假设条件下，隧道周围地层中的弹性应力为

$$\left.\begin{array}{l}\sigma_r = \dfrac{p_v}{2}\left[(1-\alpha^2)(1+\lambda_0) + \alpha^2\mu + (1-4\alpha^2+3\alpha^4)(1-\lambda_0)\cos(2\varphi)\right]\\[2pt]\sigma_t = \dfrac{p_v}{2}\left[(1+\alpha^2)(1+\lambda_0) - \alpha^2\mu - (1+3\alpha^4)(1-\lambda_0)\cos(2\varphi)\right]\\[2pt]\tau = -\dfrac{p_v}{2}(1+2\alpha^2-3\alpha^4)(1-\lambda_0)\sin 2\varphi\end{array}\right\} \tag{5-65}$$

在轴对称条件下，衬砌抗力（即内压力）p_a 可通过下式予以考虑

$$\mu = \frac{2p_a}{p_v} \tag{5-66}$$

在上述方程中，α 表示比值 $r_a : r$，其中 r 是对应应力点的径向长度。

当 $x=0$ 时，塑性条件为

$$\sin^2\rho_\theta = \frac{(\sigma_t - \sigma_r)^2 + 4\tau^2}{(\sigma_t + \sigma_r)^2} \tag{5-67}$$

如果把应力值代入塑性条件，则可得到如下方程

$$\cos^2(2\varphi) + 2\cos(2\varphi)\left[\frac{1+\lambda_0-\mu}{4(1-\lambda_0)}\frac{1-2\alpha^2+3\alpha^4}{\omega} - \frac{(1+\lambda_0)\sin^2\rho_\theta}{2(1-\lambda_0)\omega}\right] \tag{5-68}$$

$$-\frac{(1+\lambda_0-\mu)^2}{4(1-\lambda_0)^2}\frac{\alpha^2}{\omega} - \frac{(1+2\alpha^2-3\alpha^4)^2}{4\alpha^2\omega} + \frac{(1+\lambda_0)^2}{4(1-\lambda_0)^2}\frac{\sin^2\rho_\theta}{\alpha^2\omega} = 0$$

为简化起见，式中引入如下参数

$$\omega = \alpha^2\sin^2\rho_\theta + 2 - 3\alpha^2 \tag{5-69}$$

应用上述方程可以近似地获得决定于侧压力系数 λ_0 的塑性区。从这一角度考虑，完全可以应用新的方法来计算无黏结力松散地层中的支护结构。如果企图通过轴对称的内压力 p_a 以及相应的 $\mu = 2p_a : p_v$ 来消除开挖断面周围的塑性区，那么塑性区的消除首先在顶部，而后在侧面。这里内压力 p_a 被假设为旋转轴对称的，否则理论研究工作不可能具有简单的形式。但是，要使开挖边缘的全部的塑性位移恢复到弹性状态是不可能的，因为初始应力状态实际上并非旋转轴对称的，消除整个侧面区域塑性就会要求在顶部区域出现被动塑性状态的抗力。所以，我们所研究的条件仅仅是消除侧面上的塑性区。为此，有 $\varphi = 90°$，$\cos(2\varphi) = -1$；此外，由于研究开挖边缘上的应力，尚有 $r = r_a$ 和 $\alpha = r_a : r = 1$。在这种条件下，得到如下形式的方程

$$1-2\left[\frac{1+\lambda_0-\mu}{4(1-\lambda_0)}\frac{2}{\omega}-\frac{1+\lambda_0}{2(1-\lambda_0)}\frac{\sin^2\rho_\theta}{\omega}\right] \tag{5-70}$$

$$-\frac{(1+\lambda_0-\mu)^2}{4(1-\lambda_0)^2}\frac{1}{\omega}+\frac{(1+\lambda_0)^2}{4(1-\lambda_0)^2}\frac{\sin^2\rho_\theta}{\omega}=0$$

做某些变换后，得到了如下的二次方程

$$(1+\lambda_0-\mu)^2+4(1-\lambda_0)(1+\lambda_0-\mu)-4(1-\lambda_0)^2\omega \tag{5-71}$$

$$-4(1-\lambda_0)(1+\lambda_0)\sin^2\rho_\theta-(1+\lambda_0)^2\sin^2\rho_\theta=0$$

考虑到如下情况

$$\omega=\alpha^2\sin^2\rho_\theta+2-3\alpha^2=\sin^2\rho_\theta-1 \tag{5-72}$$

则式（5-71）可写成如下形式

$$(1+\lambda_0-\mu)^2+4(1-\lambda_0)(1+\lambda_0-\mu)-(\lambda_0-3)^2\sin^2\rho_\theta+4(1-\lambda_0)^2=0 \tag{5-73}$$

最后获得消除侧面上塑性区的条件

$$\mu=(3-\lambda_0)(1\pm\sin\rho_\theta) \tag{5-74}$$

对不同的 λ_0 和 ρ_θ 值，可从表 5-2 中得到 $\frac{\mu}{2}$ 值。当式（5-74）中 $\sin\rho_\theta$ 为负号时，得出了适用消除侧面主动塑性区较小的 $\frac{\mu}{2}$ 值；而 $\sin\rho_\theta$ 为正号时，则提供了侧面出现被动塑性区较大的 $\frac{\mu}{2}$ 值，但此值与上述的研究无关（表 5-1）。

表 5-1 $\rho_\theta=30°$，…，$45°$ 时的 $\frac{\mu}{2}$ 值

λ_0	30°	35°	40°	45°
0.30	0.675	0.575	0.482	0.395
0.35	0.663	0.565	0.473	0.388
0.40	0.650	0.554	0.464	0.381
0.45	0.638	0.554	0.455	0.373
0.50	0.625	0.533	0.447	0.366

因选用 $\mu=\frac{2p_a}{p_v}$，亦即有比值 $p_a:p_v=\frac{\mu}{2}$，再取 $p_v=\gamma_\theta h$（h 为开挖断面水平轴线处的埋置深度），则有

$$p_a=\frac{\mu}{2}\gamma_\theta h \tag{5-75}$$

例如，当 $\rho_\theta=35°$，并且 λ_0 值在 0.30～0.50 时，为了满足消除塑性区的条件，所需旋转轴对称的衬砌抗力（即内压力）应在 $0.57\gamma_\theta h$ 和 $0.533\gamma_\theta h$ 之间。这里，特别值得关注的是，随着 λ_0 值的增大，所需的抗力值并没有特别大的变化。

在卸载时（即除去支撑时），在岩层中所出现的塑性区必然是逐步产生的。而在无黏结力松散地层中所出现的塑性区则是无条件的和瞬间形成的。所以，对无黏结力松散地层中出现的塑性区必须从这个意义上进行判断。上述表中的 $\frac{\mu}{2}$ 值没有反映实际荷载，它更多地只是关系到稳定性问题。

习 题

1. 深埋圆形隧道围岩塑性区的半径与哪些因素有关?
2. 阻止圆形隧道围岩剪切体抵抗破坏的抗力由哪些部分组成?
3. 深埋隧道围岩压力如何确定?
4. 深埋隧道围岩压力计算公式的适用条件有哪些?
5. 深埋隧道和浅埋隧道的分界如何确定?
6. 影响隧道围岩稳定性的因素有哪些?
7. 隧道开挖后初始应力场将如何变化?
8. 如图 5-12 所示，单线铁路隧道处在Ⅳ级围岩中，围岩重力密度 $\gamma=21.5\text{kN/m}^3$，隧道跨度 $B=7.4\text{m}$，高度 $H_t=8.8\text{m}$，$\varphi_0=55°$，$\theta=44°$。如埋深 $h=20\text{m}$、8m、3m，试计算围岩压力。

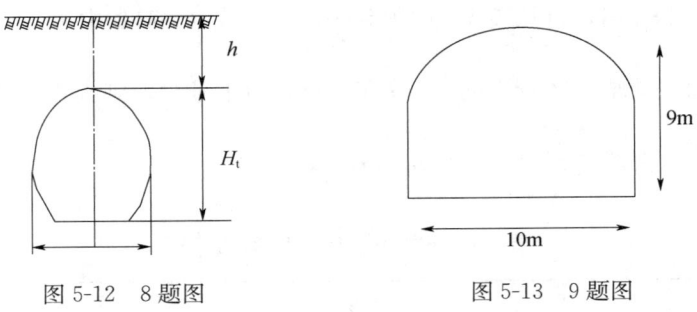

图 5-12　8 题图　　　　　图 5-13　9 题图

9. 某公路隧道通过Ⅳ类围岩，采用矿山法施工，开挖尺寸如图 5-13 所示，围岩重力密度为 $\gamma=21\text{kN/m}^3$，计算摩擦角 $\varphi_g=46°$，隧道埋深 5m。(1) 判断该隧道属深埋还是浅埋；(2) 求作用在支护结构上的竖向和水平围岩压力（均按均布考虑，0.1）。

10. 已知一座深埋圆形隧道，开挖直径 10m，拱顶以上岩层覆盖厚度 495m，围岩重力密度 $\gamma=20\text{kN/m}^3$，弹性模量 $E=10^4\text{MPa}$，黏聚力 $c=1.5\text{MPa}$，围岩内摩擦角 $\varphi=30°$，侧压力系数 $\lambda=1$，泊松比 $\mu=0.2$。试问：

(1) 开挖后不支护状态下，围岩是否出现塑性区？
(2) 如果出现，问塑性区半径是多少？

参考文献

[1] Dimitrios Kolymbas. Tunnelling and Tunnel Mechanics [M]. Springer, Berlin, Heidelberg, 2008.
[2] R J Mair. Tunnelling and geotechnics: new horizons [J] Géotechnique, 2008, 58 (9): 695-736.
[3] G B Barla. Tunnelling under squeezing rock conditions [M] Advances in Geotechnical Engineering and Tunnelling, 2002.
[4] H·卡斯特奈. 隧道与坑道静力学 [M]. 上海：上海科学技术出版社，1980.
[5] 吕爱钟. 地下隧洞力学分析的复变函数方法 [M]. 北京：科学出版社，2007.
[6] 陈子荫. 围岩力学分析中的解析方法 [M]. 北京：煤炭工业出版社，1994.

[7] 王明斌,李术才,李树忱,等.圆形隧道围岩附加应力场的解析解答[J].岩土力学,2006,27(S1):207-210.
[8] 夏永旭,王永东.隧道结构力学计算[M].北京:人民交通出版社,2004.
[9] 崔岚,郑俊杰,章荣军,等.考虑剪胀效应的深埋圆形隧道围岩应变软化弹塑性解[J].岩土力学,2014(4):1187-1193.
[10] 傅鹤林,张加兵,陈伟,等.深埋圆形毛洞隧道围岩压力拱范围研究[J].湖南大学学报(自然科学版),2018,45(7):117-124.
[11] Peng-fei Li, Qian Fang, Ding-li Zhang. 深埋圆形富水隧道应力与位移的弹塑性解[J].浙江大学学报(英文版)(A辑:应用物理和工程),2014(6):395-404.

6 隧道围岩应力变形分析的数值方法

6.1 概　　述

6.1.1 确定性分析方法

确定性分析方法主要包括连续介质分析方法和非连续介质分析方法。连续介质分析方法主要有有限单元法（finite element method，FDM），如 ANSYS、NASTRAN、SAP、ADINA、LUSYS、3D-Sigma、ABAQUS、ALGOL、PKPM 等程序）；边界元法（boundary element method，BEM）；有限差分法（finite difference method，FDM），如 FLAC 程序；无单元法（element-free method）等。非连续介质分析方法主要有离散元法（discrete element method，DEM），如 UDEC 程序；关键块体法（key block）；颗粒元法（particle flow code，PFC），如 PFC 程序；不连续变形分析法（discontinuous deformation method，DDA），以及能够模拟和追踪材料断裂的流形元法（manifold element method，MEM）等。

（1）有限单元法。有限单元法在 20 世纪 70 年代发展较快，其理论基础是虚功原理和基于最小势能的变分原理，它将研究域离散化，对位移场和应力场的连续性进行物理近似。主要采用区域变分的方式，在每一小单元中确定形函数和变形模式，进行离散化处理，建立刚度矩阵，引入边界条件求解。有限单元法适用性广泛，从理论上讲对任何问题都适用，但计算速度相对较慢。特别是在解算高度非线性问题时，需要多次迭代求解。近年来，随着高性能计算机的问世和并行算法的出现，以及采用 GPU 代替 CPU 计算模式，计算机精度和速度都有了很大的提高和改善。

（2）有限差分法。有限差分法可能是解算给定初值和（或）边值微分方程组的最古老数值方法。在有限差分法中，基本方程组和边界条件（一般均为微分方程）近似地改用差分方程（代数方程）来表示，即由空间离散点处的场变量（应力、位移）的代数表达式代替。这些变量在单元内是非确定的，从而把求解微分方程的问题改换成求解代数方程的问题。该方法适合求解非线性大变形问题，在岩土力学计算中有广泛的应用。

有限差分法和有限单元法都产生一组待解方程组。尽管这些方程是通过不同方式推导出来的，但两者产生的方程是一致的。另外，有限单元程序通常要将单元矩阵组合成大型整体刚度矩阵，而有限差分无须如此，因为它相对高效地在每个计算步重新生成有限差分方程。在有限单元法中，常采用隐式、矩阵解算方法，而有限差分法通常采用显式、时间递步法解算代数方程。

20世纪80年代以来，有限差分方法在岩土工程计算中应用得很广泛，其中以FLAC软件为代表。Fairhurst教授认为FLAC在岩土力学研究中是最有前途的。FLAC采用显式快速拉格朗日算法获得模型全部运动方程（包括内变量）的时间步长解，根据计算对象的形状，将计算区域划分成离散网格，每个单元在外载和边界约束条件下，按照约定的线性或非线性应力-应变关系产生力学响应，非常适合计算岩石力学和岩土工程问题，包括①边坡稳定；②地基基础；③采矿与隧道开掘；④岩体和土体锚固；⑤重力坝；⑥地震和岩爆、爆破动力响应；⑦地下渗流；⑧热力效应。

(3) 边界元法。边界元法在20世纪80年代发展较快，其理论基础是Betti功互等定理和Kelvin基本解，它只要离散求解域的边界，因而得到离散代数方程组中的未知量也只是边界上的量。边界元法化微分方程为边界积分方程，离散划分少，可以考虑远场应力，有降低维数的优点，可以用较少的内存解决较大的问题，便于提高计算速度。边界元法主要有直接法和间接法两种方法，主要用于小边界和大的半无限问题，但是在求解非线性问题时，需要在域内补划网格。

(4) 离散元法。离散元法的理论基础是牛顿第二定律（$F=ma$）并结合不同的本构关系，适用对非连续体如岩体问题求解。在该方法中网格的划分主要是利用岩体的断裂面。每个单元就是被断裂面切割的岩块，视岩块的运动主要受控于岩体节理系统。通过显式求解方法，按照块体运动、弱面产生变形，由牛顿定律和运动学方程求解，直接按时步迭代求解而无须形成大型矩阵，在求解过程中允许块体间开裂、错动以及下落。离散元法对破碎岩石工程，动态和准动态问题能给出较好解答。

(5) 颗粒流法。颗粒流方法是通过采用数值的方法将岩体划分为多个单元，通过颗粒间的相互作用来表达物体的应力响应，利用局部的模拟结果计算颗粒群体的边值问题。

(6) 不连续变形分析法。该方法与有限单元法有很大程度的相似，其主要差别是可以计算不连续面的滑移等大位移的静力和动力问题。此方法在岩石力学中的应用备受关注。

(7) 流形元法。该方法作为一种新的数值方法，是基于现代数学"流形"的有限覆盖技术的基础。由物理覆盖和数学覆盖组成的有限覆盖不仅可以有效地处理连续问题和非连续问题，还可以统一解决有限单元法、不连续变形分析法和其他数值方法的耦合计算方面。

(8) 无单元法。该方法不需要划分单元，也没有单元的信息，通过采用滑动最小二乘法所产生的光滑函数去近似场函数。不仅可以用于求解具有复杂边界条件的边值问题，如开裂问题，还可以有效地解决岩石力学非线性、非连续问题。

(9) 混合法。所谓的混合法，即采用有限单元法、边界元法、离散元法等两两耦合来进行求解，适用复杂的工程问题。

(10) 其他方法。包括加权残数法、半解析法、反分析法、无限元法、有限单元法、颗粒流法、微分流形法等。

6.1.2 非确定性方法

非确定性方法主要有以下六种。

(1) 模糊数学方法。该方法主要用于描述边界不清的过渡性问题，通过隶属函数来代替确定论中的特征函数，这种方法也同样适用多因素问题，如岩土工程环境评价、岩土（体）分类、强度预报等。

(2) 概率论与可靠度分析方法。该方法运用概率论的方法，基于事件概率，对岩体进行安全和可靠度评价。对岩土力学而言，包括岩石（土）稳定性判断、强度预测预报、工程可靠度分析、顶板稳定性分析、地震研究、基础工程稳定性研究等。

(3) 灰色系统理论。该方法以"灰色、灰关系、灰数"为特征，研究介于"黑色"（完全未知系统）和"白色"（已知系统）之间事件的特征，在社会科学及自然科学领域应用广泛。在岩土力学中，用灰色系统理论进行岩体分类、滑坡发生时间预测、岩爆分析与预测、基础工程稳定性、工程结构分析，用灰色关联度分析岩土体稳定性因素主次关系等。

(4) 人工智能与专家系统（决策支持系统，包括知识工程、模式识别等）。应用专家的知识（经验提取）进行知识处理、知识运用、搜索、不确定性推理分析复杂问题并给出合理的建议和决策。在岩石力学中，可进行如岩土（石）分类、稳定性分析、支护设计、加固方案优化等研究。

(5) 神经网络方法。试图模拟人脑神经系统的组织方式来构成新型的信息处理系统，通过神经网络的学习、记忆和推理过程（主要是学习算法）进行信息处理。岩石力学中，用于各种岩土力学参数分析、地应力处理、地压预测、岩土分类、稳定性评价与预测等。此方法曾用于三峡船闸区地应力分析处理。

(6) 时间序列分析法。通过对系统行为的涨落规律统计，用时间序列函数研究系统的动态力学行为。在岩石力学中，用于矿压显现规律研究、岩石蠕变、岩石工程的位移、边坡和硐室稳定性（长期变形、长期强度）等，以及基础工程中降水、开挖、沉降变形等与时间相关的问题。

6.1.3 有限单元法求解分类

有限单元法求解有以下三种基本方法。

(1) 位移法。基于最小势能原理或虚功原理，以单元结点位移建立计算模式。

(2) 力法。基于最小余能原理，以单元结点力为基本未知量进行分析。

(3) 混合法。同时运用位移法和力法的分析方法。

本章以讲授有限单元法为主，介绍有限单元法的基本理论框架和解算流程，其他方法只做一般性地介绍。

6.1.4 学习要求和方法

本章基础部分主要讲授有限单元法的基本原理，有限差分法只做一般性介绍。应用部分从建模方法和应用分析两个方面重点介绍了目前广泛使用的岩土工程数值计算分析软件，包括有限单元法（ANSYS）、有限差分法（FLAC2D 和 FLAC3D）、离散单元法

(UDEC)、颗粒元法（PFC）的基本使用和建模方法。读者可以根据计算对象的几何与力学特点，有选择地学习和使用相关软件。

初学者应具备线性代数、弹性力学、结构力学、岩土力学等知识和计算机应用能力。学习完成后应能够独立建立有限单元基本方程，熟悉求解步骤、边界条件，了解数值方法的基本原理和过程：建模、求解和结果输出。

6.2 有限单元法

土木工程中的许多力学问题以及场问题都可以视为在给定的边界条件下求解常微分方程或偏微分方程的问题。虽然根据已有的数学和物理知识，可以建立起基本的物理方程和边界条件，但现实情况较为复杂，很难得到其理论解析解。因此，想要彻底地解决此类问题，一是引入假设进行简化；二是保留问题的实际情况求其近似解。基于现代计算数学和力学理论，土木工程数值模拟技术通过计算机编程来获得其近似解，以满足工程设计的需要。

20世纪50年代，为了求解飞机壳体结构的空气动力学和结构力学问题，提出了有限单元法。有限单元法分析的思路：将一个复杂的结构划分为相互连接而成的有限个小单元；用刚度矩阵表示单元的力学特性，将各单元的刚度矩阵组建成总体刚度矩阵，就得到了整个结构的力学特性；再加上单元边界条件，基于收敛准则，通过增加单元的数量，得出较为准确的近似解。

随着计算机计算技术和计算物理的不断发展，有限单元法的应用领域也在不断地扩大。有限单元法的应用范围从杆系结构扩展到平面问题、轴对称问题和三维问题，从弹性本构到弹塑性再到黏弹塑性，从静力问题到动力问题，从线弹性到几何非线性，从机械中的结构力学问题到土木工程中的力学问题再到流体力学、热力学和电磁学等问题。

目前，作为发展最早、最快、最具有实用性的数值模拟方法，有限单元法的优点如下：

（1）可以采用直观的物理概念来表达，概念清晰，易于掌握。
（2）应用范围广，可求解所有的连续介质问题和场问题。
（3）基于数学理论建立严格的分析理论。
（4）通过不同的力学问题建立有限元法的基本原理。
（5）采用矩阵形式描述有限单元的求解过程，方便采用计算机编程来求解。

6.2.1 有限单元法常用术语

有限单元法的基本术语包括单元、节点、节点力和节点荷载、位移函数以及收敛准则，具体介绍如下。

1. 单元

连续的实体，都可离散成有限个简单形状的单元体，这些单元依靠节点相连，单元的集合体成为实际模型的近似模型，或简化模型，即为有限单元模型。

常用的单元有自然单元和分割单元：桁架结构中的杆单元属于自然单元，还有弹簧单元，能否视为自然单元与研究的范围、目的和结构本身的物理力学性质有关；将梁和连续实体划分成许多单元,这种单元属于分割单元。可以任意地划分单元,前提是单元要划分得足够小和足够多,这些单元的集合体可以近似代替原来的结构模型。

单元有杆单元、弹簧单元、梁单元、平面单元、三维实体单元和壳体单元等。而平面单元还分为三角形单元、四边形单元,四边形单元又分成任意四边形单元、八节点四边形单元和矩形单元。梁单元又分为线性梁、二维梁和三维梁;三维实体单元又分为4节点棱锥体、10节点棱椎体、8节点棱柱体、20节点棱柱体以及棱柱体的退化单元等。总之,在具体分析中,需要根据研究的目的和对象的特点,采用最简单的单元划分法,简化计算,从而得到合理的结果。

2. 节点

单元与单元之间相互连接的点称为单元节点,节点不仅分为刚接、铰接和半刚接等,还分为主外节点、副主外节点和内节点。通过节点将连续的实体离散为单元结合体,从而可采用有限元法理论和计算机数值计算方法进行力学问题研究。在节点处,相邻单元的位移、应力和节点力都是相同的,这就是连续的概念。

3. 节点荷载和节点力

节点荷载是指作用在节点上的外荷载,节点荷载分为两部分:一是本身作用于节点上的外力;二是按照静力等效的原则将单元上的力简化到节点上的力。

节点力,即节点内力,是指相邻单元之间的相互作用力。

将作用于单元上的实际荷载向节点简化,得到作用于节点上的节点荷载,这是为了方便建立节点平衡方程,即通过单元刚度矩阵建立节点位移和节点荷载间的关系式。

4. 位移函数

将连续实体离散为单元后,单元内部的物理量要通过位移、应变、应力等来表达,其中位移关系表达式是最基础的,通过位移来表达应变和应力关系,通过位移函数描述单元内部位移场与节点位移间的关系。通常选择多项式作为位移函数,这是因为多项式比较容易进行数学微分和积分运算,同时,选择适当的多项式可以很好地模拟单元内部的位移场,从而得到较为精确的解。选择位移函数需满足以下两个条件:

(1) 在单元内部位移函数具有连续性。

(2) 相邻单元在节点处的位移是连续的。

5. 收敛准则

在进行数值模拟计算分析中,要求网格越细化,其得到的解越接近该问题的精确解。为了满足在求解过程中是收敛的,这要求位移函数满足以下三个条件:

(1) 位移函数应含有单元刚体位移项,即当节点位移由刚体位移产生的情况下,单元内不会产生应变,故节点力也应为0。

(2) 位移函数必须含有单元的常应变项。

(3) 位移函数在单元内应满足连续条件,在相邻单元间的共用边界上满足协调条件,协调是只有相邻单元在变形过程中不重叠,也不分离。

在有限元法中,只满足前两个条件的单元称为完备单元,而仅满足最后一个条件的单元称为协调单元。

6.2.2 变分法

采用变分原理可推导有限单元法的基本方程，最常用的有最小势能原理、最小余能原理和混合变分原理。由不同的变分原理可得出以不同的未知量为基础的有限单元法；采用最小势能原理必须先假设单元内位移场函数的表达式，故属于位移法；采用最小余能原理必须假设应力场的表达式，故属于应力法；而采用混合变分原理必须同时假设某些位移场和应力场的表达式，属于混合法。进行静力分析时，多采用以最小势能原理为基础的位移法。

1. 虚位移原理

虚位移原理是根据物体内满足静力平衡方程建立起来的，其表达式为

$$\int_\Omega \delta\varepsilon^T \sigma d\Omega = \int_\Omega \delta u^T q d\Omega + \int_{\Gamma_\sigma} \delta u^T p d\Gamma \tag{6-1}$$

式中　Ω——弹性体内的内部区域；

Γ——弹性体的面力边界；

δu——虚位移；

$\delta\varepsilon$——虚应变。

采用虚位移原理求解过程中，需先假设一个位移函数，其中含有若干待定的参数，这些参数需根据几何方程和位移边界条件来确定，被称为试解函数。因此，虚位移原理属于位移法。

2. 最小势能原理

物体的势能由物体内的总应变能和外界力的势能所组成，其计算公式如下：

总应变能

$$U_\varepsilon = \int_\Omega \frac{1}{3} \varepsilon^T \sigma d\Omega \tag{6-2}$$

外力势能

$$U_F = -\int_\Omega u^T q d\Omega - \int_{\Gamma_\sigma} u^T p d\Gamma \tag{6-3}$$

总势能

$$U = U_\varepsilon + U_F \tag{6-4}$$

最小势能原理要求总势能的变分为 0，即 $\delta U = 0$，总势能是随位移变化的，也就是说总势能 U 是位移 u 的泛函。真实位移使总势能泛函的一阶变分为 0，即真实位移使总势能取驻值。

3. 最小余能原理

对于一般固体物质，其总余能可表述为

$$U_\ell = \int_\Omega \frac{1}{2} \sigma^T \varepsilon d\Omega - \int_{\Gamma_\sigma} p u^T d\Gamma \tag{6-5}$$

通常，总余能可视为应力分量的泛函。也就是在受力物体产生的所有应力中，引起的真实应力满足总余能泛函取最小值这一条件，即 $\delta U_e = 0$。所以，最小余能原理可归为应力法的一种基本原理。

6.2.3 加权余量法

这里，主要以加权余量法的基本原理和典型形式——伽辽金法为主要介绍内容。

1. 加权余量法的基本原理

对于任一控制微分方程 $L(\Phi)=0$ 而言，加权余量方法是先假设一个试解函数（可选取位移函数），该试解函数应在解的附近选取，随后将其代入上述控制方程，便可求出余量函数 $R=L(\overline{\Phi})$。再确定一个加权函数 W_i，该函数需符合特定边界条件，最后，在一定积分限范围内对整个系统进行积分，并令积分等式值为 0，求解等式，便得到了控制微分方程的通解，求解积分式等式为

$$\int_\Omega W_i R \mathrm{d}v = 0 \tag{6-6}$$

2. 加权余量法的几种形式

可用于加权余量法的典型方法形式主要有伽辽金法、最小二乘法、最小二乘配点法以及子域法等，这里，主要介绍伽辽金法，该方法所确定的权函数 w 便是上述加权余量法中所提到的试解函数。

为了了解上述方法的具体求解过程，选取简支梁问题进行分析，假定其跨度为 L，弹性模量为 E，惯性矩为 I，为了简化分析过程，这里忽略梁体自重，在简支梁上施加均布荷载 q，求解该简支梁跨中所产生的挠度。

由材料力学的知识，可得简支梁平衡控制方程，即

$$EI \frac{\mathrm{d}^4 v}{\mathrm{d} x^4} + q = 0 \tag{6-7}$$

试解函数选取三角级数形式的位移函数

$$\overline{v}(x) = a_1 \sin \frac{\pi x}{l} + a_2 \sin \frac{2\pi x}{l} + a_3 \sin \frac{3\pi x}{l} \tag{6-8}$$

将式（6-8）代入平衡控制方程式（6-7）并进行微分运算，可计算得到余量函数表达式

$$R = EI \frac{\pi^4}{l^4} \left(a_1 \sin \frac{\pi x}{l} + 16 a_2 \sin \frac{2\pi x}{l} + 81 a_3 \sin \frac{3\pi x}{l} \right) + q \tag{6-9}$$

确定简支梁的力边界条件和位移边界条件后，便可求出以下权函数

$$\begin{aligned} w_1 &= \sin \frac{\pi x}{l} \\ w_2 &= \sin \frac{2\pi x}{l} \\ w_3 &= \sin \frac{3\pi x}{l} \end{aligned} \tag{6-10}$$

最后，将上述权函数式（6-10）代入控制微分方程式（6-6）后进行积分运算，便可求解得出常数 a_i（$i=1，2，3$），进而便可求出挠曲线方程，从而得到特定力和位移边界条件下该简支梁跨中挠度。

6.2.4 瑞利-里兹法

瑞利-里兹法（Rayleigh-Ritz）法的基本原理：首先，与其他方法相似，该方法也

假设一组符合边界条件的试解函数，随后将该试解函数代入相应的能量方程；其次，对试解函数的系数进行微分运算，并令微分能量等式为0；同时，求解能量方程式的最小值；最后，联合上述相关方程求解获得试解函数的系数。其具体求解过程：

（1）选取确定函数组（w_1，…，w_n，…），要求其中每一个函数在积分区域内有定义，且均需满足特定的齐次边界条件。

（2）试解函数定义为 $\Psi_k = w_0 + \sum_{j=1}^{k} C_i w_j$，其中，函数 w_0 是预先给定并满足非齐次特定的边界条件。C_i 为一系列待定系数，无论该系数如何取值，上述试解函数均需满足特定的边界条件。

（3）将试解函数 Ψ_k 代入能量方程并积分后，便得到含 k 个参数的泛函能量函数，称为能量泛函 $U(\Psi_k) = L(C_1, C_2, …, C_k)$。

（4）求取上述能量泛函 $U(\Psi_k)$ 的极值，上述过程可视为求解一个多元函数的极值问题：$\frac{\partial U}{\partial C_j} = 0$（$j=1, 2, …, k$）

（5）建立微分方程等式并令 $\frac{\partial U}{\partial C_j} = 0$，进而得到一系列系数 C_1，C_2，…，C_k 具体值，随后将系数 C 具体确定值代入试解函数从而得到一组上述方程的近似解，最后，求出泛函的值 $U(\Psi_k) = U_k$。

（6）重新选取另一试解函数 $\Psi_{k+1} = w_0 + \sum_{j=1}^{k+1} C_i W_j$，重复上述求解过程（3）～（5），便会又获得一组新的近似解以及新的泛函值 $U(\Psi_{k+1}) = U_{k+1}$。

（7）若在试解函数 Ψ_k 条件下，能量泛函上会取得最小值 U_{min}，那么该近似解 Ψ_k 对应的泛函值满足 $U_k > U_{min}$ 条件。建立另一组试解函数 Ψ_{k+1}，由于 Ψ_{k+1} 比 Ψ_k 会增加一个待定系数，导致其对应的泛函值存在 $U_{k+1} \leq U_k$。通过不断选取确定试解函数 Ψ_1，Ψ_2，…，Ψ_k，…，便会得到其相对应的泛函值并满足关系 $U_1 \geq U_2 \geq $，…，$U_k \geq $，…，$\geq U_{min}$。实际计算过程中，根据经验大概试算3次左右，便会得到几乎接近 U_{min} 的试解函数，此时，可将该试解函数 Ψ_n 作为最终选取确定的试解函数，这样，便得到待定函数的较为理想的近似表达式。

在采用瑞利-里兹法时，合适坐标函数的选择极为关键，一般可选择三角函数、幂函数或其组合函数。由计算步骤可得，瑞利-里兹法同样也要求试解函数须满足一定的边界条件。根据变分原理，通常所述的边界条件一般包括以下两类：本质边界条件（或称强迫边界条件）和自然边界条件。前者要求在变分前需满足边界条件，后者是变分后才满足边界条件。瑞利-里兹法要求不必满足其自然边界条件，仅满足本质边界条件即可。同时，假定的试解函数也仅仅是可能函数中某一小部分，因此，泛函的极值也是不完全的。从而，瑞利-里兹法得到的解也极可能是近似解。

6.3 隧道围岩应力变形有限差分模拟方法

有限差分法一直以来都作为解算给定初值和（或）边值微分方程组最古老的数值方法之一。近年来，计算机技术的不断发展和有限差分法的不断完善，该算法独特的计算格式和计算流程数值方法求解方面的优势逐渐显现。该方法采用差分方程（代数方程）来近似代替基本方程组和边界条件（一般均为微分方程），也就是由位于空间离散点处的场变量（包括应力和位移）的代数表达式来替代。由于上述变量在单元内无法准确确定，因此将求解微分方程过程进一步转化为求解代数方程的问题。相较而言，传统的有限单元法则需要场变量（包括应力和位移）在有限个单元的内部受某些特殊参数的控制方程而产生相应的变化，过程中要不断调整这些特殊参数以达到减小误差项和能量项的目的。

有限单元法和有限差分法在分析过程中均会形成一组待解方程。由于算法原理的不同，不同方法涉及的方程是利用不同步骤推导得到的，然而两者产生的方程是趋于相同的。同时，有限差分法克服了有限单元法需要将单元矩阵组合成大型整体刚度矩阵这一烦琐的变换过程，因而，可以实现相对高效地在每个计算步运算中快速重新生成所需要的有限差分方程。在有限单元法中，一般采用隐式和矩阵解算形式，而在上述有限差分法中通常则采用"显式"、时间递步法来解算代数方程。

美国明尼苏达的Cundall博士采用现有的众多数值计算方法对类岩石材料分析发现，"在其他领域中广泛应用的有限单元法用于模拟岩石变形所得到的求解精度明显劣于采用显式的有限差分法"。Fairhurst教授曾公开表示，"对于岩土工程设计，有限差分法具有其他数值模拟方法所无可比拟的优势"。有限差分法的诸多优点，使其被广泛地应用于岩土工程界相关问题的求解过程中，例如，在边坡工程设计中，根据有限差分法计算结果可模拟并确定边坡的稳定程度，绘制出边坡可能的滑移迹线，从而动态地描述边坡运动变形规律，确定影响边坡稳定性的关键因素，给出不同形式下边坡破坏的预警信息；对于地下洞室的开挖，其模拟结果对后续支护形式确定和相关参数的优化设计过程均具有积极作用；也可模拟分析确定锚固支护方案下锚杆的横向受力，锚杆打设角度，锚杆所受到的轴力以及锚固长度变化对支护围岩应力场、位移场及塑性区发展变化的影响规律；对于采矿工程，可以模拟开采过程中采动影响引起的上覆岩层移动及后续地表失去承载而形成塌陷的整个过程，从而得到推进速度与相应的破坏区范围之间的量化关系，便于相关参数的确定，减少开采对生态环境的影响。有限差分法也可模拟诸如地震、行车荷载、冲击荷载等动载、热（主要指地热）以及水（包括地表水和地下水）对岩土工程的作用过程和影响，为实际工程设计和施工提供了极具价值的参考，从而降低工程风险等级并节约设计成本。有限差分方程建立的基础是弹性力学中的差分理论，其基本力学模型如图6-1所示。首先，在所分析研究弹性体上，用平行于所建立坐标轴且等间距为h的两组平行线对其进行网格划分。其次，假定弹性体内某一个连续函数为$f=f(x,y)$，该函数通常是某一个位移或应力分量，同时也可能是渗流、温度、应力函数等。该函数若分布在平行于x轴的某一格线上（如在3—0—1上），则其改变只与x坐标的变化有关。同时，在结点0处附近，该函数f还可以泰勒级数的形式表达为

$$f=f_0+\left(\frac{\partial f}{\partial x}\right)_0(x-x_0)+\frac{1}{2!}\left(\frac{\partial^2 f}{\partial x^2}\right)_0(x-x_0)^2$$
$$+\frac{1}{3!}\left(\frac{\partial^3 f}{\partial x^3}\right)_0(x-x_0)^3+\frac{1}{4!}\left(\frac{\partial^4 f}{\partial x^4}\right)_0(x-x_0)^4+\cdots \quad (6-11)$$

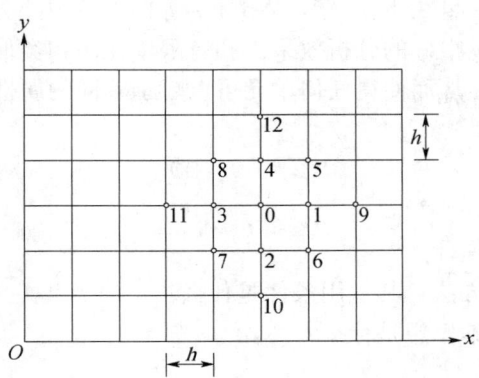

图 6-1　有限差分网格

在节点 3 及节点 1，x 分别等于 x_0-h 及 x_0+h，即 $x-x_0$ 分别等于 $-h$ 和 h。将其代入函数泰勒表达式（6-11），便会得到

$$f_3=f_0-h\left(\frac{\partial f}{\partial x}\right)_0+\frac{h^2}{2}\left(\frac{\partial^2 f}{\partial x^2}\right)_0-\frac{h^3}{6}\left(\frac{\partial^3 f}{\partial x^3}\right)_0+\frac{h^4}{24}\left(\frac{\partial^4 f}{\partial x^4}\right)_0-\cdots \quad (6\text{-}12)$$

$$f_1=f_0+h\left(\frac{\partial f}{\partial x}\right)_0+\frac{h^2}{2}\left(\frac{\partial^2 f}{\partial x^2}\right)_0+\frac{h^3}{6}\left(\frac{\partial^3 f}{\partial x^3}\right)_0+\frac{h^4}{24}\left(\frac{\partial^4 f}{\partial x^4}\right)_0+\cdots \quad (6\text{-}13)$$

为了提高分析精度，可以适当加密网格，尽可能将 h 设定得小一些，这样便可以忽略展开式中三次幂及更高次幂等高阶各项的影响，于是式（6-12）及式（6-13）便可简化为

$$f_3=f_0-h\left(\frac{\partial f}{\partial x}\right)_0+\frac{h^2}{2}\left(\frac{\partial^2 f}{\partial x^2}\right)_0 \quad (6\text{-}14)$$

$$f_1=f_0+h\left(\frac{\partial f}{\partial x}\right)_0+\frac{h^2}{2}\left(\frac{\partial^2 f}{\partial x^2}\right)_0 \quad (6\text{-}15)$$

联立求解式（6-14）及式（6-15），得到差分公式

$$\left(\frac{\partial f}{\partial x}\right)_0=\frac{f_1-f_3}{2h} \quad (6\text{-}16)$$

$$\left(\frac{\partial^2 f}{\partial x^2}\right)_0=\frac{f_1+f_3-2f_0}{h^2} \quad (6\text{-}17)$$

同样，可以得到

$$\left(\frac{\partial f}{\partial y}\right)_0=\frac{f_2-f_4}{2h} \quad (6\text{-}18)$$

$$\left(\frac{\partial^2 f}{\partial y^2}\right)_0=\frac{f_2+f_4-2f_0}{h^2} \quad (6\text{-}19)$$

式（6-16）～式（6-19）称为基本差分公式，基于这些公式便可很容易推导得出涉及的其他相关的差分公式。例如，利用式（6-16）和式（6-19），可以导出混合二阶导数的差分公式

$$\left(\frac{\partial^2 f}{\partial x\partial y}\right)_0=\left[\frac{\partial}{\partial x}\left(\frac{\partial f}{\partial y}\right)\right]_0=\frac{1}{4h^2}[(f_6+f_8)-(f_5+f_7)]_0 \quad (6\text{-}20)$$

采用相同的推导过程，由式（6-17）及式（6-19）可以导出四阶导数的差分公式。值得注意的是，有限差分法不仅在矩形网络中广泛应用，在其他网格单元中有限差

分方程也有独特的优势。早在 1964 年，Wilkins 等便将有限差分方程的方法用于推导任何形状网格单元，取得了很好的分析效果。和有限单元法相类似，有限差分法可以选取任何形状作为单元边界，从而使得任何单元可以赋予不同的属性和不同的值。

习　题

1. 数值计算的特点是什么？
2. 数值计算有哪些方法？其适用条件是什么？
3. 有限单元法的基本思想是什么？

参考文献

[1] 李围，等. 隧道及地下工程 ANSYS 实例分析［M］. 北京：中国水利水电出版社，2008.
[2] 王金安，王树仁，冯锦艳，等. 岩土工程数值计算方法实用教程［M］. 北京：科学出版社，2010.
[3] 刘汉东，姜彤，刘海宁，等. 岩土工程数值计算方法［M］. 郑州：黄河水利出版社，2011.
[4] 陈寿根，邓稀肥. 岩石隧道离散单元模拟技术［M］. 成都：西南交通大学出版社，2015.

7 若干特殊隧道力学问题的解析求解方法和算例

7.1 特殊地质条件隧道围岩应力位移弹性解

7.1.1 不连续地质构造中偏压隧道围岩受力弹性解

如图 7-1 所示，隧道开挖半径为 a，埋深为 h_0。开挖深度范围内含多处溶腔及不规则分布的过大裂隙，不连续地质面是由这些不连续地质临空轮廓的形心连线形成的。假设研究域内岩土体连续且各向同性，重度为 γ，泊松比为 υ，弹性模量及剪切模量分别为 E 和 G；隧道开挖满足平面应变假设。u、v 分别为围岩径向位移和环向位移，σ_r、σ_θ 和 $\tau_{r\theta}$ 分别为径向应力、环向应力和剪应力。当 $\theta=\beta$ 时，称该方向为偏角方向，其环向应力最大，不连续地质构造形成的偏压效应最为显著。(x, y) 为平面坐标，(r, θ) 为极坐标。

为便于偏压问题的求解，将图 7-1 所示的直边界化为圆边界，考虑到不连续地质构造对围岩应力位移产生影响，将边界半径 b 视为一待定参数，如图 7-2 所示。在假设研究域内地质连续的基础上，探究 $b\to\infty$ 和 b 为特定参数两种不同模型下偏压隧道围岩受力问题，其中 $b\to\infty$ 模型是指在岩土体无限连续下，将圆边界置于无穷远处的研究模型；b 为特定参数模型是指岩土体在围岩中出现不连续地质情况，如岩溶、过大裂隙等，将圆边界置于围岩的某一位置处的研究模型。

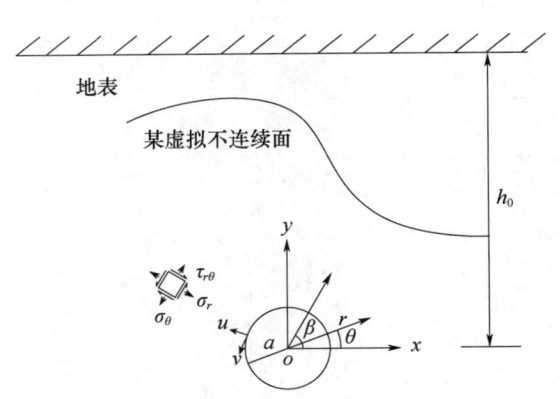

图 7-1 隧道开挖截面简图

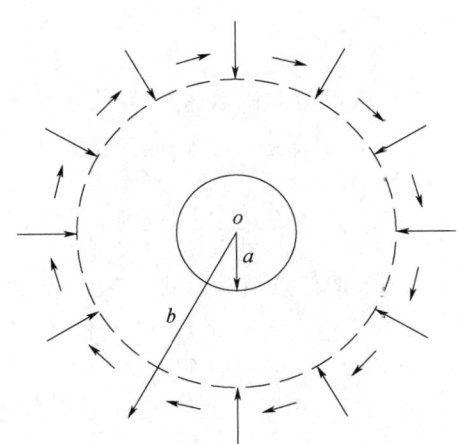

图 7-2 隧道开挖围岩受力计算简图

采用极坐标法,根据 Airy 应力函数构造法构造应力函数,见式(7-1)。其中,偏角的正交方向角 $\alpha=\beta+\pi/2$。

$$\varphi(r,\theta)=f_1(r)+f_2(r)\cos[2(\theta-\alpha)] \tag{7-1}$$

在总结前人的研究成果上,尝试建立该圆边界上的应力边界条件

$$\sigma_r|_{r=b}=-q-p\cos[2(\theta-\alpha)], \tau_{r\theta}|_{r=b}=p\sin[2(\theta-\alpha)] \tag{7-2}$$

式中,q、p 分别为岩土体的平均压应力和偏压应力,见式(7-3)。其中,岩土体侧压力系数 $k=v/(1-v)$。

$$q=\frac{1+k}{2}\gamma h_0, p=\frac{1-k}{2}\gamma h_0 \tag{7-3}$$

由于初始应力 σ_x 和 σ_y 的关系,将作用在圆边界上的荷载进行分解,并与隧道半径处的零应力边界条件共同构成以下二类边界条件:

(1) 在隧道边界上作用轴对称均布荷载,则第 1 类边界:$\sigma_r|_{r=b}=-q$,$\sigma_r|_{r=a}=0$,$\tau_{r\theta}|_{r=b}=\tau_{r\theta}|_{r=a}=0$。

(2) 在隧道边界上作用偏压应力 p,则第 2 类边界:$\sigma_r|_{r=b}=-p\cos[2(\theta-\alpha)]$,$\sigma_r|_{r=a}=0$,$\tau_{r\theta}|_{r=b}=p\sin[2(\theta-\alpha)]$,$\tau_{r\theta}|_{r=a}=0$。

弹性解必须满足平衡微分方程、物理方程、几何方程、相容方程和边界条件。在平面应变假设下,该问题的弹性解必须满足以下方程。

(1) 平衡微分方程

$$\sigma_r=\frac{1}{r}\frac{\partial\varphi}{\partial r}+\frac{1}{r^2}\frac{\partial^2\varphi}{\partial\theta^2}, \sigma_\theta=\frac{\partial^2\varphi}{\partial r^2}, \tau_{r\theta}=-\frac{\partial}{\partial r}\left(\frac{1}{r}\frac{\partial\varphi}{\partial\theta}\right) \tag{7-4}$$

(2) 物理方程

$$\varepsilon_r=\frac{1}{E}(\sigma_r-v\sigma_\theta), \varepsilon_\theta=\frac{1}{E}(\sigma_\theta-v\sigma_r), \gamma_{r\theta}=\frac{2(1+v)}{E}\tau_{r\theta} \tag{7-5}$$

在平面应变情况下,物理方程式中 E 须改为 $E/(1-v^2)$,v 须改为 $v/(1-v)$。

(3) 几何方程

$$\varepsilon_r=\frac{\partial u}{\partial r}, \varepsilon_\theta=\frac{1}{r}\frac{\partial v}{\partial\theta}+\frac{u}{r}, \gamma_{r\theta}=\frac{1}{r}\frac{\partial u}{\partial\theta}+\frac{\partial v}{\partial r}-\frac{v}{r} \tag{7-6}$$

(4) 相容方程

$$\left(\frac{\partial^2}{\partial r^2}+\frac{1}{r}\frac{\partial}{\partial r}+\frac{1}{r^2}\frac{\partial^2}{\partial\theta^2}\right)\varphi=0 \tag{7-7}$$

将扰动应力函数(7-1)代入相容方程(7-7),可得

$$\left[\frac{d^4 f_1(r)}{dr^4}+\frac{2}{r}\frac{d^3 f_1(r)}{dr^3}-\frac{1}{r^2}\frac{d^2 f_1(r)}{dr^2}+\frac{1}{r^3}\frac{df_1(r)}{dr}\right]+ \\ \left[\frac{d^4 f_2(r)}{dr^4}+\frac{2}{r}\frac{d^3 f_2(r)}{dr^3}-\frac{9}{r^2}\frac{d^2 f_2(r)}{dr^2}+\frac{9}{r^3}\frac{df_2(r)}{dr}\right]\cdot\cos[2(\theta-\alpha)]=0 \tag{7-8}$$

当 θ 取任意值时,式(7-8)都成立。则

$$\left.\begin{array}{l}\dfrac{d^4 f_1(r)}{dr^4}+\dfrac{2}{r}\dfrac{d^3 f_1(r)}{dr^3}-\dfrac{1}{r^2}\dfrac{d^2 f_1(r)}{dr^2}+\dfrac{1}{r^3}\dfrac{df_1(r)}{dr}=0 \\ \dfrac{d^4 f_2(r)}{dr^4}+\dfrac{2}{r}\dfrac{d^3 f_2(r)}{dr^3}-\dfrac{9}{r^2}\dfrac{d^2 f_2(r)}{dr^2}+\dfrac{9}{r^3}\dfrac{df_2(r)}{dr}=0\end{array}\right\} \tag{7-9}$$

式(7-9)为变系数常微分方程。在解析中引入 $t=\ln r$,将其化为常系数常微分方

程，进而解出 $f_1(r)$ 和 $f_2(r)$

$$f_1(r)=A\ln r+Br^2\ln r+Cr^2+D, f_2(r)=A'r^4+B'r^2+C'+\frac{D'}{r^2} \quad (7\text{-}10)$$

从而，可得应力函数

$$\varphi(r,\theta)=(A\ln r+Br^2\ln r+Cr^2+D)+\left(A'r^4+B'r^2+C'+\frac{D'}{r^2}\right)\cos[2(\theta-\alpha)] \quad (7\text{-}11)$$

将式（7-11）代入式（7-4），可得应力分量表达式

$$\left.\begin{aligned}\sigma_r&=\left[\frac{A}{r^2}+B(1+2\ln r)+2C\right]-\left(2B'+\frac{4C'}{r^2}+\frac{6D'}{r^4}\right)\cos[2(\theta-\alpha)]\\ \sigma_\theta&=\left[-\frac{A}{r^2}+B(3+2\ln r)+2C\right]+\left(12A'r^2+2B'+\frac{6D'}{r^4}\right)\cos[2(\theta-\alpha)]\\ \tau_{r\theta}&=0+\left(6A'r^2+2B'-\frac{2C'}{r^2}-\frac{6D'}{r^4}\right)\sin[2(\theta-\alpha)]\end{aligned}\right\} \quad (7\text{-}12)$$

说明：式（7-12）中带有 $\ln r$ 和 r^2 项，σ_r 和 σ_θ 值将随着距离 r 的增大而增大，这显然与常识相违背：当 $r\to\infty$ 时，$\sigma_r\to\sigma_r^0$ 和 $\sigma_\theta\to\sigma_\theta^0$，故积分常数 B 及 A' 值为零。（σ_r^0 和 σ_θ^0 为初始应力分量。）

针对 $b\to\infty$ 模型，有

（1）在第 1 类边界条件下，确定积分常数：$A=qa^2$，$B=0$，$C=-q/2$。

（2）在第 2 类边界条件下，确定积分常数：$A'=0$，$B'=p/2$，$C'=-pa^2$，$D'=pa^4/2$。

将上述积分常数代入式（7-12），可得 $b\to\infty$ 模型下围岩弹性应力场

$$\left.\begin{aligned}\sigma_r&=q\left(\frac{a^2}{r^2}-1\right)-p\left(1-4\frac{a^2}{r^2}+3\frac{a^4}{r^4}\right)\cos[2(\theta-\alpha)]\\ \sigma_\theta&=-q\left(\frac{a^2}{r^2}+1\right)+p\left(1+3\frac{a^4}{r^4}\right)\cos[2(\theta-\alpha)]\\ \tau_{r\theta}&=p\left(1+2\frac{a^2}{r^2}-3\frac{a^4}{r^4}\right)\sin[2(\theta-\alpha)]\end{aligned}\right\} \quad (7\text{-}13)$$

联立式（7-13）、式（7-5）和式（7-6），可得围岩弹性位移场

$$\left.\begin{aligned}u&=-\frac{r}{2G}\left\{q\left[\frac{a^2}{r^2}+(1-2v)\right]+p\left[1+4(1-v)\frac{a^2}{r^2}-\frac{a^4}{r^4}\right]\cos[2(\theta-\alpha)]\right\}\\ v&=\frac{r}{2G}p\left[1+2(1-2v)\frac{a^2}{r^2}+\frac{a^4}{r^4}\right]\sin[2(\theta-\alpha)]\end{aligned}\right\} \quad (7\text{-}14)$$

同理，可得 $b\to c$ 模型的应力位移弹性表达式，见式（7-15）和式（7-16）

$$\left.\begin{aligned}\sigma_r&=\frac{qb^2}{b^2-a^2}\left[\frac{a^2}{r^2}-1\right]-\frac{pb^4}{(b^2-a^2)(b^2-3a^2)}\left[1-4\frac{a^2}{r^2}+3\frac{a^4}{r^4}\right]\cos[2(\theta-\alpha)]\\ \sigma_\theta&=-\frac{qb^2}{b^2-a^2}\left[\frac{a^2}{r^2}+1\right]+\frac{pb^4}{(b^2-a^2)(b^2-3a^2)}\left[1+3\frac{a^4}{r^4}\right]\cos[2(\theta-\alpha)]\\ \tau_{r\theta}&=\frac{pb^4}{(b^2-a^2)(b^2-3a^2)}\left[1+2\frac{a^2}{r^2}-3\frac{a^4}{r^4}\right]\sin[2(\theta-\alpha)]\end{aligned}\right\} \quad (7\text{-}15)$$

$$\left.\begin{aligned}u&=-\frac{r}{2G}\left\{\frac{qb^2}{b^2-a^2}\left[\frac{a^2}{r^2}+1-2v\right]+\frac{pb^4}{(b^2-a^2)(b^2-3a^2)}\left[1+4(1-v)\frac{a^2}{r^2}-\frac{a^4}{r^4}\right]\cos[2(\theta-c)]\right\}\\ v&=\frac{r}{2G}\frac{pb^4}{(b^2-a^2)(b^2-3a^2)}\left[1+2(1-2v)\frac{a^2}{r^2}+\frac{a^4}{r^4}\right]\sin[2(\theta-\alpha)]\end{aligned}\right\}$$

$$(7\text{-}16)$$

式（7-14）和式（7-16）获得的总位移含有原岩应力作用下产生的初始位移量，在数据分析时应计及该部分。

7.1.2 近溶腔高压水工隧洞围岩应力位移弹性解

如图 7-3 所示，溶腔邻近于隧洞左侧，开挖将对围岩应力重分布产生影响，主要体现在溶腔处传力介质的缺失改变了围岩传力路径，从而使不同位置的应力出现不同程度的集中，产生偏压效应。若水工隧洞埋置较深且溶腔几何参数符合式（7-17），则隧洞开挖满足平面应变假设。

$$l \gg [x, y] \tag{7-17}$$

式中　l——溶腔纵向长度；
$[x, y]$——溶腔断面尺寸。

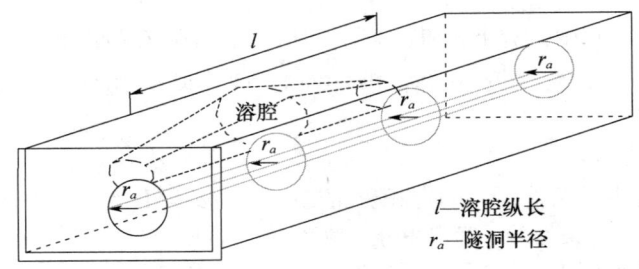

图 7-3　邻近溶腔的水工隧洞模型图

在平面应变假设的基础上，将图 7-3 模型分解为各向和单向压力解答模型，如图 7-4 所示。r_a 为隧洞开挖半径，σ_θ 和 σ_r 分别为极坐标下围岩中任一点的环向应力和径向应力。此处，单向压力模型不考虑剪应力分量。

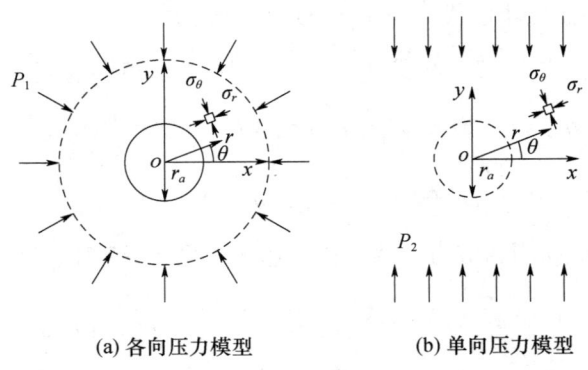

(a) 各向压力模型　　(b) 单向压力模型

图 7-4　各向压力和单向压力模型

考虑溶腔影响，将非静水压力 P_0 分解为 P_1 和 P_2，并引入反溶腔作用系数 χ

$$\begin{cases} P_1 = \chi P_0 \\ P_2 = (1-\chi) P_0 \end{cases} \tag{7-18}$$

式中　P_1——各向压力，表现为静水压力状态；
P_2——单向压力，其作用方向正交于隧洞与溶腔的方位连线。

反溶腔作用系数 χ 表示溶腔对隧洞开挖产生的影响力，与溶腔的尺寸、形状及位置等因素密切相关。

由式（7-18）可知，χ 取值越小，图 7-3 所示模型越趋近单向压力模型，此时溶腔对隧洞开挖产生的影响越大。本节给出了反溶腔作用系数 χ 的确定公式。

经分解可得，围岩侧压力系数 k 和反溶腔作用系数 χ 在形式上具有以下关系

$$k = \frac{P_h}{P_v} = \frac{P_1}{P_1 + P_2} \tag{7-19}$$

$$\chi = \frac{\chi}{\chi + (1+\chi)} = \frac{P_1}{P_1 + P_2} \tag{7-20}$$

据此，引入反溶腔作用系数的前提下，溶腔影响可理解为溶腔的存在削弱了该侧的初始应力作用，破坏了静水压力状态而形成非静水压力场，即 $\chi \neq 1$。当 $\chi = 1$ 时，溶腔对隧洞开挖不产生影响，这与实际不符。

各向压力模型的经典弹性解见式（7-21）

$$\left.\begin{array}{l} \sigma_r = P_1\left(1 - \dfrac{r_a^2}{r^2}\right) \\[2mm] \sigma_\theta = P_1\left(1 + \dfrac{r_a^2}{r^2}\right) \\[2mm] u = \dfrac{(1+\upsilon)P_1}{E}\left[(1-2\upsilon)r + \dfrac{r_a^2}{r}\right] \end{array}\right\} \tag{7-21}$$

考虑到各向压力作用下，在开挖前地层已形成了初始位移

$$u_0 = \frac{(1+\upsilon)(1-2\upsilon)}{E} P_1 r \tag{7-22}$$

因此，由于开挖而产生的位移场不包含该初始位移量。

为便于解答单向压力模型，将图 7-4 的坐标系逆时针旋转 $90°$（$\theta = 0°$ 表示隧洞顶部方向），并利用复势理论求解，映射函数 $z = w(\zeta) = r_a \zeta$。

由应力边界条件可得复势参数 B、B'

$$\left.\begin{array}{l} B = \dfrac{\sigma_x^\infty + \sigma_y^\infty}{4} = \dfrac{P_2}{4} \\[2mm] B' = \dfrac{\sigma_y^\infty - \sigma_x^\infty}{4} = -\dfrac{P_2}{2} \end{array}\right\} \tag{7-23}$$

不衬砌隧洞周边不考虑外荷载，故复应力函数可表示为

$$\left.\begin{array}{l} \varphi(\zeta) = B\omega(\zeta) + \varphi_0(\zeta) \\ \psi(\zeta) = (B' + iC')\omega(\zeta) + \psi_0(\zeta) \end{array}\right\} \tag{7-24}$$

式中，$C' = 0$，$\varphi_0(\zeta)$ 及 $\psi_0(\zeta)$ 由柯西积分解得 $\varphi_0(\zeta) = \dfrac{P_2 r_a}{2\zeta}$，$\psi_0(\zeta) = \dfrac{P_2 r_a}{2}\left(\dfrac{1}{\zeta^3} - \dfrac{1}{\zeta}\right)$。

因此，由式（7-23）、式（7-24）可得复应力函数为

$$\left.\begin{array}{l} \varphi(\zeta) = \dfrac{P_2 r_a}{2}\left(\dfrac{\zeta}{2} + \dfrac{1}{\zeta}\right) \\[2mm] \psi(\zeta) = \dfrac{P_2 r_a}{2}\left(\dfrac{1}{\zeta^3} - \dfrac{1}{\zeta} - \zeta\right) \end{array}\right\} \tag{7-25}$$

由著名的 Kolosov-Muskhelishvili 公式及弹性力学转轴公式可得单向压力模型解

$$\left.\begin{aligned}\sigma_r &= \frac{P_2}{2}\left(1-\frac{r_a^2}{r^2}\right)+\frac{P_2}{2}\left(\frac{3r_a^2}{r^2}-1\right)\left(\frac{r_a^2}{r^2}-1\right)\cos(2\theta)\\ \sigma_\theta &= \frac{P_2}{2}\left(1+\frac{r_a^2}{r^2}\right)-\frac{P_2}{2}\left(1+\frac{3r_a^4}{r^4}\right)\cos(2\theta)\end{aligned}\right\} \quad (7\text{-}26)$$

$$\left.\begin{aligned}u &= \frac{(1+\upsilon)P_2}{2E}\frac{r_a^2}{r}\left\{1+\left[4(1-\upsilon)-\frac{r_a^2}{r^2}\right]\cos(2\theta)\right\}\\ v &= \frac{(1+\upsilon)P_2}{2E}\frac{r_a^2}{r}\left[2(1-2\upsilon)+\frac{r_a^2}{r^2}\right]\sin(2\theta)\end{aligned}\right\} \quad (7\text{-}27)$$

式（7-27）已考虑了开挖前形成的初始地层位移。因在解析中，利用了坐标旋转法，旋转 90°后 $\cos(2\theta)$ 将变号而 $\sin(2\theta)$ 不变号，故得到位移解。

叠加各向和单向压力模型解，并代入式（7-18），可得开挖影响下的围岩应力场表达式

$$\left.\begin{aligned}\sigma_r &= \frac{1+\chi}{2}P_0\left(1-\frac{r_a^2}{r^2}\right)+\frac{1-\chi}{2}P_0\left(\frac{3r_a^2}{r^2}-1\right)\left(\frac{r_a^2}{r^2}-1\right)\cos(2\theta)\\ \sigma_\theta &= \frac{1+\chi}{2}P_0\left(1+\frac{r_a^2}{r^2}\right)-\frac{1-\chi}{2}P_0\left(1+\frac{3r_a^4}{r^4}\right)\cos(2\theta)\end{aligned}\right\} \quad (7\text{-}28)$$

为区分三次应力场，以下将用 $\sigma_r^{(2)}$、$\sigma_\theta^{(2)}$ 表示开挖引起的二次应力场。
相应的位移场表达式，见式（7-29）

$$\left.\begin{aligned}u &= \frac{(1+\upsilon)}{E}P_0\frac{r_a^2}{r}\left\{\chi+\frac{1-\chi}{2}\left[1+\left(4-4\upsilon-\frac{r_a^2}{r^2}\right)\cos(2\theta)\right]\right\}\\ v &= \frac{(1+\upsilon)}{2E}(1-\chi)P_0\frac{r_a^2}{r}\left[2(1-2\upsilon)+\frac{r_a^2}{r^2}\right]\sin(2\theta)\end{aligned}\right\} \quad (7\text{-}29)$$

由式（7-29）可知，近溶腔水工隧洞开挖形成的位移场出现了环向位移分量。

由式（7-28）第 2 式可进一步得到反溶腔作用系数 χ 的确定公式。当 $r=r_a$ 时，对该式进行化简，可得

$$\chi = \frac{\sigma_\theta|_{r=r_a}+[2\cos(2\theta)-1]P_0}{[2\cos(2\theta)+1]P_0} \quad (7\text{-}30)$$

可见，工程中确定 χ 值并不难，只需在现场中利用水压致裂法等手段得到多个方向上的洞壁环向应力值，代入式（7-30）并对计算结果求平均值，即得 χ 值。

当 $\chi \neq 1$ 时，由式（7-30）可得 $\sigma_\theta|_{r=r_a} \neq 2P_0$，这与静水压力下 $\sigma_\theta|_{r=r_a}=2P_0$ 不一致，可见引入反溶腔作用系数 χ 可充分反映近溶腔隧洞开挖产生的偏压效应。确定其值后，便可得溶腔影响下的围岩应力场分布。

水工隧洞最主要的特点是过水，因此在其内发生的一切力学现象均与水流有密切关系。岩体中地下隧洞周围的应力场和位移场无时不受渗流场的影响，尤其是承受高水头内水压力的隧洞，渗流场对其影响将达到不可忽视的程度，这一点在内水外渗过程中得到充分体现。根据过水时间的长短，可将问题分为初次充水和渗流场稳定两个阶段。

水工隧洞在初次充水阶段，由于渗流场在短时间内不能形成，故可把内水压力按作用于隧洞内壁的面力来考虑。在弹性力学基本假设下，利用仅受内压 P_a 作用的"厚壁圆筒"理论求得该阶段的围岩应力

$$\left.\begin{aligned}\sigma_{rc} &= \left[\frac{1}{\beta^{r_1-r_2}-1}\left(\frac{r}{r_a}\right)^{r_1-1}+\frac{1}{\beta^{r_2-r_1}-1}\left(\frac{r}{r_a}\right)^{r_2-1}\right]P_a \\ \sigma_{\theta c} &= \left[\frac{r''_1}{r'_1}\cdot\frac{1}{\beta^{r_1-r_2}-1}\left(\frac{r}{r_a}\right)^{r_1-1}+\frac{r''_2}{r'_2}\cdot\frac{1}{\beta^{r_2-r_1}-1}\left(\frac{r}{r_a}\right)^{r_2-1}\right]P_a\end{aligned}\right\} \quad (7-31)$$

式中，系数 β 表示厚壁圆筒外内半径比，为便于统一分析，取 β 值与渗流场稳定时的值相等。

$$\left.\begin{aligned}r''_1 &= \frac{v}{1-v}r_1+1 \quad & r'_1 &= r_1+\frac{v}{1-v} \\ r''_2 &= \frac{v}{1-v}r_2+1 \quad & r'_2 &= r_2+\frac{v}{1-v}\end{aligned}\right\} \quad (7-32)$$

$$\left.\begin{aligned}r_1 &= \frac{v'+\sqrt{(v'+4)^2-28}}{2} \\ r_2 &= \frac{v'-\sqrt{(v'+4)^2-28}}{2}\end{aligned}\right\} \quad (7-33)$$

式中　v——岩石泊松比；

$v'=\dfrac{1}{1-v}+1$。

水工隧洞充水后将发生内水外渗现象，运行一段时间后，围岩形成稳定的渗流场。在高水压作用下，内外水头差远比洞径大，可认为渗流方向以径向为主，尤其是在洞周范围内。因此，渗流场稳定阶段的解答可视为各向恒定渗流问题的解答。对于各向恒定渗流问题，有渗流场的解

$$H=\frac{1}{\ln\alpha}\left(h_a\ln\frac{\alpha r_a}{r}+h_0\ln\frac{r}{r_a}\right) \quad (7-34)$$

式中　α——远场水头 h_0 和洞壁水头 h_a 所在圆边界半径比。

压力隧洞外任一点的受力平衡中，径向和环向均不含剪应力分量。根据图 7-5 所示的受力状态，由径向平衡可建立受力平衡微分方程

$$\frac{\mathrm{d}\sigma_r}{\mathrm{d}r}+\frac{\mathrm{d}P_w}{\mathrm{d}r}-\frac{\sigma_r+\sigma_\theta+2P_w}{r}=0 \quad (7-35)$$

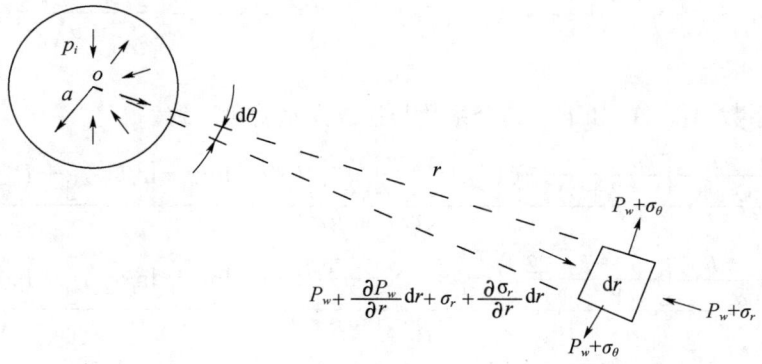

图 7-5　压力隧洞外任一单元体的受力平衡

渗流在岩体中引起的渗透体积力将改变岩体中已存在的应力状态，而应力状态的改变又将影响岩体结构的改变，进而改变岩体的渗透性能。考虑到岩石的孔隙特性，在平

衡微分方程中引入岩石等效孔隙水压力系数 ξ。

$\dfrac{\mathrm{d}P_w}{\mathrm{d}r}$ 为渗透水压力，即渗透体积力，表达式如下

$$\frac{\mathrm{d}P_w}{\mathrm{d}r}=-\gamma_w\frac{\mathrm{d}(\xi H)}{\mathrm{d}r}=\frac{\gamma_w\xi(h_a-h_0)}{r\ln\alpha} \tag{7-36}$$

式中 γ_w ——水的重力密度。

对式（7-36）积分且一并代入式（7-35），可将受力平衡微分方程化简为

$$\frac{\mathrm{d}\sigma_r}{\mathrm{d}r}-\frac{\sigma_r+\sigma_\theta}{r}-\frac{\gamma_w\xi(h_a-h_0)}{r\ln\alpha}(2\ln r-1)=0 \tag{7-37}$$

在平面应变问题中，用位移表示应力的物理方程为

$$\left.\begin{array}{l}\sigma_\theta=\lambda\left(\dfrac{1-\upsilon}{\upsilon}\cdot\dfrac{u}{r}+\dfrac{\mathrm{d}u}{\mathrm{d}r}\right)\\[2mm]\sigma_r=\lambda\left(\dfrac{1-\upsilon}{\upsilon}\cdot\dfrac{\mathrm{d}u}{\mathrm{d}r}+\dfrac{u}{r}\right)\end{array}\right\} \tag{7-38}$$

式中 λ ——拉梅第一参数，$\lambda=\dfrac{E\upsilon}{(1+\upsilon)(1-2\upsilon)}$；

E ——岩体的弹性模量；

υ ——岩体的泊松比；

u ——围岩径向位移。

根据平面应变理论，联立式（7-37）、式（7-38）并有 $\begin{cases}\sigma_r\mid_{r=r_a}=-P_a\\\sigma_r\mid_{r=\beta r_a}=-P_0\end{cases}$，可求得围岩应力场，进而利用式（7-38）可求得围岩位移场，或者利用环向应变 ε_θ 表达式（7-39）也可得到结果。其中，求得的围岩应力场见式（7-40）

$$\varepsilon_\theta=\frac{u}{r}=\frac{1-\upsilon^2}{E}\left(\sigma_\theta-\frac{\upsilon}{1-\upsilon}\sigma_r\right) \tag{7-39}$$

$$\left.\begin{array}{l}\sigma_r=A_1\cdot\left(\dfrac{r}{r_a}\right)^{r_1-1}+A_2\cdot\left(\dfrac{r}{r_a}\right)^{r_2-1}+\dfrac{\gamma_w\xi(h_a-h_0)}{\ln\alpha}\left[\dfrac{2\upsilon^2+5\upsilon-2}{(2+\upsilon)^2}-\dfrac{2}{2+\upsilon}\ln r\right]\\[3mm]\sigma_\theta=\dfrac{r''_1}{r'_1}\cdot A_1\cdot\left(\dfrac{r}{r_a}\right)^{r_1-1}+\dfrac{r''_2}{r'_2}\cdot A_2\cdot\left(\dfrac{r}{r_a}\right)^{r_2-1}+\dfrac{\gamma_w\xi(h_a-h_0)}{\ln\alpha}\left[\dfrac{2-\upsilon-2\upsilon^2}{(2+\upsilon)^2}-\dfrac{2}{2+\upsilon}\ln r\right]\end{array}\right\} \tag{7-40}$$

式中，系数 A_1、A_2 如下，其余系数与初次充水阶段一致。

$$\left.\begin{array}{l}A_1=\dfrac{\dfrac{\gamma_w\xi(h_a-h_0)}{\ln\alpha}\left[\dfrac{2\upsilon^2+5\upsilon-2}{(2+\upsilon)^2}(1-\beta^{r_2-1})+\dfrac{2}{2+\upsilon}(\beta^{r_2-1}\ln r_a-\ln\beta r_a)\right]+P_0-P_a\beta^{r_2-1}}{\beta^{r_2-1}-\beta^{r_1-1}}\\[5mm]A_2=\dfrac{\dfrac{\gamma_w\xi(h_a-h_0)}{\ln\alpha}\left[\dfrac{2\upsilon^2+5\upsilon-2}{(2+\upsilon)^2}(1-\beta^{r_1-1})+\dfrac{2}{2+\upsilon}(\beta^{r_1-1}\ln r_a-\ln\beta r_a)\right]+P_0-P_a\beta^{r_1-1}}{\beta^{r_1-1}-\beta^{r_2-1}}\end{array}\right\} \tag{7-41}$$

为区分初次充水围岩应力，以下将用 σ_{rw}、$\sigma_{\theta w}$ 表示渗流场稳定围岩应力。

近溶腔高压水工隧洞围岩应力及位移可按叠加原理求解，在叠加的过程中考虑开挖效应和过水效应。故围岩三次应力场表达式为

$$\begin{cases} \sigma_r^{(3)} = \sigma_r^{(2)} + \sigma_r \\ \sigma_\theta^{(3)} = \sigma_\theta^{(2)} + \sigma_\theta \end{cases} \quad (7\text{-}42)$$

式中，$\sigma_r^{(2)}$、$\sigma_\theta^{(2)}$ 和 σ_r、σ_θ 分别为水工隧洞开挖后围岩二次应力和过水后围岩中由内水压产生的应力，水工隧洞初次充水围岩应力 σ_r、σ_θ 按式（7-31）计算；渗流场稳定围岩应力 σ_r、σ_θ 按式（7-40）计算。位移场的计算也可按上述原理进行。

7.1.3 围岩时变承载能力定量评估的 LDP-GRC 耦合新方法

相关文献指出围岩为"自稳时变结构"，认为硬岩岩爆是在满足围岩自稳时变结构的质量随时间发生变化而系统出现负阻尼导致形成动力不稳定系统的情况下被诱发，即围岩自稳时变结构的自我调整过程。而中等强度岩体与软弱岩体在高地应力作用具有强流变性，其自稳时变结构调整过程表现为强流变力学行为耗散外力功，初期隧洞变形剧烈，一段时间后则变形开始缓慢。已有文献借鉴抗力系数的概念提出了评价围岩承载能力的自承载系数，其表达式为

$$K = \frac{\Delta p}{\Delta u} = \frac{p_0 - p_i}{u_0} \quad (7\text{-}43)$$

式中　P_0——初始地应力；

　　　P_i——支护力；

　　　u_0——瞬间释放的弹塑性位移。

K 的物理意义是隧道洞壁处产生单位位移所需支护力的改变量。因为没考虑围岩的流变性质，故自承载系数不符合围岩自稳时变结构的事实。对此本书考虑了围岩流变力学性质，通过引进流变模型推导的流变位移 $u_r(R_0, t)$ 代替 u_0，提出围岩时变承载系数 $K(t)$，其物理意义是洞壁产生单位流变位移所需支护力的改变量。定义如下

$$K(t) = \frac{p_0 - p_i}{u_r(R_0, t)} \quad (7\text{-}44)$$

求解的基本条件包括基本假设、强度准则和流变模型的选取。

1. 力学模型建立的基本假设

（1）深埋圆形隧道处于静水压力场，大小为 p_0。

（2）围岩为均质、各向同性岩体。同时将围岩看成不可压缩材料，即黏塑性区内的体积应变为零，且不考虑应变硬化与应变软化影响。

（3）圆形隧道轴向无限长，即可以当作平面应变问题处理，轴向应变 $\varepsilon_z = 0$。

（4）围岩的黏弹塑性行为可以用服从统一强度理论的玻耳兹曼（Boltzmann）模型表征。力学模型建立如图 7-6 所示。

2. 统一强度准则

为考虑隧道轴向应力的影响，选取适用各类岩土材料的统一强度准则，其主应力形式的表达式为：

当 $\sigma_2 \leq \dfrac{\sigma_1 + \sigma_3}{2} - \dfrac{\sigma_1 - \sigma_3}{2} \sin\varphi$ 时

$$\frac{1 - \sin\varphi}{1 + \sin\varphi} \sigma_1 - \frac{b\sigma_2 + \sigma_3}{1 + b} = \frac{2c\cos\varphi}{1 + \sin\varphi} \quad (7\text{-}45)$$

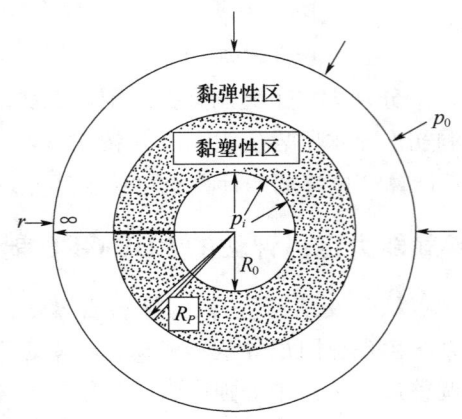

图 7-6　力学模型

当 $\sigma_2 \geqslant \dfrac{\sigma_1+\sigma_3}{2}-\dfrac{\sigma_1-\sigma_3}{2}\sin\varphi$ 时

$$\dfrac{1-\sin\varphi}{(1+b)(1+\sin\varphi)}(\sigma_1+b\sigma_2)-\sigma_3=\dfrac{2c\cos\varphi}{1+\sin\varphi} \tag{7-46}$$

式中，σ_1、σ_3 分别为最大、最小主应力，σ_2 为中间主应力；b 为常数（$0\leqslant b\leqslant 1$），反映中间主应力的影响。根据轴对称平面应变条件下，切向应力和径向应力 σ_θ、σ_r 分别是主应力 σ_1 和 σ_3；在塑性区平面外的平面应力 σ_z 大小为中间主应力 σ_2，结果表明，$\sigma_2=(\sigma_\theta+\sigma_r)/2>(\sigma_\theta+\sigma_r)/2-(\sigma_\theta-\sigma_r)\sin\varphi/2$，公式可以进一步简写为

$$\sigma_\theta = M\sigma_r + Y \tag{7-47}$$

式中，$M=\dfrac{(2+b)+(2+3b)\sin\varphi}{(2+b)(1-\sin\varphi)}$，$Y=\dfrac{4(1+b)c\cos\varphi}{(2+b)(1-\sin\varphi)}$。

3. Boltzmann-UST 黏弹塑性模型

Boltzman-UST 黏弹塑性模型耦合了 Boltzmann 模型和塑性流动法则。如图 7-7 所示，此模型的重要假设是将材料的力学行为分为平均应力和偏应力两部分考虑。

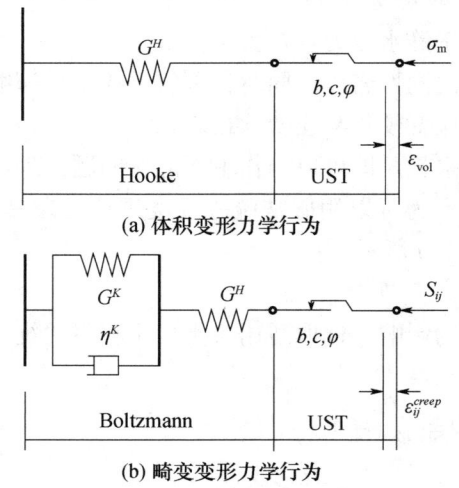

图 7-7　Boltzmann-UST 黏弹塑性模型

应力方面

$$\left.\begin{array}{l}\sigma_m = \dfrac{\sigma_{kk}}{3} \\ S_{ij} = \sigma_{ij} - \delta_{ij} \cdot \sigma_m \end{array}\right\} \tag{7-48}$$

应变方面

$$\left.\begin{array}{l}\varepsilon_{vol} = \varepsilon_{kk} \\ e_{ij} = \varepsilon_{ij} - \delta_{ij} \cdot \dfrac{\varepsilon_{kk}}{3} \end{array}\right\} \tag{7-49}$$

Bonini 和 Yang 等指出，材料的体积变形是建立在线性胡克定律和塑性流动法则上的弹塑性行为，而由 Boltzmann 模型和相同强度准则控制的黏弹塑性行为是偏应力的作用结果，如式（7-50）所示

$$\left.\begin{array}{l}\varepsilon_{vol} = \varepsilon_{vol}^e + \varepsilon_{vol}^p \\ e_{ij} = e_{ij}^{ve} + e_{ij}^p \end{array}\right\} \tag{7-50}$$

式中，上标 e 和 p 分别表示弹性和塑性，上标 ve 表示黏弹性。

这表明隧道围岩的时效变形，即黏弹性应变只取决于偏应力 S_{ij}，而与时间无关的塑性应变和体积应变取决于 $\sigma_{ij} = S_{ij} + \delta_{ij}\sigma_m$。假定弹塑性变形平面应变假设成立，服从统一强度准则，则 σ_{ij} 由文献给出。关于黏弹性应变可以直接参考文献得

$$\varepsilon_{ij}^{creep} = \dfrac{S_{ij}}{3G^k}\left[1 - \exp\left(-\dfrac{G^k}{\eta^k}t\right)\right] \tag{7-51}$$

在黏弹性区和黏塑性区 $\sigma_z = (\sigma_\theta + \sigma_r)/2$ 均成立。黏弹性区应力场如下

$$\left.\begin{array}{l}\sigma_r = p_0 - (p_0 - p_{yc})\dfrac{R_p^2}{r^2} \\ \sigma_\theta = p_0 + (p_0 - p_{yc})\dfrac{R_p^2}{r^2} \\ \sigma_z = \dfrac{\sigma_r + \sigma_\theta}{2} = p_0 \end{array}\right\} \tag{7-52}$$

其中

$$p_{yc} = \dfrac{2p_0 - Y}{1 + M} \tag{7-53}$$

$$R_p = R_0\left[\dfrac{p_{yc} + c\cot\varphi}{p_i + c\cot\varphi}\right]^{\frac{1}{C_0}} \tag{7-54}$$

$$C_0 = \dfrac{4(1+b)\sin\varphi}{(2+b)(1-\sin\varphi)} \tag{7-55}$$

式中 p_{yc}——临界支护压力；

R_p——塑性区半径。

由体积力 $\sigma_m = (\sigma_r + \sigma_z + \sigma_\theta)/3$ 和式（7-48）、式（7-51）、式（7-52）易得黏弹性径向应变

$$\varepsilon_r^{creep} = -\dfrac{p_0 - p_{yc}}{3G^k} \cdot \dfrac{R_p^2}{r^2}\left[1 - \exp\left(-\dfrac{G^k}{\eta^k}t\right)\right] \tag{7-56}$$

由几何方程 $\varepsilon_r = du/dr$ 可知黏弹性区位移 u_r^{creep} 为

$$u_r^w = \frac{p_0 - p_{yc}}{3G^k} \cdot \frac{R_p^2}{r}\left[1 - \exp\left(-\frac{G^k}{\eta^k}t\right)\right] \tag{7-57}$$

塑性区应力应变关系是非线性的，不能被广义胡克定律正确表征，因此假设塑性区应力应变关系可以乘以一个表示非线性关系的塑性模数 Φ，即

$$\varepsilon_r^{\text{creep}} = \Phi \frac{\sigma_r - \sigma_\theta}{3G^k}\left[1 - \exp\left(-\frac{G^k}{\eta^k}t\right)\right] \tag{7-58}$$

由假设围岩不可压缩，塑性区体积应变为零，且为计算方便不计塑性区弹性应变，采用关联线性流动准则

$$\varepsilon_\theta^p + \varepsilon_r^p = 0 \tag{7-59}$$

将几何方程 $\varepsilon_r = du/dr$，$\varepsilon_\theta = u/r$ 代入式（7-59），并解常微分方程得

$$u = -\frac{J}{r^2} \tag{7-60}$$

从而有

$$\varepsilon_r^{\text{creep}} = -\frac{J}{r^2} \tag{7-61}$$

其中，J 为积分常数。由式（7-58）、式（7-61）得 Φ

$$\Phi = \frac{3JG^k}{(\sigma_\theta - \sigma_r)r^2\left[1 - \exp\left(-\frac{G^k}{\eta^k}t\right)\right]} \tag{7-62}$$

在弹塑性交界面，即 $r = R_p$ 处，塑性模数 $\Phi = 1$，代入式（7-62）可得积分常数 J

$$J = \frac{(\sigma_\theta - \sigma_r)|_{r=R_p} \cdot R_p^2}{3G^k}\left[1 - \exp\left(-\frac{G^k}{\eta^k}t\right)\right] \tag{7-63}$$

将式（7-63）代入式（7-62）得到

$$\Phi = \frac{(\sigma_\theta - \sigma_r)|_{r=R_p}}{(\sigma_\theta - \sigma_r)} \cdot \frac{R_p^2}{r^2} \tag{7-64}$$

统一强度理论下塑性区应力（$R_0 \leqslant r \leqslant R_p$）为

$$\left.\begin{array}{l}\sigma_r = (p_i + c\cot\varphi)\left(\dfrac{r}{R_0}\right)^{C_0} - c\cot\varphi \\ \sigma_\theta = M(p_i + c\cot\varphi)\left(\dfrac{r}{R_0}\right)^{C_0} - c\cot\varphi\end{array}\right\} \tag{7-65}$$

则

$$(\sigma_\theta - \sigma_r)|_{r=R_p} = (M-1)(p_i + c\cot\varphi)\left(\frac{R_p}{R_0}\right)^{C_0} \tag{7-66}$$

将式（7-66）代入式（7-64）得到塑性模数 Φ

$$\Phi = \frac{(M-1)(p_i + c\cot\varphi)}{(\sigma_\theta - \sigma_r)r^2} \cdot \frac{R_p^{C_0+2}}{R_0^{C_0}} \tag{7-67}$$

将式（7-67）代入式（7-58），再联立几何方程 $\varepsilon_r = du/dr$ 积分得到黏塑性径向位移

$$u_r^{vp} = \frac{(M-1)(p_i + c\cot\varphi)}{3G^k}\left(\frac{R_p}{R_0}\right)^{C_0} \cdot \frac{R_p^2}{r^2} \\ \left[1 - \exp\left(-\frac{G^k}{\eta^k}t\right)\right] \tag{7-68}$$

由式（7-57）可知，在弹塑性交界线处（$r = R_p$）产生的位移量为

$$u_r^{ve}|_{r=R_p} = \frac{p_0-p_{y\epsilon}}{3G^k} \cdot R_p \left[1-\exp\left(-\frac{G^k}{\eta^k}t\right)\right] \tag{7-69}$$

式（7-68）和式（7-69）相加得到黏塑性区的时效径向位移

$$u_r^{creep}(r,t) = \frac{1}{3G^k}\left[(M-1)(p_i+c\cot\varphi)\left(\frac{R_p}{R_0}\right)^{C_0} \cdot \frac{R_p^2}{r}+(p_0-p_{y\epsilon})R_p\right] \cdot \left[1-\exp\left(-\frac{G^k}{\eta^k}t\right)\right] \tag{7-70}$$

$t=0$ 时隧道洞壁处（$r=R_0$）弹塑性位移可表示为

$$u_r(R_0,0) = \frac{(p_0-p_{y\epsilon})R_p^2}{2G^H R_0} \tag{7-71}$$

则洞壁处产生的总的径向位移为

$$u_r(R_0,t) = \frac{1}{3G^k}\left[(M-1)\cdot(p_i+c\cot\varphi)\frac{R_p^{C_0+2}}{R_0^{C_0+1}}+(p_0-p_{y\epsilon})R_p\right] \cdot$$
$$\left[1-\exp\left(-\frac{G^k}{\eta^k}t\right)\right]+\frac{(p_0-p_{y\epsilon})}{2G^H} \cdot \frac{R_p^2}{R_0} \tag{7-72}$$

以上围岩变形分析全过程均是在开挖与支护同时完成的假设条件下进行的，下面是在未施作二次支护的前提下进行围岩时变承载能力的分析，故 p_i 指虚拟支护力，由式（7-44）可得

$$K(t) = (p_0-p_i) \cdot \left\{\frac{p_0-p_{y\epsilon}}{2G^H} \cdot \frac{R_p^2}{R_0}+\frac{1}{3G^k}\right.$$
$$\left[(M-1)(p_i+c\cot\varphi) \cdot \frac{R_p^{C_0+2}}{R_0^{C_0+1}}+(p_0-p_{y\epsilon})R_p\right]$$
$$\left.\left[1-\exp\left(-\frac{G^k}{\eta^k}t\right)\right]\right\}^{-1} \tag{7-73}$$

隧洞刚形成时即 $t=0$ 时

$$K(0) = \frac{2G^H(p_0-p_i)R_0}{p_0-p_{y\epsilon}} \cdot \frac{R_0}{R_p^2} \tag{7-74}$$

随着隧道作业面不断地向前推进，工作面附近一定范围内围岩弹塑性变形的发展与应力重分布都将受到作业面自身的制约，而使围岩的弹塑性变形得不到充分释放，弹塑性的应力重分布不能很快完成，称为开挖面的空间效应，通常用 LDP 曲线描述。Vlachopoulos N 和 Hoek 分别通过数值模拟和实测数据得到的 LDP 曲线为基础，其中 V-D（09）方程以围岩最大塑性区半径为基础，适用弹性和塑性围岩，优点明显。本节将考虑时间因素给出 LDP 曲线的表达式如下：

V-D（09）方程

$$\begin{cases} \dfrac{u_{R_0}(x,t)}{u_{R_0}(\infty,t)} = \dfrac{u_{R_0}(0,t)}{u_{R_0}(\infty,t)} \cdot e^{X^*}, (X^*<0) \\ \dfrac{u_{R_0}(0,t)}{u_{R_0}(\infty,t)} = \dfrac{1}{3}e^{-0.15R^*}, (X^*=0) \\ \dfrac{u_{R_0}(x,t)}{u_{R_0}(\infty,t)} = 1-\left(1-\dfrac{u_{R_0}(0,t)}{u_{R_0}(\infty,t)}\right) \cdot e^{-\frac{3X^*}{2R^*}}, (X^*>0) \end{cases} \tag{7-75}$$

Hoek 方程

$$\frac{u_{R_0}(x,t)}{u_{R_0}(\infty,t)} = \left[1 + \exp\left(-\frac{x/R_0}{1.10}\right)\right]^{-1.7} \tag{7-76}$$

式中 $u_{R_0}(x,t)$——距离开挖面不同位置的隧道洞壁径向位移（即虚拟支护力 p_i 作用下的 t 时刻隧道径向位移）；

$u_{R_0}(\infty,t)$——不受开挖面空间效应影响的 t 时刻隧道洞壁收敛位移（即无支护隧道洞壁 t 时刻的径向位移）；

X——距离开挖面的距离。$X=0$ 表示开挖面，$X<0$ 表示开挖面前方，$X>0$ 表示开挖面后方；

R^*——$R^*=R_p/R_0$；

X^*——$X^*=X/R_0$。

7.2　岩体隧洞变形的时空效应

7.2.1　分数阶 Burgers 流变岩体隧洞变形的时空效应解析

在描述围岩黏弹性蠕变行为的诸多模型中，广义开尔文（Kelvin）模型和伯格斯（Burgers）模型最为常用。前者第二阶段蠕变速率为 0，不适用软岩分析；后者虽能弥补该不足，但对硬岩蠕变分析并不敏感（硬岩第二阶段的蠕变量基本保持不变）。与经典 Burgers 模型相比，分数阶 Burgers 模型改进了麦克斯韦（Maxwell）元件，由分数阶 Maxwell 体和 Kelvin 体串联而成，各元件间协调工作，相互弥补。为了全面分析围岩蠕变特性，采用分数阶 Burgers 模型研究。

分数阶 Burgers 模型通过分数阶微积分理论描述，文中采用黎曼-刘维尔（Riemann-Liouville）型分数阶微积分算子理论，对于函数 $f(t)$ 的 β 阶积分定义为

$$\frac{d^{-\beta}f(t)}{dt^{-\beta}} = {}_{t_0}D_t^{-\beta}f(t) = \int_{t_0}^{t}\frac{(t-\tau)^{\beta-1}}{\Gamma(\beta)}f(\tau)d\tau \tag{7-77}$$

分数阶微分定义为

$$\frac{d^{\beta}f(t)}{dt^{\beta}} = {}_{t_0}D_t^{\beta}f(t) = \frac{d^n}{dt^n}\left[{}_{t_0}D_t^{-(n-\beta)}f(t)\right] \tag{7-78}$$

式（7-77）、式（7-78）中，$\beta>0$，且 $n-1<\beta\leqslant n$（n 为正整数）；$\Gamma(\beta)$ 为伽马（Gamma）函数，其定义为

$$\Gamma(\beta) = \int_0^{\infty} e^{-t} t^{\beta-1} dt \quad [Re(\beta)>0] \tag{7-79}$$

分数阶微积分的 Laplace 变换公式为

$$\left. \begin{array}{l} L[{}_0D_t^{-\beta}f(t),p] = p^{-\beta}\overline{f}(p) \quad (\beta>0) \\ L[{}_0D_t^{\beta}f(t),p] = p^{\beta}\overline{f}(p) \quad (0\leqslant\beta\leqslant 1) \end{array} \right\} \tag{7-80}$$

当 $0\leqslant\beta\leqslant 1$ 时，要求 $f(t)$ 在 $t=0$ 附近可积。式中，$\overline{f}(p)$ 为 $f(t)$ 的拉普拉斯（Laplace）变换。

Goodman 等学者指出，开挖面空间效应使毗邻开挖面的围岩弹塑性变形得不到充分释放，应力重分布不能很快完成，即开挖面前后方一定范围内围岩力学响应，包括围岩黏弹性蠕变行为，均受到开挖面空间效应的影响；因此，围岩存在一定的假想支护

力，且支护力随着开挖面的推进而逐渐减小。假设在某一研究断面处，隧洞已释放了的弹塑性径向位移为 $u_{R_0}^{p_2^*}$，已释放的假想支护力为 p_1^*，则其等效的力学作用效应为该处存在假想支护力 p_2^*，且 $p_2^* = p_0 - p_1^*$。因此，$u_{R_0}^{p_2^*}$ 的物理意义可理解为围岩作用有原岩应力 p_0 且在隧洞周边作用有假想支护力 p_2^* 条件下的径向位移，可采用 E. Hoek 给出的拟合方程来计算

$$\frac{u_{R_0}^{p_2^*}}{u_{R_0}(\infty)} = \left[1 + \exp\left(\frac{-x/R_0}{1.10}\right)\right]^{-1.7} \tag{7-81}$$

式中　x——研究断面处至开挖面的距离；

　　　R_0——隧洞半径；

$u_{R_0}(\infty)$——原岩应力 p_0 作用下开挖面后方无穷远处不支护围岩的径向位移。

假设隧洞开挖满足平面应变条件，则考虑开挖面空间效应的围岩弹性应力解

$$\sigma_\theta = p_0\left(1 + \lambda \frac{R_0^2}{r^2}\right) \tag{7-82}$$

$$\sigma_r = p_0\left(1 - \lambda \frac{R_0^2}{r^2}\right) \tag{7-83}$$

式中　σ_θ、σ_r——环向应力和径向应力；

　　　p_0——原岩应力；

　　　R_0——隧洞半径；

　　　λ——应力释放率。

$$\lambda(x) = \frac{u_{R_0}^{p_2^*}}{u_{R_0}(\infty)} = \left[1 + \exp\left(\frac{-x/R_0}{1.10}\right)\right]^{-1.7} \tag{7-84}$$

由弹性力学可知，隧洞轴向应变 $\varepsilon_z = 0$；结合广义胡克定律，可求得轴向应力

$$\sigma_z = \mu(\sigma_r + \sigma_\theta) \tag{7-85}$$

式 (7-86)、式 (7-87) 给出了研究断面处球应力分量 σ_m 和径向偏应力分量 S_r

$$\sigma_m = \frac{\sigma_r + \sigma_\theta + \sigma_z}{3} = p_0 \tag{7-86}$$

$$S_r = \sigma_r - \sigma_m = -\lambda p_0 \frac{R_0^2}{r^2} \tag{7-87}$$

为了全面分析围岩蠕变特性，采用分数阶 Burgers 蠕变模型研究，由分数阶 Maxwell 体和 Kelvin 体串联而成。

分数阶 Maxwell 模型主要用于描述黏弹性固体，由弹簧元件和阿贝尔 (Abel) 黏壶串联组成，如图 7-8 所示，G_2、η_2 分别为分数阶 Maxwell 模型的剪切模量和黏滞系数。Abel 黏壶为软体元件，用于衡量介于硬岩和软岩之间某种状态物体的黏性性质。Abel 黏壶由分数阶微积分描述，当阶次 β 取值不同时，相应的围岩力学性态也会改变（$\beta=0 \to$ 硬岩，$\beta=1 \to$ 软岩），这样一来，阶次 β 即可反映围岩蠕变第二阶段特征。该模型的本构方程

$$\gamma = \frac{\tau}{G_2} + {}_0D_t^{-\beta}\left(\frac{\tau}{\eta_2}\right) \tag{7-88}$$

由分数阶微积分可知，上述方程可改写为

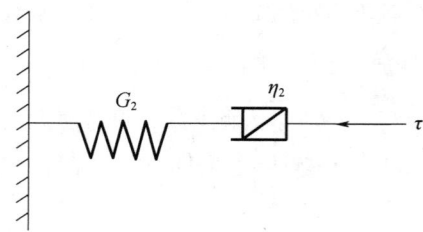

图 7-8 分数阶 Maxwell 模型

$$_0D_r^\beta\gamma = {_0D_t^\beta}\left(\frac{\tau}{G_2}\right)+\frac{\tau}{\eta_2} \tag{7-89}$$

对式（7-89）两边进行 Laplace 变换，则

$$p^\beta\bar{\gamma} = \frac{1}{G_2}p^\beta\bar{\tau}+\frac{1}{\eta_2}\bar{\tau} \tag{7-90}$$

式（7-90）可以整理为

$$\bar{\gamma} = \frac{1}{G_2}\bar{\tau}+\frac{1}{\eta_2}p^{-\beta}\bar{\tau} \tag{7-91}$$

当考虑蠕变问题时，$\tau(t)=\tau_0\Delta(t)$，这里 $\Delta(t)$ 为赫维塞德（Heaviside）单位阶跃函数。式（7-91）经 Laplace 逆变换后，整理得到分数阶 Maxwell 模型的蠕变方程

$$\gamma(t) = \frac{\tau_0}{G_2}+\frac{\tau_0}{\eta_2}\frac{t^\beta}{\Gamma(1+\beta)} \tag{7-92}$$

根据蠕变柔量 $J(t)$ 的定义，有

$$J(t) = \frac{1}{G_2}+\frac{1}{\eta_2}\frac{t^\beta}{\Gamma(1+\beta)} \tag{7-93}$$

根据 Goodman 的研究成果可知，在线性黏弹性围岩中，剪应力与剪应变存在如下关系

$$F_1(t)\tau_0 = F_2(t)\gamma(t) \tag{7-94}$$

式中，$F_1(t)$ 和 $F_2(t)$ 为时间 t 的函数。

联立式（7-92）～式（7-94），可得

$$\frac{F_1(t)}{F_2(t)} = J(t) = \frac{1}{G_2}+\frac{1}{\eta_2}\frac{t^\beta}{\Gamma(1+\beta)} \tag{7-95}$$

时空效应下隧洞围岩蠕变行为是一个复杂的三维问题。在该问题中，径向偏应力分量 S_r 与相应的应变分量 ε_r 之间存在函数关系式，如下

$$S_r = 2G\varepsilon_r \tag{7-96}$$

$$\varepsilon_r = \frac{1}{2G}S_r \tag{7-97}$$

式中　G——围岩剪切模量。

根据弹性-黏弹性对应原理，将式（7-97）中的 $1/G$ 用式（7-95）等效替换，进而剖析围岩黏弹性蠕变行为。联立式（7-87）、式（7-95）、式（7-97），可得时空效应下分数阶 Maxwell 模型三维解，见式（7-98）

$$\varepsilon_r = -\lambda p_0 \frac{R_0^2}{r^2}\left(\frac{1}{2G_2}+\frac{1}{2\eta_2}\frac{t^\beta}{\Gamma(1+\beta)}\right) \tag{7-98}$$

如图 7-9 所示，G_1 和 η_1 分别为 Kelvin 模型的剪切模量和黏滞系数。Kelvin 模型的本构方程可由相关文献获得

$$\tau = \eta_1 \dot{\gamma} + G_1 \gamma = \left(\eta_1 \frac{\mathrm{d}}{\mathrm{d}t} + G_1\right)\gamma \tag{7-99}$$

在该模型中，式（7-94）仍然成立。联立式（7-94）、式（7-99），可得

$$\left.\begin{array}{l} F_1(t) = 1 \\ F_2(t) = \eta_1 \dfrac{\mathrm{d}}{\mathrm{d}t} + G_1 \end{array}\right\} \tag{7-100}$$

$$\frac{F_2(t)}{F_1(t)} = \eta_1 \frac{\mathrm{d}}{\mathrm{d}t} + G_1 \tag{7-101}$$

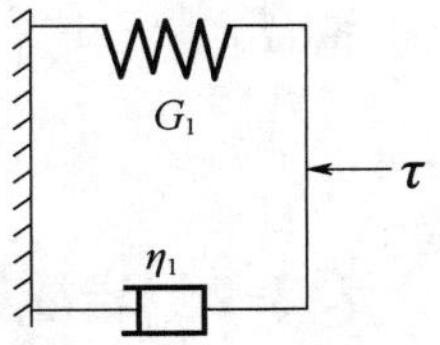

图 7-9 Kelvin 模型

同理，通过弹性-黏弹性对应原理剖析围岩黏弹性蠕变行为：式（7-96）中的比例因子 G 可用 $F_2(t)/F_1(t)$ 等效替换。联立式（7-87）、式（7-96）、式（7-101）可得

$$\varepsilon_r = \frac{-\lambda p_0 \dfrac{R_0^2}{r^2}}{2\left(\eta_1 \dfrac{\mathrm{d}}{\mathrm{d}t} + G_1\right)} \tag{7-102}$$

在 Kelvin 模型中，隧洞开挖瞬时存在初始条件式（7-103）。联立式（7-102）~式（7-103），可得时空效应下 Kelvin 模型三维解式（7-104）

$$\varepsilon_r(0) = 0 \tag{7-103}$$

$$\varepsilon_r = -\frac{\lambda p_0}{2G_1} \cdot \frac{R_0^2}{r^2}\left(1 - \mathrm{e}^{-\frac{G_1}{\eta_1}t}\right) \tag{7-104}$$

分数阶 Burgers 蠕变模型是由 Kelvin 体和分数阶 Maxwell 体串联而成。联立式（7-98）、式（7-104）可得三维应力空间中分数阶 Burgers 蠕变模型的蠕变应变表达式

$$\varepsilon_r = -\frac{\lambda p_0}{2}\frac{R_0^2}{r^2}\left[\frac{1}{G_2} + \frac{1}{\eta_2}\frac{t^\beta}{\Gamma(1+\beta)} + \frac{1}{G_1}\left(1 - \mathrm{e}^{-\frac{G_1}{\eta_1}t}\right)\right] \tag{7-105}$$

在研究断面处，偏应力作用使围岩产生随时间增长的蠕变变形。由几何方程可得

$$u_r = \int \varepsilon_r \mathrm{d}r \tag{7-106}$$

进而可得考虑时空效应的分数阶 Burgers 流变岩体中深埋隧洞黏弹性蠕变解，见式（7-107）

$$u_r(t) = \lambda \frac{p_0 R_0^2}{2r}\left[\frac{1}{G_2} + \frac{1}{\eta_2}\frac{t^\beta}{\Gamma(1+\beta)} + \frac{1}{G_1}\left(1 - \mathrm{e}^{-\frac{G_1}{\eta_1}t}\right)\right] \tag{7-107}$$

通过比较发现，当 $\lambda = 1$，$\beta = 1$ 时，本书中解的形式与文献所得经验关系式类似，因此可通过该文献成果来确定相关蠕变参数的取值。

在分数阶 Maxwell 模型中，隧洞开挖瞬时胡克体元件产生初始应变，表达式如下

$$\varepsilon_r(0) = \frac{-\lambda p_0}{2G_2}\frac{R_0^2}{r^2} \tag{7-108}$$

由式（7-106）、式（7-108）可得，隧洞开挖瞬时产生的初始位移量（任意研究断面的洞壁处）为

$$u_0 = \frac{\lambda p_0 R_0}{2G_2} \tag{7-109}$$

原位测试洞壁收敛位移是研究隧洞变形的最可靠手段。收敛位移随着研究断面与成洞时间不同而变动，影响隧洞变形的两个重要因素即开挖面空间效应和成洞时间效应。隧洞洞壁收敛位移可用式（7-110）表示

$$C_r(t) = 2[u_r(t) - u_0] \tag{7-110}$$

结合式（7-109），可得隧洞洞壁蠕变收敛位移为

$$C_r(t)|_{r=R_0} = \lambda p_0 R_0 \left[\frac{1}{\eta_2} \frac{t^\beta}{\Gamma(1+\beta)} + \frac{1}{G_1}\left(1 - e^{-\frac{G_1}{\eta_1}t}\right) \right] \tag{7-111}$$

7.2.2 岩质隧道施工过程变形时空问题的位移释放系数法

如图 7-10 所示，深埋隧道半径为 R_0。假设地应力场为静水压力状态，围岩为各向同性均质体。当地应力达到一定水平时，围岩形成塑性圈，其半径假设为 R_p。随着时间推移，围岩蠕变行为逐渐显现。围岩由黏弹性区与塑性区构成。黏弹性区总应变包括弹性应变与黏弹性应变，塑性区总应变包括弹性应变与塑性应变。假设围岩瞬时力学性态服从 Drucker-Prager 准则，蠕变力学性态服从 Burgers 模型。由于隧道开挖过程开挖面具有空间效应，其前后方一定范围内围岩力学响应均受到约束作用。当时间由 t_1 推移至 t_2 时，断面 AA 与无穷远处断面的蠕变变形量并不一致。可以推断，由于断面 AA 受到开挖面的约束作用，其蠕变量偏小，位移释放极不充分。本书采用位移释放系数法描述岩质隧道施工过程变形的时空问题。

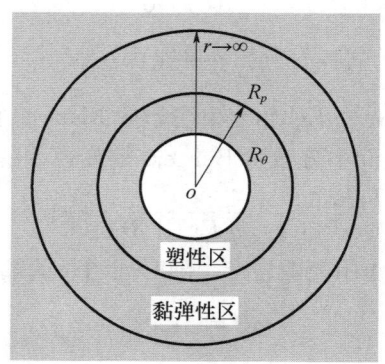

图 7-10 计算模型

位移释放系数 u^* 可由 V-D（09）方程给出

$$u^* = \frac{u_r}{u_{r,\max}} = \begin{cases} u_0^* e^{X^*}, & X^* \leqslant 0 \\ 1 - (1 - u_0^*) e^{\frac{-3X^*}{2R^*}}, & X^* \geqslant 0 \end{cases} \tag{7-112}$$

其中，

$$u_0^* = \frac{1}{3} e^{-0.15R^*}, \quad x = 0 \tag{7-113}$$

式中 x——断面 AA 至开挖面的纵向距离；

X^*——相对距离，$X^* = x/R_0$；

u_r——断面 AA 径向位移；

$u_{r,\max}$——距开挖面无穷远处不受开挖面约束作用的二维平面应变无支护断面产生的

最大径向位移；

R^*——相对半径，$R^* = R_{max}/R_0$，R_{max} 为二维平面应变无支护围岩的最大塑性区半径；

u_0^*——开挖面处位移释放率。

式（7-112）描述了隧道纵剖面变形曲线。当二维平面应变无支护隧道最大径向位移 $u_{r,max}$ 已知时，通过式（7-112）可预测开挖面约束作用下各断面的变形情况。V-D（09）方程普遍适用弹性围岩（$R^*=1$）和各种弹塑性围岩（$R^*>1$），且反映了隧道埋深（地应力）、岩体特性（强度准则参数与中间主应力效应）和施工方法（围岩扰动程度）等因素的综合影响，可在复杂工程地质环境中推广应用。围岩变形具有时间效应，并非一蹴而就，这是地质体为流变体的本质属性决定的。在图 7-10 中，卸荷段围岩蠕变历时 t_1 与 t_2 后，洞壁位移值增大。V-D（09）方程所描述的 LDP 曲线最终通过实测位移（一般指与日俱增的隧道变形量）佐证，间接说明了二维平面应变无支护隧道最大径向位移 $u_{r,max}$ 应当视为时间的函数，即蠕变变形。

Burgers 体和 Drucker-Prager 组合模型为 Burgers 模型与 Drucker-Prager 准则组合的黏弹塑性模型，如图 7-11 所示。当 Drucker-Prager 准则退化为 Mohr-Coulomb 准则时，Burgers 体和 Drucker-Prager 组合模型将退化为 CVISC 模型（也即 BMC 模型）。CVISC 模型具有完备的数理基础，已广泛应用于隧道蠕变力学行为研究。本书采用 Drucker-Prager 准则主要考虑：

（1）深埋隧道变形实质上为三维状态；

（2）考虑中间主应力时，Drucker-Prager 准则即为 Mohr-Coulomb 准则的三维修正模型。

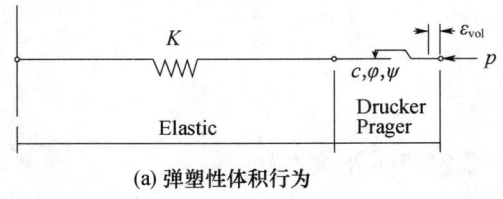

(a) 弹塑性体积行为

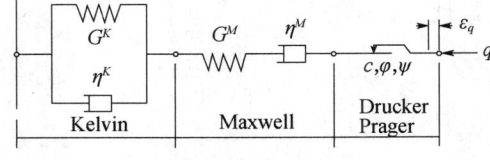

(b) 黏弹塑性偏量特性

图 7-11　Burgers 体和 Drucker-Prager 组合模型

如图 7-11 所示，将 Burgers 模型与 Drucker-Prager 准则组合，形成了能模拟弹塑性体积行为和黏弹塑性偏量特性的 Burgers 蠕变黏弹塑性模型。Burgers 模型本构关系为

$$2\eta^K \ddot{e}_{ij} + 2G^K \dot{e}_{ij} = \frac{\eta^K}{G^M}\ddot{S}_{ij} + \left(1 + \frac{G^K}{G^M} + \frac{\eta^K}{\eta^M}\right)\dot{S}_{ij} + \frac{G^K}{\eta^M}S_{ij} \quad (7\text{-}114)$$

式中　G^K——Kelvin 剪切模量；

η^K——Kelvin 黏滞系数；

G^M——Maxwell 剪切模量；

η^M——Maxwell 黏滞系数；

S_{ij}、e_{ij}——偏应力张量与偏应变张量。

$$S_{ij}=\sigma_{ij}-\frac{1}{3}\delta_{ij}\sigma_{kk}, e_{ij}=\varepsilon_{ij}-\frac{1}{3}\delta_{ij}\varepsilon_{kk} \tag{7-115}$$

式中 δ_{ij}——克罗内克（Kronecker）符号；

σ_{ij}、ε_{ij}——应力张量与应变张量；

σ_{kk}、ε_{kk}——体积应力与体积应变。

$$\sigma_{kk}=3K\varepsilon_{kk} \tag{7-116}$$

式中 K——体积模量，$K=\dfrac{2G^M(1+\upsilon)}{3(1-2\upsilon)}$；

υ——泊松比。

Drucker-Prager 准则为

$$F=\sqrt{J_2}-\alpha I_1-\kappa=0 \tag{7-117}$$

式中 I_1——应力张量第一不变量；

J_2——偏应力张量第二不变量；

α、κ——与岩石的内摩擦角和黏聚力有关的试验常数。

α 和 k 的计算式为

$$\alpha=\frac{2\sin\varphi}{\sqrt{3}(3-\sin\varphi)} \tag{7-118}$$

$$k=\frac{6c\cos\varphi}{\sqrt{3}(3-\sin\varphi)} \tag{7-119}$$

式中 c——黏聚力；

φ——内摩擦角。

由非关联流动法则可确定塑性势函数为

$$Q=\sqrt{J_2}-\alpha_\psi I_1-\kappa=0 \tag{7-120}$$

式中，α_ψ 为扩容参数，且

$$\alpha_\psi=\frac{\sin\psi}{\sqrt{3}\sqrt{3+\sin^2\psi}} \tag{7-121}$$

式中，ψ 为扩容角。

塑性应变可通过塑性势函数求解

$$\dot{\varepsilon}_{ij}^p=\dot{\lambda}\frac{\partial Q}{\partial \sigma_{ij}}=\dot{\lambda}\left(-\alpha_\psi\delta_{ij}+\frac{S_{ij}}{2\sqrt{J_2}}\right) \tag{7-122}$$

式中 $\dot{\varepsilon}_{ij}^p$——塑性应变率；

$\dot{\lambda}$——塑性乘子。

岩质隧道开挖过程围岩变形的时空效应分析，其关键在于二维平面应变无支护隧道最大径向位移 $u_{r,\max}$ 的求解。本节给出了其计算过程。

基于 Drucker-Prager 准则的围岩开始屈服时的原岩应力 p_0 为

$$p_0 = \frac{k}{1-3\alpha} \tag{7-123}$$

当原岩应力大于应力阈值（7-123）时，围岩力学行为表现为塑性。式（7-124）给出了塑性圈存在情况下弹性区产生位移计算公式

$$u_r = \frac{R_p^2}{2Gr}(p_0 \sin\varphi + c\cos\varphi) \tag{7-124}$$

根据弹性-黏弹性对应原理，有

$$u_r(t) = \frac{R_p^2(1+\upsilon)J(t)}{r}(p_0 \sin\varphi + c\cos\varphi) \tag{7-125}$$

其中，$J(t)$ 为 Burgers 体的蠕变柔量，可对式（7-114）进行 Laplace 变换及其逆变换得到，计算公式为

$$J(t) = \frac{1}{2G^M} + \frac{t}{2\eta^M} + \frac{1}{2G^K}\left(1 - e^{-\frac{G^K}{\eta^K}t}\right) \tag{7-126}$$

将式（7-126）代入式（7-125）可得岩质隧道黏弹性变形解，进而可得围岩弹塑性交界面上的位移，即

$$u_r(R_p, t) = R_p(1+\upsilon)(p_0 \sin\varphi + c\cos\varphi) \cdot$$
$$\left[\frac{t}{2\eta^M} + \frac{1}{2G^M} + \frac{1}{2G^K} - \frac{1}{2G^K}\exp\left(-\frac{G^K}{\eta^K}t\right)\right] \tag{7-127}$$

围岩弹塑性交界面变形协调，式（7-127）作为计算塑性区变形的边界条件。

针对平面应变问题，存在等式 $\dot{\varepsilon}_z^p = 0$。将该等式联立式（7-122），可得

$$S_z^p = 2\alpha_\psi \sqrt{J_2} \tag{7-128}$$

$$\sigma_z^p = S_z^p + \frac{I_1}{3} = 2\alpha_\psi \sqrt{J_2} + \frac{I_1}{3} \tag{7-129}$$

由此可得

$$\sigma_z^p = \frac{1}{2}(\sigma_\theta^p + \sigma_r^p) + 3\alpha_\psi \sqrt{J_2} \tag{7-130}$$

$$J_2 = \frac{1}{6}\left[(\sigma_\theta^p - \sigma_z^p)^2 + (\sigma_z^p - \sigma_r^p)^2 + (\sigma_r^p - \sigma_\theta^p)^2\right]$$
$$= \frac{1}{6}\left[\frac{3}{2}(\sigma_\theta^p - \sigma_r^p)^2 + 18\alpha_\psi^2 J_2\right] \tag{7-131}$$

式（7-131）可化简为

$$\sqrt{J_2} = \sqrt{\frac{3+\sin^2\psi}{12}}(\sigma_\theta^p - \sigma_r^p) \tag{7-132}$$

联立式（7-129）与式（7-130），可得

$$I_1 = 3\alpha_\psi \sqrt{J_2} + \frac{3}{2}(\sigma_r^p + \sigma_\theta^p) \tag{7-133}$$

将式（7-132）代入（7-133），可得

$$I_1 = \frac{(3+\sin\psi)\sigma_\theta^p + (3-\sin\psi)\sigma_r^p}{2} \tag{7-134}$$

联立 Drucker-Prager 准则（7-116）与式（7-133）、式（7-134），可得

$$\sigma_\theta^p - \sigma_r^p = \frac{2(\sigma_r^p + c\cot\varphi)}{\csc\varphi - 1} \tag{7-135}$$

该力学问题的平衡方程为

$$\sigma_\theta^p - \sigma_r^p = r\frac{\mathrm{d}\sigma_r^p}{\mathrm{d}r} \tag{7-136}$$

针对平面应变条件，当 $r=R_0$ 时，有

$$\sigma_r^p = 0 \tag{7-137}$$

联立式（7-133）～式（7-137），可得围岩应力场

$$\begin{cases} \sigma_r^p = c\cot\varphi\left[\left(\dfrac{r}{R_0}\right)^{\frac{2}{\csc\varphi-1}} - 1\right] \\ \sigma_\theta^p = c\cot\varphi\left[\dfrac{\csc\varphi+1}{\csc\varphi-1}\left(\dfrac{r}{R_0}\right)^{\frac{2}{\csc\varphi-1}} - 1\right] \\ \sigma_z^p = c\cot\varphi\left[\dfrac{\csc\varphi+\sin\psi}{\csc\varphi-1}\left(\dfrac{r}{R_0}\right)^{\frac{2}{\csc\varphi-1}} - 1\right] \end{cases} \tag{7-138}$$

在围岩弹塑性交界面，应力边界条件为

$$\sigma_r^p + \sigma_\theta^p = 2p_0 \tag{7-139}$$

将式（7-139）代入式（7-138），可得围岩塑性区半径 R_p 计算公式为

$$R_p = R_0\left[\frac{(p_0+c\cot\varphi)(1-\sin\varphi)}{c\cot\varphi}\right]^{\frac{1-\sin\varphi}{2\sin\varphi}} \tag{7-140}$$

由边界条件（7-137）可知，式（7-140）塑性区半径即为二维平面应变无支护围岩的最大塑性区半径 $R_{\max}$。Park 和 Kim 给出了二维平面应变无支护围岩径向位移 u_r（本书记为 $u_{r,\max}$）的微分方程

$$\frac{\mathrm{d}u_{r,\max}}{\mathrm{d}r} + \kappa_\psi\frac{u_{r,\max}}{r} = f(r) \tag{7-141}$$

$$f(r) = \varepsilon_r + \kappa_\psi\varepsilon_\theta = (\varepsilon_r^e + \varepsilon_r^p) + \kappa_\psi(\varepsilon_\theta^e + \varepsilon_\theta^p) \tag{7-142}$$

其中，塑性应变分量满足

$$\varepsilon_r^p + \kappa_\psi\varepsilon_\theta^p = 0 \tag{7-143}$$

式中，κ_ψ 为扩容系数，计算公式为

$$\kappa_\psi = \frac{1+\sin\psi}{1-\sin\psi} \tag{7-144}$$

式（7-141）位移通解为

$$u_{r,\max} = \frac{1}{r^{\kappa_\psi}}\int_{R_p}^{r} r^{\kappa_\psi} f(r)\mathrm{d}r + u_r(R_p,t)\cdot\left(\frac{R_p}{r}\right)^{\kappa_\psi} \tag{7-145}$$

式中 $u_r(R_p,t)$——围岩弹塑性交界面上的位移。

围岩塑性区弹性应变 ε_r^e、ε_θ^e 可以表示为

$$\begin{cases} \varepsilon_r^e = \dfrac{1}{2G^M}\left[(1-\upsilon)(\sigma_r^p-p_0) - \upsilon(\sigma_\theta^p-p_0)\right] \\ \varepsilon_\theta^e = \dfrac{1}{2G^M}\left[(1-\upsilon)(\sigma_\theta^p-p_0) - \upsilon(\sigma_r^p-p_0)\right] \end{cases} \tag{7-146}$$

将式（7-146）代入式（7-142），可得

$$f(r) = \frac{1}{2G^M}\left[(1-\upsilon-\kappa_\psi\upsilon)\sigma_r^p + (\kappa_\psi-\kappa_\psi\upsilon-\upsilon)\sigma_\theta^p - (1-2\upsilon)(1+\kappa_\psi)p_0\right] \tag{7-147}$$

将式（7-147）代入式（7-145），可得

$$u_{r,\max}=C_1\left[\left(\frac{r}{R_0}\right)^{\frac{2}{\csc\varphi-1}}r-\left(\frac{R_p}{R_0}\right)^{\frac{2}{\csc\varphi-1}}\frac{R_p^{\kappa_\psi+1}}{r^{\kappa_\psi}}\right]-C_2\left[r-\frac{R_p^{\kappa_\psi+1}}{r^{\kappa_\psi}}\right]+u_r(R_p,t)\cdot\left(\frac{R_p}{r}\right)^{\kappa_\psi} \tag{7-148}$$

其中，与材料力学参数相关的子函数为

$$C_1=\left[\frac{1-\upsilon-\kappa_\psi\upsilon}{2G^M}+\frac{\kappa_\psi-\kappa_\psi\upsilon-\upsilon}{2G^M}\cdot\frac{\csc\varphi+1}{\csc\varphi-1}\right]\cdot\left[\frac{c\cot\varphi}{\frac{2}{\csc\varphi-1}+\kappa_\psi+1}\right] \tag{7-149}$$

$$C_2=\left[\frac{1-\upsilon-\kappa_\psi\upsilon}{2G^M}c\cot\varphi+\frac{\kappa_\psi-\kappa_\psi\upsilon-\upsilon}{2G^M}c\cot\varphi+\frac{(1-2\upsilon)(1+\kappa_\psi)p_0}{2G^M}\right]\cdot\frac{1}{\kappa_\psi+1} \tag{7-150}$$

将式（7-127）代入式（7-148），可得二维平面应变无支护隧道最大径向位移 $u_{r,\max}$。进而联立 V-D（09）方程（7-112）可获得开挖面约束作用下各断面的变形情况。式（7-148）的数学函数形式与 Manh 解一致，但是由于所考虑问题不一致，两者存在系数项上的差异。当不考虑时间因素时，围岩表现为弹塑性，或者当 $\eta^M\to\infty$，且 $\eta^K\to\infty$，材料黏弹塑性退化为弹塑性，本书解的数学函数形式与 Park 解一致。

7.2.3 考虑围岩蠕变全过程与扩容的深隧非线性位移解

基本假设如下：

（1）如图 7-12 所示，深隧半径为 R_0，且纵向无限长；原岩应力 p_0 表现为静水状态；洞周面力为 p_i，含隧洞内径处围岩自身及掌子面提供的假想支护力 p_c 和支护结构提供的抗力 p_s；

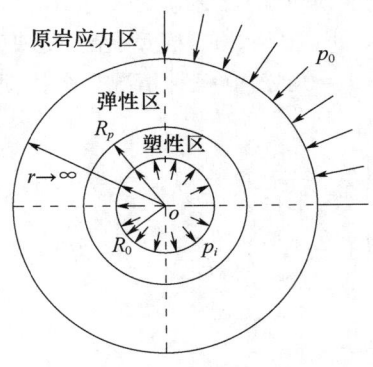

图 7-12 隧洞力学模型

（2）隧洞开挖产生的应力重分布完成后，围岩应力场恒定，在此应力场作用下围岩发生蠕变；蠕变现象符合空间轴对称假设；

（3）隧洞围岩进入屈服前为黏弹性不可压缩体，服从胡克定律，同时考虑蠕变现象；进入屈服后为黏弹塑性可压缩体，蠕变应变含弹性应变、黏弹性应变和黏塑性应变；

（4）围岩弹、塑性区长期强度相同；塑性区围岩变形模量随着塑性应变的增加而逐渐降低，假设蠕变参数 G、η 线性弱化；

（5）围岩应力以受压为正，相应的应变亦为正，以向隧洞中心发展的位移为正。

当深埋隧洞围岩长期强度低于高地应力时，须考虑蠕变的全过程，蠕变模型必须充分反映围岩的衰减、稳定和加速蠕变。徐卫亚等采用非线性蠕变元件代替法建立了河海模型，可完整地描述岩石蠕变这三个阶段。河海模型是指在五元件线性黏弹性蠕变模型上串联一个非线性黏塑性体（nonlinear viscous-plastic body，NVPB）而组成的模型，已有研究通过岩石全自动流变伺服仪进行三轴蠕变试验、FLAC3D 数值程序模拟以及锦屏一级水电站工程验证，说明该模型可充分反映岩石的加速蠕变特性。模型如图 7-13 所示。图中，河海模型由胡克体、两个线性黏弹性体（广义 Kelvin 体）、非线性黏塑性体（NVPB）串联而成。其中，σ 为一维应力（MPa），E_0 为胡克体弹性模量，E_1 和 E_2、η_1 和 η_2 均为广义 Kelvin 体弹性模量和黏滞系数，η_3 为 NVPB 黏滞系数，n 为蠕变指数，σ_s 为长期强度。当 $\sigma \leqslant \sigma_s$ 时，NVPB 部分表现为刚体，不参与蠕变，模型将退化为理想黏弹性蠕变模型，适于描述岩石蠕变衰减及稳定阶段。当 $\sigma > \sigma_s$ 时，河海模型适于描述岩石蠕变全过程行为。

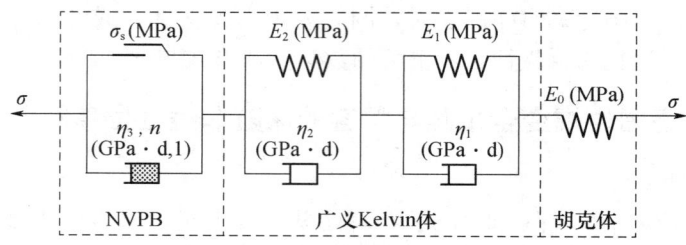

图 7-13 一维岩石非线性蠕变模型

利用 Laplace 变换及其逆变换可得蠕变应变表达式，见式（7-151）。由式（7-151）可知，当 $n \leqslant 1$ 时，$d\varepsilon/dt > 0$，$d^2\varepsilon/dt^2 < 0$，模型无法反映蠕变加速阶段。当 $n > 1$ 时，$d\varepsilon/dt > 0$，且存在 $d^2\varepsilon/dt^2 < 0$、$= 0$ 或 > 0 三种情况，分别对应岩石蠕变三阶段行为，详见图 7-14。

$$\varepsilon(t) = \begin{cases} \dfrac{\sigma}{E_0} + \dfrac{\sigma}{E_1}\left(1 - e^{-\frac{E_1}{\eta_1}t}\right) + \dfrac{\sigma}{E_2}\left(1 - e^{-\frac{E_2}{\eta_2}t}\right) & (\sigma \leqslant \sigma_s) \\ \dfrac{\sigma}{E_0} + \dfrac{\sigma}{E_1}\left(1 - e^{-\frac{E_1}{\eta_1}t}\right) + \dfrac{\sigma}{E_2}\left(1 - e^{-\frac{E_2}{\eta_2}t}\right) + \dfrac{\sigma - \sigma_s}{\eta_3}t^n & (\sigma > \sigma_s) \end{cases} \quad (7\text{-}151)$$

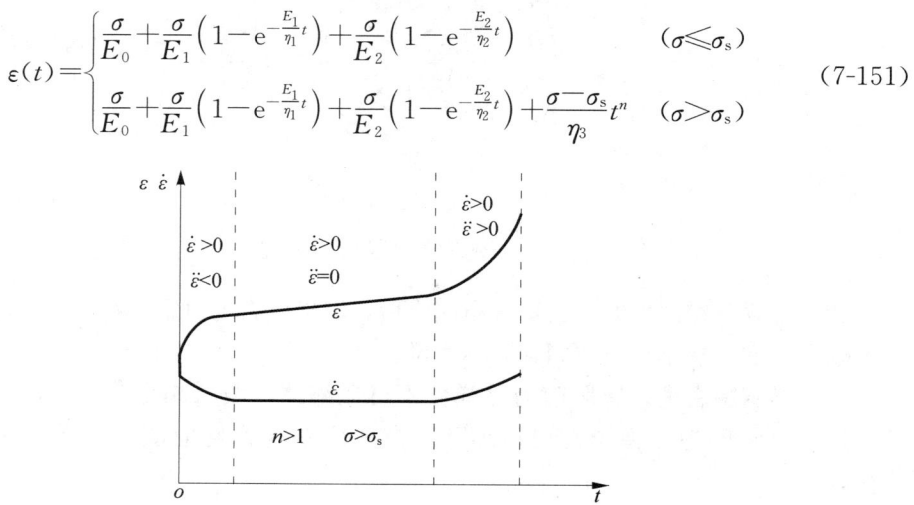

图 7-14 岩石蠕变特征曲线

深埋隧洞围岩变形是复杂的三维问题，文献给出了三维应力状态下岩石蠕变方程，见式（7-152）。经修正，在三维本构关系中，黏弹性模量 E_0、E_1 和 E_2 应替换成黏弹性

剪切模量 G_0、G_1 和 G_2，式（7-153）给出了两种模量关系式

$$\varepsilon_{ij}(t)=\begin{cases}\dfrac{\sigma_m}{2G_0}+\dfrac{S_{ij}}{2G_1}\left(1-e^{-\frac{G_1}{\eta_1}t}\right)+\dfrac{S_{ij}}{2G_2}\left(1-e^{-\frac{G_2}{\eta_2}t}\right) & (S_{ij}\leqslant\sigma_s)\\ \dfrac{\sigma_m}{2G_0}+\dfrac{S_{ij}}{2G_1}\left(1-e^{-\frac{G_1}{\eta_1}t}\right)+\dfrac{S_{ij}}{2G_2}\left(1-e^{-\frac{G_2}{\eta_2}t}\right)+\dfrac{S_{ij}-\sigma_s}{\eta_3}t^n & (S_{ij}>\sigma_s)\end{cases} \quad (7\text{-}152)$$

$$G_i=\dfrac{E_i}{2(1+\mu)},(i=0,1,2) \quad (7\text{-}153)$$

式中 t——时间；

σ_m——平均应力；

S_{ij}——偏应力。

$$\sigma_m=\dfrac{1}{3}\sigma_{kk}=\dfrac{\sigma_\theta+\sigma_r+\sigma_z}{3} \quad (7\text{-}154)$$

$$S_{ij}=\sigma_{ij}-\delta_{ij}\sigma_m=\sigma_{ij}-\dfrac{1}{3}\delta_{ij}\sigma_{kk} \quad (7\text{-}155)$$

深埋隧洞开挖支护符合平面应变假设。由基本假设（2）可知，围岩应力场形成以后保持恒定，并作为围岩蠕变前的初始应力场。因此，必须先求得该应力场，本书采用 H-B 屈服准则求解。H-B 屈服准则作为非线性破坏准则，相比于线性 M-C 屈服准则更能反映深隧围岩的固有特点和非线性破坏特征，以及结构面组数、岩石强度、所处应力状态对围岩强度的影响。其常用公式为

$$\sigma_1=\sigma_3+\sqrt{m\sigma_c\sigma_3+s\sigma_c^2} \quad (7\text{-}156)$$

式中 σ_1、σ_3——岩体屈服时的最大主应力和最小主应力（MPa）；

σ_c——完整岩石的单轴抗压强度（MPa）；

m、s——与岩体特性有关的材料参数，量纲为 1，m 反映岩体的软硬程度，取值为 0.0000001～25，s 反映岩体破碎程度，取值为 0～1。

H-B 公式中岩体力学参数可通过文献确定。令 $\sigma_1=\sigma_\theta$，$\sigma_3=\sigma_r$。

在塑性区，平衡方程为 $\dfrac{d\sigma_r}{dr}+\dfrac{\sigma_r-\sigma_\theta}{r}=0$。

将式（7-156）代入平衡方程，且当 $r=R_0$ 时，$\sigma_r=p_i$，可得

$$\int_{p_i}^{\sigma_r}\dfrac{d\sigma_r}{\sqrt{m\sigma_c\sigma_r+s\sigma_c^2}}=\int_{R_0}^{r}\dfrac{dr}{r} \quad (7\text{-}157)$$

$$\sigma_r^p=\dfrac{m\sigma_c}{4}\left(\ln\dfrac{r}{R_0}\right)^2+\sqrt{m\sigma_c p_i+s\sigma_c^2}\cdot\ln\dfrac{r}{R_0}+p_i \quad (7\text{-}158)$$

进而可得环向应力

$$\sigma_\theta^p=\dfrac{m\sigma_c}{4}\left(\ln\dfrac{r}{R_0}\right)^2+\left(\sqrt{m\sigma_c p_i+s\sigma_c^2}+\dfrac{m\sigma_c}{2}\right)\cdot\ln\dfrac{r}{R_0}+\sqrt{m\sigma_c p_i+s\sigma_c^2}+p_i \quad (7\text{-}159)$$

考虑到塑性体积变化的影响，采用基于塑性势函数推得的平面应变条件下塑性中主应力计算式

$$\sigma_z=\dfrac{(1+\sin\psi)\sigma_\theta+(1-\sin\psi)\sigma_r}{2} \quad (7\text{-}160)$$

式中 σ_z——隧洞轴向应力；

ψ——岩体材料扩容角。

$$\sigma_z^p = \frac{m\sigma_c}{4}\left(\ln\frac{r}{R_0}\right)^2 + \left[\sqrt{m\sigma_c p_i + s\sigma_c^2} + \frac{m\sigma_c}{4}(1+\sin\psi)\right] \cdot \ln\frac{r}{R_0} + \frac{1+\sin\psi}{2}\sqrt{m\sigma_c p_i + s\sigma_c^2} + p_i \tag{7-161}$$

在围岩弹性区，当 $r=R_p$ 时，$\sigma_r^p = \sigma_r^e$；且当 $r\to\infty$ 时，$\sigma_\theta = \sigma_r = p_0$；故由平面应变理论可得弹性解

$$\sigma_r^e = p_0 - \frac{R_p^2}{r^2}\left[p_0 - \frac{m\sigma_c}{4}\left(\ln\frac{R_p}{R_0}\right)^2 - \sqrt{m\sigma_c p_i + s\sigma_c^2}\cdot\ln\frac{R_p}{R_0} - p_i\right] \tag{7-162}$$

$$\sigma_\theta^e = p_0 + \frac{R_p^2}{r^2}\left[p_0 - \frac{m\sigma_c}{4}\left(\ln\frac{R_p}{R_0}\right)^2 - \sqrt{m\sigma_c p_i + s\sigma_c^2}\cdot\ln\frac{R_p}{R_0} - p_i\right] \tag{7-163}$$

根据边界条件：$r=R_p$，$\sigma_\theta^p = \sigma_\theta^e$ 求解得到塑性区半径为

$$R_p = R_0 e^{M_1} \tag{7-164}$$

$$M_1 = \frac{\sqrt{m^2 + 16m p_0/\sigma_c + 16s} - 4\sqrt{m p_i/\sigma_c + s} - m}{2m} \tag{7-165}$$

将式（7-164）代入（7-162）、式（7-163），可得弹性区应力场为

$$\sigma_r^e = p_0 - \frac{R_0^2}{r^2} N_1 e^{2M_1} \tag{7-166}$$

$$\sigma_\theta^e = p_0 + \frac{R_0^2}{r^2} N_1 e^{2M_1} \tag{7-167}$$

$$N_1 = p_0 - p_i - \sqrt{m\sigma_c p_i + s\sigma_c^2} M_1 - \frac{m\sigma_c}{4} M_1^2 \tag{7-168}$$

在弹性区，弹性中主应力表达式见式（7-169）

$$\sigma_z = p_0 \tag{7-169}$$

特殊地，当考虑隧洞内边界条件情况时，可建立如下关系式

$$p_i = p_c + p_s \tag{7-170}$$

孙钧院士研究发现，在空间约束效应显著条件下，开挖面附近一定范围内的围岩会产生一个等效的假想支护力 p_c。随着开挖面的推进，伴随应力进一步释放，该支护力会逐步减小，随后，支护结构发挥作用，其实际支护抗力 p_s 从 0 逐渐开始增加。在空间约束效应基本消失条件下，此时便存在 $p_c=0$，$p_s=p_{s,\max}$。夏才初等学者也研究发现，当满足以下条件时：①在开挖时间 t 达到 43d 时；②或者在开挖面后方 4 倍洞跨处；此时围岩的应力释放率接近于 1，空间约束效应会基本消失。侯公羽等也通过分析发现由于工程条件差异，空间约束效应基本消失的洞跨范围有一定的不同，有些可能在开挖面后方 5 倍洞跨处。可知，在满足在开挖后 0～43d 内或在 4～5 倍洞跨范围内这两个条件的情况下，由空间约束效应引起的围岩应力重分布不可忽视，建议选取式（7-158）、式（7-159）、式（7-161）和式（7-166）、式（7-167）、式（7-169）计算。当开挖时间 t 超过 43d 亦或支护结构的架设滞后（如架设在 4～5 倍洞跨范围外）于开挖面推进时，这种条件下则架设处围岩应力重分布已趋于稳定，此时，支护结构仅仅只能控制围岩的蠕变变形，因而解析式中 p_i 作用可以忽略。当洞周面力 $p_i=0$ 时，同样可根据上述的步骤求解得到围岩蠕变初始应力场的变化，最终结果为

$$\sigma_r^p = \frac{m\sigma_c}{4}\left(\ln\frac{r}{R_0}\right)^2 + \sqrt{s}\sigma_c \cdot \ln\frac{r}{R_0} \tag{7-171}$$

$$\sigma_\theta^p = \frac{m\sigma_c}{4}\left(\ln\frac{r}{R_0}\right)^2 + \left(\sqrt{s}\sigma_c + \frac{m\sigma_c}{2}\right) \cdot \ln\frac{r}{R_0} + \sqrt{s}\sigma_c \tag{7-172}$$

$$\sigma_z^p = \frac{m\sigma_c}{4}\left(\ln\frac{r}{R_0}\right)^2 + \left[\sqrt{s}\sigma_c + \frac{m\sigma_c}{4}(1+\sin\psi)\right] \cdot \ln\frac{r}{R_0} + \frac{1+\sin\psi}{2}\sqrt{s}\sigma_c \tag{7-173}$$

$$R_p = R_0 e^{M_2} \tag{7-174}$$

$$M_2 = \frac{\sqrt{m^2 + 16mp_0/\sigma_c + 16s} - 4\sqrt{s} - m}{2m} \tag{7-175}$$

$$\sigma_r^e = p_0 - \frac{R_0^2}{r^2}N_2 e^{2M_2} \tag{7-176}$$

$$\sigma_\theta^e = p_0 + \frac{R_0^2}{r^2}N_2 e^{2M_2} \tag{7-177}$$

$$\sigma_z^e = p_0 \tag{7-178}$$

$$N_2 = p_0 - \sqrt{s}\sigma_c M_2 - \frac{m\sigma_c}{4}M_2^2 \tag{7-179}$$

上述求解过程中,建立在应力重分布完成后应力场趋于恒定这一重要前提假定条件下的推导得出的。由前述可知,通常情况下围岩内部形成的偏应力 S_{ij} 并非处处为 0。因此,存在偏应力作用时,围岩便会形成随时间变化的蠕变变形。

在实际分析过程中,围岩黏弹性区应变包括弹性和黏弹性应变。在常规的非线性蠕变模型中,当 NVPB 部分不参与蠕变时,该模型便会进一步退化为含胡克体和广义 Kelvin 体的线性黏弹性蠕变模型,这样便会充分体现围岩黏弹性区蠕变过程,在形式上与 $S_{ij} \leqslant \sigma_s$ 条件下的情况相同。一般地,隧洞围岩蠕变为空间轴对称形式,进而几何方程满足 $\varepsilon_\theta = u/r$,$\varepsilon_r = du/dr$。

将式(7-166)、式(7-167)、式(7-169)代入式(7-154)、式(7-155),再代入式(7-152),并结合 $\varepsilon_\theta^{ve} = u/r$ 可得

$$u_r^{ve} = \frac{p_0 r}{2G_0} + \frac{R_0^2}{r}N_1 e^{2M_1}\left[\frac{1}{2G_1}\left(1-e^{-\frac{G_1}{\eta_1}t}\right) + \frac{1}{2G_2}\left(1-e^{-\frac{G_2}{\eta_2}t}\right)\right] \tag{7-180}$$

经验证发现,$du/dr = \varepsilon_r^{ve}$,将 r 等于 R_p 代入式(7-180),便可获得位移变量在黏弹、黏塑性区交界面上的表达式。当不考虑洞周面力变化时,则仅需将式中的 M_1 替换为 M_2,N_1 替换为 N_2 即可。

由前述假定可知,围岩黏塑性区应变主要以弹性、黏弹性黏塑性应变为主。相应地,其对应的蠕变模型为胡克体、广义 Kelvin 体和 NVPB。

特别值得注意的是在黏塑性区,围岩裂隙会伴随蠕变的进行而发展张开,从而使扩容效应更为显著。因此,可采用非关联流动法则并结合几何方程来确定黏塑性区的蠕变位移

$$\frac{du}{dr} + \kappa\frac{u}{r} = \varepsilon_r + \kappa\varepsilon_\theta = \varepsilon_r^{vp} + \kappa\varepsilon_\theta^{vp} \tag{7-181}$$

式中,扩容系数 $\kappa = \frac{\tan(\pi/4 + \varphi/2)}{\tan(\pi/4 + \varphi/2 - \psi)}$,$\varphi$ 为岩体的内摩擦角,ψ 为扩容角。

将式(7-152)代入式(7-181),可得

$$\frac{du}{dr} + \kappa\frac{u}{r} = \frac{(1+\kappa)\sigma_m}{2G_0} + \left[\frac{1}{2G_1'}\left(1-e^{-\frac{G_1'}{\eta_1'}t}\right) + \frac{1}{2G_2'}\left(1-e^{-\frac{G_2'}{\eta_2'}t}\right) + \frac{t^n}{\eta_3}\right](S_r^p + \kappa S_\theta^p) - (1+\kappa)\frac{\sigma_s}{\eta_3}t^n \tag{7-182}$$

式中，G'_1、η'_1 和 G'_2、η'_2 为围岩黏塑性区蠕变参数弱化后的取值。为了便于计算，此处引入线性弱化系数 α，从而得到

$$(G'_i, \eta'_i) = \alpha(G_i, \eta_i), (i=1,2) \tag{7-183}$$

将式（7-158）、式（7-159）、式（7-161）代入式（7-154）、式（7-155），再代入式（7-182），并结合边界条件 $r=R_p$，$u_r^{\mathbb{F}} = u_r^{\mathbb{P}}$，可得

$$\begin{aligned}
u_r^{\mathbb{P}} =& \frac{m\sigma_c}{8G'_0 r^\kappa} \{[r^{\kappa+1}(\ln r)^2 - R_p^{\kappa+1}(\ln R_p)^2] + \\
& f(H-B,\psi,\kappa) \cdot (r^{\kappa+1}\ln r - R_p^{\kappa+1}\ln R_p) + \\
& g(H-B,\psi,\kappa)(r^{\kappa+1} - R_p^{\kappa+1})\} + \\
& \frac{m\sigma_c}{4r^\kappa}\left(\frac{\kappa-1}{\kappa+1} - \frac{1}{3}\sin\psi\right)\left[(r^{\kappa+1}\ln r - R_p^{\kappa+1}\ln R_p) - \frac{\sigma_s t^n}{\eta_3 r^\kappa}(r^{\kappa+1} - R_p^{\kappa+1}) + \right. \\
& \left. \left(\frac{R_p}{r}\right)^\kappa u_{R_p}^{\mathbb{F}} + h(H-B,\kappa)(r^{\kappa+1} - R_p^{\kappa+1})\right] \cdot \\
& \left[\frac{1}{2G'_1}\left(1 - e^{-\frac{G'_1}{\eta'_1}t}\right) + \frac{1}{2G'_2}\left(1 - e^{-\frac{G'_2}{\eta'_2}t}\right) + \frac{t^n}{\eta_3}\right]
\end{aligned} \tag{7-184}$$

随着工作面的不断向前推进，隧洞自由面形成并不断扩大，这一过程中围中岩黏弹、黏塑性区均会形成产生向内的位移量。所以，计算得到的黏塑性区总蠕变位移 $u_r^{\mathbb{P}}$ 还应包含黏弹性区产生的相应的蠕变量。更进一步地，若同时也考虑原岩应力作用下产生的初始地层位移 u_0。最终得到的计算公式如下

$$u_r^{cp} = u_r^{\mathbb{P}} + u_r^{\mathbb{F}}|_{r=R_p} - u_0 \tag{7-185}$$

$$\begin{aligned}
u_r^{cp} =& \left[\left(\frac{R_p}{r}\right)^\kappa + 1\right] u_{R_p}^{\mathbb{F}} - \frac{\sigma_s t^n}{\eta_3 r^\kappa}(r^{\kappa+1} - R_p^{\kappa+1}) + \\
& \frac{m\sigma_c}{8G'_0 r^\kappa}\{[r^{\kappa+1}(\ln r)^2 - R_p^{\kappa+1}(\ln R_p)^2] + \\
& f(H-B,\psi,\kappa) \cdot (r^{\kappa+1}\ln r - R_p^{\kappa+1}\ln R_p) + \\
& g(H-B,\psi,\kappa)(r^{\kappa+1} - R_p^{\kappa+1})\} - \frac{1-2\mu}{2G_0}p_0 r + \\
& \frac{m\sigma_c}{4r^\kappa}\left(\frac{\kappa-1}{\kappa+1} - \frac{1}{3}\sin\psi\right)[(r^{\kappa+1}\ln r - R_p^{\kappa+1}\ln R_p) + \\
& h(H-B,\kappa)(r^{\kappa+1} - R_p^{\kappa+1})] \cdot \\
& \left[\frac{1}{2G'_1}\left(1 - e^{-\frac{G'_1}{\eta'_1}t}\right) + \frac{1}{2G'_2}\left(1 - e^{-\frac{G'_2}{\eta'_2}t}\right) + \frac{t^n}{\eta_3}\right]
\end{aligned} \tag{7-186}$$

其中，材料函数如下

$$f(H-B,\psi,\kappa) = 4\sqrt{p_i/m\sigma_c + s/m^2} + \frac{1}{3}\sin\psi + \frac{\kappa-1}{\kappa+1} - 2\ln R_0 \tag{7-187}$$

$$g(H-B,\psi,\kappa) = \left(\frac{2}{3}\sin\psi + \frac{2\kappa-2}{\kappa+1} - 4\ln R_0\right) \cdot \sqrt{p_i/m\sigma_c + s/m^2} + \frac{1}{(\kappa+1)^2} + \left(\frac{1}{\kappa+1} + \ln R_0\right)^2 + \frac{4p_i}{m\sigma_c} - \frac{1}{3}(3+\sin\psi)\left(\ln R_0 + \frac{1}{\kappa+1}\right) \tag{7-188}$$

$$h(H-B,\kappa) = 2\sqrt{p_i/m\sigma_c + s/m^2} - \ln R_0 - \frac{1}{\kappa+1} \tag{7-189}$$

若不计洞周面力影响，则把 $p_i=0$ 代入材料函数式（7-187）～式（7-189），可得结果。

7.3 渗水隧洞围岩变形特性

7.3.1 渗水膨胀岩条件下隧洞黏弹塑性蠕变解及变形特性分析

膨胀岩通常含有以蒙脱石、绿泥石、黏土矿物和硬石膏等为代表性的吸水膨胀性矿物，从而使岩体中形成多种膨胀特性有所差异的膨胀核。陈宗基院士通过研究发现，在深埋的渗水膨胀岩石中，当高地应力大于膨胀压力时，即在受扰动之前上述膨胀核是非膨胀性的。因此，渗水后岩体中产生的膨胀压力大部分将赋存于原岩中，并与原岩应力一起共同蓄能；当蓄能达到一定程度后，便会在膨胀岩内部产生巨大的潜应变发展能力。当膨胀压力大于高地应力时，即膨胀岩体内部受扰动后，相对于的扰动部位的比表面积不断增加，所产生的储能便会在该部位瞬间释放，进而使得膨胀核的体积迅速增加，从而致使岩体结构在受扰动方向产生显著的附加应变；这一过程中膨胀压力因消耗做功而将不断减小。扰动产生初期，在储能释放作用下附加应变将急剧地发展成位移，随后膨胀岩内部结构会沿着受扰动部位形成定向移动，工程中常见的开挖扰动下所产生的定向移动的两种典型形式便是底板鼓起和洞壁向内位移。同时，膨胀核体积在岩体中迅速膨胀而使得内部结构恶化，形成大量次生裂缝，进而使得扩容现象相继出现。对于深埋渗水膨胀岩石，其内部所产生的潜应变具有封闭性，其在受扰动之前以膨胀势能形式存在，而在卸荷瞬间形成附加应变并急速地转变成位移，这便是渗水膨胀深埋岩石的典型应变特性，这里，可将膨胀岩受扰动之前的潜应变定义为封闭应变，膨胀岩卸荷后产生的附加应变定义为膨胀应变。在现场渗水膨胀岩条件下，隧洞开挖卸荷并快速形成临空面，从而为封闭应变的发展提供了一定的向内路径和变形空间，同时，形成的膨胀压力越大则封闭应变发展的潜能也会相应增加，与一般围岩相比，最后形成的向内位移也大得多。

前期的相关研究也表明，膨胀压力的大小与岩体含水量、本身膨胀特性等存在着复杂的关系。通常，自然膨胀力增长迅速阶段主要位于岩体增湿的前期，达到 3%～6% 时增湿程度便会出现拐点，若后期继续增湿则自然膨胀力增长会趋于缓慢且近于线性增长趋势。通过上述研究，分析时假设膨胀压力 p_s 与含水率 ω 间满足双曲线变化关系，两者之间存在如下关系

$$p_s = \frac{E_1}{1-2\mu} \cdot \frac{\alpha_1 \omega}{a+b\omega} \tag{7-190}$$

在测试膨胀力实验数据的基础上，通过建立双曲线关系对分析数据进行拟合，便可回归得到具有显著统计意义的拟合参数指标 a 和 b。关系变化式中，E_1、μ 为岩石的基本物性参数，分别表示弹性模量和泊松比；α_1 代表膨胀系数，通常也作为衡量封闭应变发展潜能的一项重要指标，其值大小可很大程度上体现不同膨胀岩在渗水产生物理化学反应后的膨胀特性。

式（7-191）给出了考虑膨胀压力的围岩总应力表达式。在隧洞开挖扰动初期，渗水膨胀围岩在膨胀压力储能推动下产生膨胀应变；式（7-192）给出了考虑膨胀应变的围岩总应变表达式。当 $a=1$、$b=0$ 时，式（7-192）可退化为缪协兴提出的湿度应力场

理论下物性方程。式（7-191）和式（7-192）可由广义胡克定律建立联系，在计算中规定膨胀压力以压力为正，膨胀应变以向隧洞中心发展为正。

$$\sigma_{ij}=2G_1\varepsilon_{ij}+\lambda\delta_{ij}e+\frac{E_1}{1-2\mu}\frac{\alpha_1\delta_{ij}\omega}{a+b\omega} \tag{7-191}$$

$$\varepsilon_{ij}=\frac{\sigma_{ij}}{2G_1}-\frac{\mu}{E}\delta_{ij}\sigma_V+\frac{\alpha_1\delta_{ij}\omega}{a+b\omega} \tag{7-192}$$

式中 G_1、λ——岩石两个重要物性参数，分别表示剪切模量和拉梅常数；
e——体积应变；
σ_V——体积应力；
δ_{ij}——Kronecker 符号。

根据陈宗基院士、孙钧院士等的观点，假设膨胀核与渗流场分布具有轴对称性，则基于式（7-191）与体力理论可得渗水膨胀岩隧洞受力平衡方程

$$\frac{\mathrm{d}\sigma_r}{\mathrm{d}r}+\frac{\sigma_r-\sigma_\theta}{r}+\chi\frac{\mathrm{d}}{\mathrm{d}r}\left(\frac{\omega}{a+b\omega}\right)+f_r=0 \tag{7-193}$$

$$f_r=\frac{\gamma_w\xi(h_a-h_0)}{r\ln\beta} \tag{7-194}$$

式中 σ_r——径向应力；
σ_θ——环向应力；
χ——膨胀应力系数，$\chi=E_1\alpha_1/(1-2\mu)$；
f_r——渗流力；
γ_w、ξ——与渗水相关的参数；
h_0、h_a——回弹区半径处水头和洞壁水头；
H_f——渗流因子，$H_f=f_r r$（图 7-15）；
R_0、R_p、βR_0——隧洞半径、塑性区半径和回弹区半径；
N_1——洞壁面力，含支护力 p_1 和内水压力 q_1。

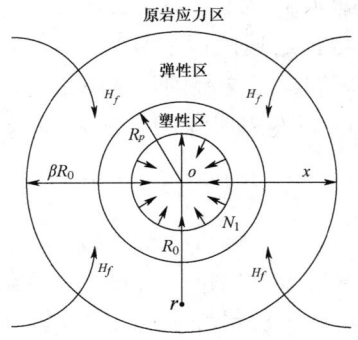

图 7-15 隧洞力学模型

高压富水条件下进行隧洞开挖时，由于上覆压力的影响，即使岩石充分渗水，其含水率也往往不会发生明显变化，由湿度应力场理论及式（7-190）推导可知膨胀压力通常为定值，隧洞开挖扰动仅仅只会改变渗流路径，故 $\mathrm{d}p_s/\mathrm{d}r=0$。因此，在高水压富水区开挖隧洞过程中所产生的膨胀压力不会影响围岩应力分布，而仅仅会与地应力共同构

或应力边界条件。因此，渗流效应及应力重分布效应便成为影响渗水膨胀围岩应力场和位移场的主导因素。

假设隧洞开挖满足平面应变条件，则考虑扩容影响的塑性中主应力 σ_z^p 可获得

$$\sigma_z^p = \frac{(1+\sin\psi)\sigma_\theta^p + (1-\sin\psi)\sigma_r^p}{2} \tag{7-195}$$

式中 $\sin\psi$——扩容角的正弦值；

p——塑性。

式 (7-195) 是由 D-P 屈服准则推得的，联立平衡方程式 (7-193)，并结合边界条件：$r=R_0$，$\sigma_r=N_1$。因此，可获得形成的塑性区应力场

$$\sigma_r^p = \frac{(\csc\varphi-1)H_f}{2}\left[1-\left(\frac{r}{R_0}\right)^{\frac{2}{\csc\varphi-1}}\right] - c\cot\varphi + (N_1 + c\cot\varphi)\left(\frac{r}{R_0}\right)^{\frac{2}{\csc\varphi-1}} \tag{7-196}$$

$$\sigma_\theta^p = \frac{(\csc\varphi+1)H_f}{2}\left[1-\left(\frac{r}{R_0}\right)^{\frac{2}{\csc\varphi-1}}\right] - c\cot\varphi + \frac{\csc\varphi+1}{\csc\varphi-1}(N_1 + c\cot\varphi)\left(\frac{r}{R_0}\right)^{\frac{2}{\csc\varphi-1}} \tag{7-197}$$

式中 c——黏聚力；

φ——内摩擦角。

将式 (7-196)、式 (7-197) 代入式 (7-195)，便得到 σ_z^p 的计算公式。

式 (7-198) 给出了径向应力与环向应力弹性解

$$\left.\begin{array}{l}\sigma_r^e = N_0 - (N_0 - \sigma_{R_p})\dfrac{R_p^2}{r^2} \\[2mm] \sigma_\theta^e = N_0 + (N_0 - \sigma_{R_p})\dfrac{R_p^2}{r^2}\end{array}\right\} \tag{7-198}$$

式 (7-198) 中，位于回弹区半径处面力 $N_0 = p_0 + p_s + q_0$，其主要由地应力 p_0、膨胀压力 p_s、外水压力 q_0 三部分构成。

必须指出，该弹性解是在面力理论下考虑渗流效应的。当 h_a/h_0 较小时，约 $0 < h_a/h_0 < 3.5$，与体力理论相比，该理论计算误差可控制在 $\pm 10\%$ 内，满足工程要求。若采用体力理论，解析过程将会产生超越方程，不便计算。

在平面应变条件下，原岩应力区与弹性区的轴向应变 $\varepsilon_z = 0$。另外，高水压富水区的岩体湿度保持恒定。利用这两个条件，根据式 (7-192) 可得弹性中主应力表达式 (7-199)。值得注意的是，位于原岩应力区时，$\sigma_\theta = \sigma_r = \sigma_z = N_0$；而处于弹性区时，平面弹性解见式 (7-198)。

$$\sigma_z^e = N_0 \tag{7-199}$$

若 $r=R_p$，$\sigma_\theta^p = \sigma_\theta^e$，$\sigma_r^p = \sigma_r^e$。由此可得塑性区半径 R_p 及弹塑性交界面径向应力 σ_{R_p} 表达式

$$R_p = R_0 \left[\frac{2N_0\sin\varphi + 2c\cos\varphi - H_f}{\dfrac{2}{\csc\varphi-1}(N_1 + c\cot\varphi) - H_f}\right]^{\frac{\csc\varphi-1}{2}} \tag{7-200}$$

$$\sigma_{R_p} = (1-\sin\varphi)N_0 - c\cos\varphi \tag{7-201}$$

联立弹性解及物性方程式 (7-192)、几何方程 $\varepsilon_\theta = u/r$，可得弹性位移解 (7-202)。这里的位移为相对位移，已考虑原岩应力作用产生的初始位移量。

$$u_r^e = \varepsilon_\theta^e r = \frac{1}{2G_1}(N_0 - \sigma_{R_p})\frac{R_p^2}{r} + \frac{\alpha_1 \omega}{a+b\omega}r \qquad (7\text{-}202)$$

在围岩塑性区，为了考虑扩容影响，采用非关联流动法则：$\varepsilon_r^p + f\varepsilon_\theta^p = 0$。通过建立几何方程 $\varepsilon_\theta = u/r$、$\varepsilon_r = \mathrm{d}u/\mathrm{d}r$ 并结合给定的边界条件：$r = R_p$，$u_r^p = u_r^e$。可推导得到

$$u_r^p = \left(\frac{\alpha_1 \omega}{a+b\omega} + \frac{N_0 - \sigma_{R_p}}{2G_1}\right)\left(\frac{R_p}{r}\right)^f R_p \qquad (7\text{-}203)$$

式中 f——扩容系数，$f = \dfrac{\tan(\pi/4+\varphi/2)}{\tan(\pi/4+\varphi/2-\psi)}$。

本研究得到的理论解在渗水膨胀岩隧洞弹塑性应力位移场上具有广泛意义，据此展开相关讨论。

当内外水头相等时，即 $h_a/h_0 = 1$，围岩不形成渗流场；若使 $N_0 = p_0$，$N_1 = 0$，则式（7-200）退化为一般解。在此基础上不计扩容影响，即 $\psi = 0°$，由 D-P 屈服准则中材料参数 α、κ 表达式可得：$\varphi = \arcsin(3\alpha) = \mathrm{arccot}(\kappa/3\alpha c)$；将其代入式（7-200），可得塑性区半径解。

当 $\sigma_{R_p} > 0$ 时，由其物理意义可知，无衬砌围岩已进入塑性状态，且塑性范围为 $R_0 \leqslant r \leqslant R_p$。当未施作衬砌时，隧洞的弹塑性交界面一般位于洞壁处，因此只会在围岩一定范围内形成弹性区；即当 $R_p = R_0$ 时，$\sigma_{R_p} = 0$，可将该等式作为围岩出现弹性区屈服的判别条件。结合式（7-201）可得 $N_0 = c\cos\varphi/(1-\sin\varphi)$。在忽略渗流和扩容影响时，$N_0 = p_0$，$c\cos\varphi/(1-\sin\varphi) = \kappa/(1-3\alpha)$，便可推导得到式（7-204）。该式便是基于经典的 D-P 准则在围岩开始屈服时进行原岩应力计算的表达式

$$p_0 = \frac{\kappa}{1-3\alpha} \qquad (7\text{-}204)$$

理论解答的广泛意义与相关讨论验证了弹塑性解推导的正确性，在此基础上深入解析渗水膨胀岩隧洞黏弹塑性蠕变解。

在隧洞开挖对围岩产生扰动的初始阶段，膨胀围岩在渗水条件下其内形成的应变能会突然地瞬间释放，致使膨胀压力会沿着径向有所降低，此时，封闭应变便会急剧产生向内的位移，值得注意的是，围岩内应变能并不是在极短时间内瞬间释放完成的，而是一个与时间 t 有关的函数。在隧洞正常运行中，围岩内部膨胀压力仍然存在，膨胀应变也在不断发展，只是相对于扰动初期发展速率有大幅度下降，膨胀压力也趋于稳定值。因此，在求解黏弹塑性问题时，要重点关注膨胀应变分量的黏性发展过程。

当膨胀压力 p_s 与含水量 ω 之间存在关系式（7-190）时，可采用改进的西原模型进行研究，如图 7-16 所示。

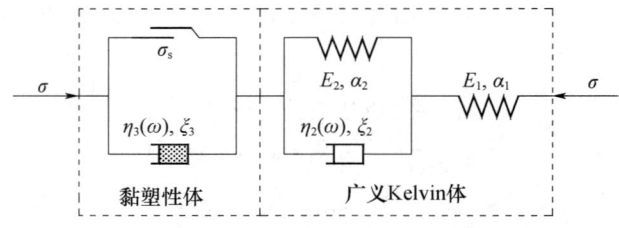

图 7-16 改进的西原模型

图中，$\eta_2(\omega)$ 和 $\eta_3(\omega)$ 分别表示广义 Kelvin 体和理想黏塑性体的黏性系数；ξ_2、ξ_3 分别表示广义 Kelvin 体和理想黏塑性体的黏性衰减系数；E_1 和 α_1 表示胡克体基本物理力学参数，意义与一般固体力学参数相同；E_2 和 α_2 表示 Kelvin 体弹性模量和膨胀系数；σ_s 代表岩石屈服极限。在分析过程中，通常将 E_1 和 α_1、E_2 和 α_2、σ_s 确定为定常参数。

在含水率恒定情况下，即 $d\omega/dr=0$，亦即 $dp_s/dr=0$，考虑膨胀应变的广义 Kelvin 体一维蠕变方程为

$$\varepsilon_1(t)=\frac{\sigma_0}{E_1}+\frac{\alpha_1\omega}{a+b\omega}+\frac{\sigma_0+\dfrac{E_2\alpha_2\omega}{a+b\omega}}{E_2}\left(1-e^{-\frac{E_2}{\eta'_2(\omega)}t}\right) \tag{7-205}$$

另一方面，对于理想黏塑性体，其一维蠕变方程可表达为

$$\varepsilon_2(t)=\frac{\sigma_0-\sigma_s}{\eta'_3(\omega)}t \tag{7-206}$$

式中，$\eta'_2(\omega)=\eta_2(\omega)-\xi_2\omega$，$\eta'_3(\omega)=\eta_3(\omega)-\xi_3\omega$。

当岩石所受一维应力 $\sigma_0<\sigma_s$ 时，理想黏塑性体不参与蠕变，改进西原模型将退化为广义 Kelvin 模型。由式（7-205）可得：改进后的广义 Kelvin 模型所产生的蠕变应变不仅包括弹性应变和黏弹性应变，并且将膨胀应变所产生的影响也考虑其中，这样便可综合反映出渗水膨胀围岩黏弹性区范围内的时效变形情况。在满足 $\sigma_0\geqslant\sigma_s$ 条件下，渗水膨胀围岩内便会形成塑性区，在该塑性区范围内总蠕变应变包括弹性和黏弹性、黏塑性三类应变，可表示为 $\varepsilon(t)=\varepsilon_1(t)+\varepsilon_2(t)$。

渗水膨胀岩隧洞变形是复杂的三维问题，考虑膨胀应变影响的三维蠕变理论模型可由书中研究思路推导得到。应变速率张量 $\dot{\varepsilon}^c_{ij}$ 通常可表示为应力偏张量 S_{ij} 的函数，此时存在

$$\dot{\varepsilon}^c_{ij}=\frac{3}{2\bar{\sigma}}\dot{\bar{\varepsilon}}^c S_{ij} \tag{7-207}$$

式中，等效应力 $\bar{\sigma}$ 和等效应变 $\bar{\varepsilon}$ 具体形式如下

$$\bar{\sigma}=\sqrt{\frac{3}{2}S_{ij}S_{ij}}=\sqrt{3J_2},\ \bar{\varepsilon}=\sqrt{\frac{2}{3}e_{ij}e_{ij}} \tag{7-208}$$

式中，e_{ij} 为应变偏张量。该假设的成立已在书后文献中详细说明，这里不再赘述。将式（7-205）、式（7-206）中的应力应变等效处理，并代入式（7-207），可得应变速率张量表达式（7-209）、式（7-210）。

当 $S_{ij}<\sigma_s$ 时，有

$$\dot{\varepsilon}^c_{ij}=\frac{3S_{ij}}{2\eta'_2(\omega)}\left(1+\frac{E_2\alpha_2\omega}{(a+b\omega)\bar{\sigma}}\right)e^{-\frac{E_2}{\eta'_2(\omega)}t} \tag{7-209}$$

若 $S_{ij}\geqslant\sigma_s$，则有

$$\dot{\varepsilon}^c_{ij}=\frac{3S_{ij}}{2}\left\{\frac{\eta'_3(\omega)\dfrac{E_2\alpha_2\omega}{a+b\omega}e^{-\frac{E_2}{\eta'_2(\omega)}t}-\eta'_2(\omega)\sigma_s}{\eta'_2(\omega)\eta'_3(\omega)\bar{\sigma}}+\frac{\eta'_3(\omega)e^{-\frac{E_2}{\eta'_2(\omega)}t}+\eta'_2(\omega)}{\eta'_2(\omega)\eta'_3(\omega)}\right\} \tag{7-210}$$

$$S_{ij}=\sigma_{ij}-\delta_{ij}\sigma_m=\sigma_{ij}-\frac{1}{3}\delta_{ij}\sigma_{kk} \tag{7-211}$$

式（7-212）给出了微分几何方程

$$\dot{\varepsilon}_\theta = \frac{\dot{u}}{r}, \dot{\varepsilon}_r = \frac{\mathrm{d}\dot{u}}{\mathrm{d}r} \tag{7-212}$$

在黏弹性范围内，理想黏塑性体不产生蠕变行为，即在形式上满足 $S_{ij} < \sigma_s$。联立式（7-208）和式（7-212）第一式，可得

$$\dot{u}_r^{\eta_e} = \frac{3S_\theta^e r}{2\eta'_2(\omega)}\left(1 + \frac{E_2\alpha_2\omega}{(a+b\omega)\bar{\sigma}}\right)e^{-\frac{E_2}{\eta'_2(\omega)}t} \tag{7-213}$$

将式（7-213）对时间变量 t 进行积分，特别地，当时间变量 t 等于 0 时，则总位移量仅仅只包括开挖产生的瞬时弹性位移。结合式（7-202），可得结果

$$u_r^{\eta_e} = \left(\frac{3}{2E_2} + \frac{1}{2G_1}\right)(N_0 - \sigma_{R_p})\frac{R_p^2}{r} + \left(\alpha_1 + \frac{\sqrt{3}}{2}\alpha_2\right)\frac{\omega r}{a+b\omega} - \frac{3S_\theta^e r}{2}\left(\frac{1}{E_2} + \frac{\alpha_2\omega}{(a+b\omega)\bar{\sigma}}\right)e^{-\frac{E_2}{\eta'_2(\omega)}t} \tag{7-214}$$

式中，S_θ^e、$\bar{\sigma}$ 可由弹性解及式（7-211）和式（7-208）求出。

在 $r = R_p$ 条件下，由式（7-213）可推导得到黏弹塑性交界面上所产生的径向位移速率的具体表达式，在分析过程中该式通常可作为求解黏塑性蠕变位移的已知先决条件。表达式如下

$$\dot{u}_{R_p}^{\eta_e} = \frac{3R_p}{2\eta'_2(\omega)}\left[(N_0 - \sigma_{R_p}) + \frac{E_2\alpha_2\omega}{\sqrt{3}(a+b\omega)}\right]e^{-\frac{E_2}{\eta'_2(\omega)}t} \tag{7-215}$$

若存在 $S_{ij} \geqslant \sigma_s$，便会在渗水膨胀围岩内形成塑性区，且产生的黏塑性应变则会随着时间的推移而产生并不断发展。同时，考虑到扩容方面的影响，由前述非关联流动法则并结合公式（7-212），于是

$$\frac{\mathrm{d}\dot{u}}{\mathrm{d}r} + f\frac{\dot{u}}{r} = \dot{\varepsilon}_r^{\eta p} + f\dot{\varepsilon}_\theta^{\eta p}$$

$$= \frac{3[S]}{2}\left[\frac{\eta'_3(\omega)e^{-\frac{E_2}{\eta'_2(\omega)}t} + \eta'_2(\omega)}{\eta'_2(\omega)\eta'_3(\omega)} + \frac{\eta'_3(\omega)\frac{E_2\alpha_2\omega}{a+b\omega}e^{-\frac{E_2}{\eta'_2(\omega)}t} - \eta'_2(\omega)\sigma_s}{\eta'_2(\omega)\eta'_3(\omega)\bar{\sigma}}\right] \tag{7-216}$$

其中，偏应力函数满足条件 $[S] = S_r^p + fS_\theta^p$。将塑性区应力场代入上述偏应力函数 $[S]$，可得

$$[S] = \left[H_f - \left(H_f - 2\frac{N_1 + c\cot\varphi}{\csc\varphi - 1}\right)\left(\frac{r}{R_0}\right)^{\frac{2}{\csc\varphi - 1}}\right] \cdot \left[\frac{(f+1)(3-\sin\psi)}{6} - 1\right] \tag{7-217}$$

式（7-216）对极坐标分量 r 积分，且当 $r = R_p$ 时，$\dot{u}_r^{\eta_e} = \dot{u}_r^{\eta p}$。于是，黏塑性区蠕变位移速率方程可表示为

$$\dot{u}_r^{\eta p} = [f_1]e^{-\frac{E_2}{\eta'_2(\omega)}t} + [f_2]\left[\frac{\eta'_3(\omega)e^{-\frac{E_2}{\eta'_2(\omega)}t} + \eta'_2(\omega)}{\eta'_2(\omega)\eta'_3(\omega)}\right] +$$

$$[f_3]\left\{\frac{\eta'_3(\omega)e^{-\frac{E_2}{\eta'_2(\omega)}t} + \eta'_2(\omega)}{\eta'_2(\omega)\eta'_3(\omega)}\frac{\gamma_w\xi(h_a - h_0)}{2\ln\beta} + \right.$$

$$\left.\frac{\eta'_3(\omega)\frac{E_2\alpha_2\omega}{a+b\omega}e^{-\frac{E_2}{\eta'_2(\omega)}t} - \eta'_2(\omega)\sigma_s}{\sqrt{3+\sin^2\psi}\eta'_2(\omega)\eta'_3(\omega)}\right\} \tag{7-218}$$

系数函数

$$[f_1] = \frac{3R_p}{2\eta'_2(\omega)}\left[(N_0 - \sigma_{R_p}) + \frac{E_2\alpha_2\omega}{\sqrt{3}(a+b\omega)}\right]\left(\frac{R_p}{r}\right)^f$$

$$[f_2] = \frac{(f+1)(\csc\varphi-1)MR_0^{\frac{2}{1-\csc\varphi}}}{(f+1)(\csc\varphi-1)+2} \cdot \left[(N_1+c\cot\varphi)\frac{1}{\csc\varphi-1}-\frac{H_f}{2}\right] \cdot$$

$$\left[r^{\frac{\csc\varphi+1}{\csc\varphi-1}}-\left(\frac{R_p}{r}\right)^f R_p^{\frac{\csc\varphi+1}{\csc\varphi-1}}\right]$$

$$[f_3] = M\left[r-\left(\frac{R_p}{r}\right)^f R_p\right] \tag{7-219}$$

其中，$M = \left[\frac{(3-\sin\psi)}{2} - \frac{3}{f+1}\right]$。 (7-220)

将式（7-218）对时间参量 t 进行积分，在 $t=0$ 条件下，此时总位移量则仅仅与瞬时塑性位移密切相关。结合式（7-203），可得结果

$$u_r^{\varphi} = [f_0] + \frac{\eta_2'(\omega)}{E_2}[f_1]\left(1-e^{-\frac{E_2}{\eta_2'(\omega)}t}\right) + [f_2]\left[\frac{1}{E_2}\left(1-e^{-\frac{E_2}{\eta_2'(\omega)}t}\right) + \frac{t}{\eta_3'(\omega)}\right] +$$

$$[f_3] \cdot \left\{\frac{\gamma_w\xi(h_a-h_0)}{2\ln\beta}\left[\frac{1}{E_2}\left(1-e^{-\frac{E_2}{\eta_2'(\omega)}t}\right) + \frac{t}{\eta_3'(\omega)}\right] + \right.$$

$$\left.\frac{1}{\sqrt{3+\sin^2\psi}}\left[\frac{\alpha_2\omega}{a+b\omega}\left(1-e^{-\frac{E_2}{\eta_2'(\omega)}t}\right) - \frac{\sigma_s t}{\eta_3'(\omega)}\right]\right\} \tag{7-221}$$

系数函数：$[f_0] = \left(\frac{\alpha_1\omega}{a+b\omega} + \frac{N_0-\sigma_{R_p}}{2G_1}\right)\left(\frac{R_p}{r}\right)^f R_p$

随着隧洞内壁临空面的出现，围岩黏弹、黏塑性区均产生向内的位移。所以，具体在求解黏塑性区向内蠕变位移 u_r^{φ} 时，应重点关注黏弹性区产生的变形量，即

$$u_r^{cp} = u_r^{\varphi} + u_r^{\varphi}|_{r=R_p} \tag{7-222}$$

7.3.2 高压水工隧洞内水外渗耦合特性

为了便于计算，隧洞开挖通常按照平面应变问题进行分析，假定某一隧道开挖半径为 r_a，建立极坐标系，σ_θ 和 σ_r 分别表示该坐标系下围岩中任一点处所产生的的环向应力和径向应力，如图 7-17 所示。

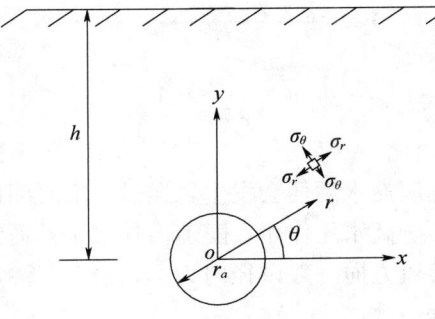

图 7-17 水工隧洞计算简图

当水工隧洞埋置较深时，由弹性力学可得开挖影响下经典弹性解

$$\left.\begin{array}{l}\sigma_r = q\left(1-\dfrac{r_a^2}{r^2}\right) \\ \sigma_\theta = q\left(1+\dfrac{r_a^2}{r^2}\right)\end{array}\right\} \tag{7-223}$$

式中，q 表示岩体初始应力。为了便于所形成应力场的区分，这里，采用 $\sigma_r^{(2)}$、$\sigma_\theta^{(2)}$ 来综合体现开挖引起的次生应力。

水工隧洞最重要的用途是过水，所以，一切在发生在其内的力学现象必然与水流关系密切，含有孔隙的天然岩体中开挖洞室，产生扰动应力场也与水流引起的渗流场相互耦合，特别是对于承受高水头内压的一些隧洞，渗流场产生的影响甚至起着决定性的作用，最能体现这一决定性作用的便是内水外渗过程。可以依据隧洞过水时间的长短，将其复杂受力问题划分两个阶段：即初次充水阶段和渗流场稳定阶段。

水工隧洞在第一阶段（初次充水阶段），在较短时间内由于渗流场并未形成，因此这里可将内压考虑为作用于洞壁的面力，建立在弹性力学假设条件下，利用"厚壁圆筒"理论（仅受内压 P_a 作用），可求解得到这一阶段所形成的围岩应力，具体为

$$\left.\begin{aligned}\sigma_{rc}&=\left[\frac{1}{\beta^{1-r_2}-1}\left(\frac{r}{r_a}\right)^{r_1-1}+\frac{1}{\beta^{2-r_1}-1}\left(\frac{r}{r_a}\right)^{r_2-1}\right]P_a\\ \sigma_{\theta c}&=\left[\frac{r''_1}{r'_1}\cdot\frac{1}{\beta^{1-r_2}-1}\left(\frac{r}{r_a}\right)^{r_1-1}+\frac{r''_2}{r'_2}\cdot\frac{1}{\beta^{2-r_1}-1}\left(\frac{r}{r_a}\right)^{r_2-1}\right]P_a\end{aligned}\right\} \tag{7-224}$$

式中，β 参数为上述圆筒外内径之比，为简化分析，通常 β 值等于渗流场稳定时的相应值。

$$\left.\begin{aligned}r''_1&=\frac{\upsilon}{1-\upsilon}r_1+1\\ r''_2&=\frac{\upsilon}{1-\upsilon}r_2+1\end{aligned}\right\} \tag{7-225}$$

$$\left.\begin{aligned}r'_1&=r_1+\frac{\upsilon}{1-\upsilon}\\ r'_2&=r_2+\frac{\upsilon}{1-\upsilon}\end{aligned}\right\} \tag{7-226}$$

$$\left.\begin{aligned}r_1&=\frac{\upsilon'+\sqrt{(\upsilon'+4)^2-28}}{2}\\ r_2&=\frac{\upsilon'-\sqrt{(\upsilon'+4)^2-28}}{2}\end{aligned}\right\} \tag{7-227}$$

$$\upsilon'=\frac{1}{1-\upsilon}+1 \tag{7-228}$$

式中　υ——渗流岩石的泊松比。

内水外渗现象在水工隧洞充水后便会发生，经过一定时间段后，隧洞围岩便会迅速形成较为稳定的渗流场。由于高水压作用，隧道内外水头差通常较洞径大，因此，可知在洞周所考虑的范围内，渗流方向一般以径向为主，故对于渗流场稳定阶段的求解与各向恒定渗流问题的求解过程一致。

而关于各向恒定渗流问题，其渗流场的解具体为

$$H=\frac{1}{\ln\alpha}\left(h_a\ln\frac{\alpha r_a}{r}+h_0\ln\frac{r}{r_a}\right) \tag{7-229}$$

式中　α——远场水头 h_0 和洞壁水头 h_a 所在圆边界半径比。

剪应力分量通常均不包含在隧洞外任一点的受力平衡下的环向和径向应力中，因此这里按照图 7-18 所示的受力状态来建立隧洞受力状态的平衡微分方程

7 若干特殊隧道力学问题的解析求解方法和算例

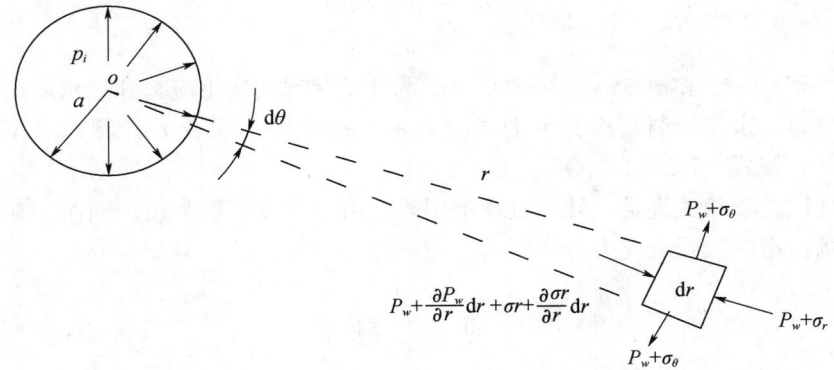

图 7-18 压力隧洞外任一单元体的受力平衡图

$$\frac{d\sigma_r}{dr}+\frac{dP_w}{dr}-\frac{\sigma_r+\sigma_\theta+2P_w}{r}=0 \tag{7-230}$$

围岩应力状态与渗流引起的渗透体积力密切相关，应力状态改变与岩体结构改变也同样如此，最终引起岩体渗透性能的改变。此处，将反映岩石孔隙特性的岩石等效孔隙水压力系数 ξ 引入平衡微分方程，其中 $\frac{dP_w}{dr}$ 为渗透水压力（渗透体积力），从而有

$$\frac{dP_w}{dr}=-\gamma_w\frac{d(\xi H)}{dr}=\frac{\gamma_w \xi(h_a-h_0)}{r\ln\alpha} \tag{7-231}$$

式中 γ_w——水的重力密度。

故平衡微分方程可重新转化为

$$\frac{d\sigma_r}{dr}-\frac{\sigma_r+\sigma_\theta}{r}-\frac{\gamma_w\xi(h_a-h_0)}{r\ln\alpha}(2\ln r-1)=0 \tag{7-232}$$

根据平面应变理论，结合应力边界条件 $\begin{cases}\sigma_r|_{r=r_a}=-P_a\\\sigma_r|_{r=\beta r_a}=-P_0\end{cases}$，可求得围岩应力场，如下

$$\left.\begin{aligned}\sigma_r&=A_1\cdot\left(\frac{r}{r_a}\right)^{r_1-1}+A_2\cdot\left(\frac{r}{r_a}\right)^{r_2-1}+\frac{\gamma_w\xi(h_a-h_0)}{\ln\alpha}\left[\frac{2v^2+5v-2}{(2+v)^2}-\frac{2}{2+v}\ln r\right]\\\sigma_\theta&=\frac{r_1''}{r_1'}\cdot A_1\cdot\left(\frac{r}{r_a}\right)^{r_1-1}+\frac{r_2''}{r_2'}\cdot A_2\cdot\left(\frac{r}{r_a}\right)^{r_2-1}+\frac{\gamma_w\xi(h_a-h_0)}{\ln\alpha}\left[\frac{2-v-2v^2}{(2+v)^2}-\frac{2}{2+v}\ln r\right]\end{aligned}\right\} \tag{7-233}$$

式中，A_1、A_2 具体表达式如下，其余系数同前。

$$\left.\begin{aligned}A_1&=\frac{\frac{\gamma_w\xi(h_a-h_0)}{\ln\alpha}\left[\frac{2v^2+5v-2}{(2+v)^2}(1-\beta^{2-1})+\frac{2}{2+v}(\beta^{2-1}\ln r_a-\ln\beta r_a)\right]+P_0-P_a\beta^{r_2-1}}{\beta^{2-1}-\beta^{1-1}}\\A_2&=\frac{\frac{\gamma_w\xi(h_a-h_0)}{\ln\alpha}\left[\frac{2v^2+5v-2}{(2+v)^2}(1-\beta^{1-1})+\frac{2}{2+v}(\beta^{1-1}\ln r_a-\ln\beta r_a)\right]+P_0-P_a\beta^{r_1-1}}{\beta^{1-1}-\beta^{2-1}}\end{aligned}\right\} \tag{7-234}$$

叠加原理常被用于求解高压水工隧洞围岩应力问题，同时应注意在此过程中过水效应和开挖效应均应重点给予考虑。由上述可知，高压水工隧洞围岩三次应力场为

$$\begin{cases} \sigma_r^{(3)} = \sigma_r^{(2)} + \sigma_r \\ \sigma_\theta^{(3)} = \sigma_\theta^{(2)} + \sigma_\theta \end{cases} \tag{7-235}$$

式中，$\sigma_r^{(2)}$、$\sigma_\theta^{(2)}$ 和 σ_r、σ_θ 分别为水工隧洞开挖引起的次生应力和过水后由内水压产生的围岩应力，水工隧洞初次充水围岩应力 σ_r、σ_θ 按式（7-224）计算；渗流场稳定围岩应力 σ_r、σ_θ 按式（7-233）计算。

参照弹性力学相关规定，计算过程中围岩应力场均以受压为正。同时，初次充水阶段和渗流场稳定阶段围岩应力分别用 s_{rf}、$s_{\theta f}$ 和 s_{rs}、$s_{\theta s}$ 表示。

习　题

1. 简述求解围岩位移场的步骤。
2. 什么是开挖面的时空效应？
3. 围岩时变承载系数 $K(t)$ 求解的力学模型建立的基本假设有哪些？
4. 简述在 Kelvin 模型中，隧洞开挖瞬时存在初始条件式。
5. 河海模型是指的是什么？
6. 蠕变模型由哪些部分构成？
7. 请画出改进的改进的西原模型简图。

参考文献

[1] 张建智，俞缙，蔡燕燕，等. 不连续地质构造中偏压隧道围岩受力弹性解 [J]. 武汉理工大学学报，2014，36（9）：73-78，113.

[2] 蔡燕燕，张建智，俞缙，等. 近溶腔高压水工隧洞围岩应力位移弹性解 [J]. 现代隧道技术，2015，52（1）：45-54.

[3] 卞晓琳，陈福全，苏峰，等. 岩溶区深埋隧道围岩力学特性分析 [J]. 中国铁道科学，2013，34（1）：44-49.

[4] 陈子萌. 围岩力学分析中的解析方法 [M]. 北京：煤炭工业出版社，1994.

[5] 徐芝纶. 弹性力学（上册）[M]. 北京：人民教育出版社，1982.

[6] 李宗利，任青文，王亚红. 考虑渗流场影响深埋圆形隧洞的弹塑性解 [J]. 岩石力学与工程学报，2004，23（8）：1291-1295.

[7] 王立忠，冯永冰. 倾斜坡体中水工高压隧洞围岩应力场特性分析 [J]. 岩石力学与工程学报，2004，23（23）：4038-4046.

[8] 俞缙，马奇飞，涂兵雄，等. 围岩时变承载能力定量评估的 LDP-GRC 耦合新方法 [J]. 北京交通大学学报，2018，42（4）：9-18，26.

[9] Brown E T, Bray J W, Ladanyi B, et al. Ground response curves for rock tunnels [J]. Journal of Geotechnical Engineering，1984，110（1）：140-141.

[10] 张建智，俞缙，张小燕，等. 岩质隧道施工过程变形时空问题的位移释放系数法 [J]. 工程科学与技术，2019，51（2）：98-107.

[11] 蔡燕燕，张建智，俞缙，等. 考虑围岩蠕变全过程与扩容的深埋隧洞非线性位移解 [J]. 岩土力学，2015，36（7）：1831-1839.

[12] 张建智，俞缙，蔡燕燕，等. 渗水膨胀岩隧洞黏弹塑性蠕变解及变形特性分析 [J]. 岩土工

程学报, 2014, 36 (12): 2195-2202.
- [13] 陈宗基. 地下巷道长期稳定性的力学问题 [J]. 岩石力学与工程学报, 1982, 1 (1): 1-20.
- [14] 孙钧, 张德兴, 李成江. 渗水膨胀黏弹塑性围岩压力隧洞的耦合蠕变效应 [J]. 同济大学学报 (自然科学版), 1984, 12 (2): 4-16.
- [15] 陈宗基, 闻萱梅. 膨胀岩与隧洞稳定 [J]. 岩石力学与工程学报, 1983, 2 (1): 1-10.